本著作是国家自然科学基金重点项目“转型经济下我国企业人力资源管理若干问题研究”(批准号:70732002)的阶段性成果。

家庭伦理的企业管理制度体系研究

刘永强　著

商務印書館

2011年·北京

图书在版编目(CIP)数据

家庭伦理的企业管理制度体系研究/刘永强著.—北京：商务印书馆,2011
ISBN 978-7-100-07316-5

Ⅰ.①家… Ⅱ.①刘… Ⅲ.①企业管理-劳动力资源-资源管理-研究 Ⅳ.①F272.92

中国版本图书馆 CIP 数据核字(2010)第 153610 号

家庭伦理的企业管理制度体系研究
刘永强 著

商 务 印 书 馆 出 版
(北京王府井大街36号 邮政编码100710)
商 务 印 书 馆 发 行
北京市白帆印务有限公司印刷
ISBN 978-7-100-07316-5

2011年7月第1版 开本880×1230 1/32
2011年7月北京第1次印刷 印张12⅝
定价:28.00元

目　录

第二篇 家庭伦理的企业管理制度实证研究
——员工工作—家庭平衡的企业制度效率

推荐序

工作、生活质量越来越受到大家的关注。在信息与数字化技术等因素驱动下，地球越来越扁平化，我们生活在共时化的世界里。在共时化世界里，我们无法分清何时在工作，何时在家休闲。在工作与家庭边界非常模糊的情况下，我们必须重新界定工作与家庭关系。由此，人力资源管理的一个重要议题是企业如何设计管理制度来实现员工的工作与家庭间的平衡，缓解它们间的冲突。实际上，工作—家庭关系只是工作与生活关系的一部分，是工作生活质量(QWL)研究的一部分。

工作生活质量也称为劳动生活质量。它是根据“生活质量”引申而来的术语，源于英国塔维斯托克等人提出的社会技术系统的概念。它指出提高组织工作效率，不能只考虑技术因素，还要考虑人的因素，使技术和人协调一致。该概念的出现和发展体现了时代的进步，是企业经营者对社会责任作出反应的一股潮流，是一种正在形成的新的管理伦理和价值观念，即在企业管理中更加重视人的因素，趋向以人为中心的管理。这些潮流包括：弗雷德里克·泰勒的科学管理制、梅奥等人的“社会人”的假设、马斯洛的需求层次论、麦格雷戈的X—Y理论、赫茨伯格的保健—激励双因素论以及由此引申的工作丰富和重新设计论、利克特的参与领导理论、弗鲁姆的期望理论等。

工作生活质量的概念可追溯到1972年9月在美国纽约召开的“关于工作生活质量国际会议”，并成立了“关于工作生活质量国际委员会（简称国际QWL委员会）”。从此，在欧美及日本等国家的企业管理中经常提到QWL这一新的术语。但是到目前为止，对其的定义、研究的对象和范围还没有形成统一的看法。据现有的文献看，各种有助于提升员工福利与组织效能的活动，均可视为工作生活品质范畴，包含工作环境和工作安排、员工参与、人际关系、经济报酬与福利、个人自我实现与潜能发挥等各个方面，包括以下一些内容：劳动报酬的充分性和公平性、安全和有利于健康的工作条件、对工作本身的满意度、员工生涯发展、工作组织中的人际关系、参与决策与民主管理、保障员工在组织内的权利、工作具有社会意义、工作以外的家庭生活和其他业余活动。

自20世纪70年代初提出提高工作生活质量之后，许多国家的管理协会、劳工组织和政府有关部门很快作出了反应，并针对各自情况采取了一些具体对策。英国发表了题为《关于劳动生活质量》的研究报告。美国劳动社会部发表了把劳动人性化问题作为社会政策的重要课题的报告，生产率中心提出实行“劳动质量的实施计划”。瑞典实施了稳定就业的《雇佣保障法》，劳动环境人性化、安全化法规以及扩大工人参加管理的范围决定。日本生产率本部每年发表有关的白皮书调研报告，全日劳动总同盟设置了“参与经营决策委员会”。日本商业工会提出把参与经营的目标放在“产业民主”、“尊重人”、“经营效率化”上。电机、汽车、造船等工会组织也提出了类似的活动对策。

企业也参与了QWL运动，如：瑞典沙布斯卡尼阿公司、荷兰的菲利浦公司、美国底特津汽车工厂、日本的三菱公司饭田工厂。这些企业改变分工过细和场地布置，创造发挥个人能力的机会，缩短劳动时间，改善劳动条件，提倡“人性与生产率”的协调。工人在工作中有了目的感和成就感，人对工作和休息场所感到愉快、安全和舒适，改善了人际关系，包括上下级关系，有了发挥自主性的余地。

这些理论与实践为企业人力资源的开发管理拓宽了视野，增加了新的手段。企业人力资源开发管理的目标不仅仅是为提高生产效率而制定的，它更强调要使员工同时享有较高的 QWL。为此，企业提高 QWL 的措施，包括：组建 QWL 小组，进行员工满意度调查；完善工作职务设计，使工作设计应符合员工对工作生活质量的要求；公平的薪酬和福利制度；注意工作场所的环境，如工作空间的温度、通风等物理条件，合适的工作时间、上下班时间、休息时间、合理的加班制度等；民主的领导方式，如决策公开，一些重大的、有关员工切身利益的决策尽可能采取集体讨论方式，公开化，增加透明度；培育企业文化：以人为本，把员工的利益放在重要的位置，鼓励促进融洽的同事关系和上下级关系，友好的和支持性的同事关系会提高员工的满意度。

从以上的概览发现，工作与生活质量的平衡研究，并没有深入对工作与家庭关系的研究。因此，从 20 世纪七八十年代起兴起了工作与家庭冲突的研究。这些研究主要以员工个体的角色冲突研究为主导，鲜见从企业制度、产业制度和国家法律制度体系设计入手去研究工作与家庭平衡的制度体系。因此，我安排我的博士生刘永强从 2004 年开始进行工作与家庭关系的研究。后来 2005 年，在我协调下，南京大学和美国阿巴拉契亚州立大学共同设立了“中国公司工作和家庭平衡研究项目”国际合作项目。自此，刘永强进行了持续不断的艰苦研究、发表了一些研究成果，完成了博士论文答辩。之后又进一步地拓展其研究，进入企业制度与国家公共制度设计的研究，提出了家庭伦理的企业管理制度理论。这本书在以下几个方面具有突破：

第一，提出家庭伦理的企业管理制度这一新理论。研究首先在广泛而全面的回顾工作与家庭关系研究基础上，界定了企业应该管理员工的家庭伦理关系，首次在其论文“工作—家庭平衡的企业制度安排”中提出了家庭伦理的企业管理制度新理论。在新制度学派的理论框架下，研究结合制度构念的三个要素，即任何制度如果有效率必须能有效地分配时间、提供资金支持和提供有效的服务，提出了企业管理员工家庭关系的人力资源管理制度体系，进一步完善了该理论框架。

第二，家庭伦理的企业管理制度理论界定了工作与家庭关系研究的理论边界。将众多结论相互矛盾的工作与家庭冲突与增益的研究统一于家庭伦理的企业管理制度理论框架中，构建了统一的理论基础，统一了该研究领域的研究范式。

第三，研究将博弈论制度学派引入家庭伦理的企业管理制度的内生与外生嵌入研究，将制度效率的定量测度与定性的内生与外生嵌入研究相结合，为该理论在中国社会中的实行提供了内生机制研究与外生嵌入方式的演化研究，为该理论植入中国社会做了充分的理论准备。

第四，研究首次提出了一个意义深远的经济学研究命题，即企业的市场品与非市场品均衡生产制度，并将员工个体层面、企业层面，制度的即期效率和远期的社会资本积累效率统一于家庭伦理的企业管理制度理论模型中，为未来制度经济学提供另一个有意义的研究方向。

第五，研究提出的制度体系以及政策建议为当下中国日趋紧张的劳资关系提供了解决方案，也为国家立法提供了企业制度理论基础。

本书是作者历经七年的艰苦研究而取得的成果。相信它的出版能影响社会文化价值观的重塑，将为员工带来和谐的工作与家庭关系、有助于企业实现市场品与家庭非市场品的均衡生产，为行业规范与国家的政策的制定奠定有说服力的理论基础。我有理由相信，这本书将会引起人们对国家社会政策的变革、企业管理制度的改造等相关问题作进一步思考，并因此增进整个社会的福祉。

赵 曙 明

南京大学商学院院长、教授、博士生导师

于荷兰马斯特里赫特管理学院

2009年11月23日

自　序

2004年春天，刚进师门，正为博士论文方向发愁，赵老师通知我去他的办公室。进门就见到两位外籍女教授和赵老师正在商谈。经赵老师介绍，这两位教授想与南京大学商学院共同设立一个研究项目，就是后来的“南京大学和阿巴拉契亚州立大学中国公司工作和家庭平衡研究项目”。从那时起，我便进入了这一引人入胜的研究领域。2005年我完成了问卷与数据输入后，应斯特拉和贝蒂教授的邀请到阿巴拉契亚州立大学进行学术交流与访问，并和她们一道完成了数据的初步处理工作。回国后，于2006年完成了论文的答辩，两位教授和我在国内外发表了一系列文章。毕业后，回顾过去的研究，认识到，工作—家庭冲突与平衡的研究，如果不能形成有效率的企业制度，仅仅为个人提供一些平衡策略和方案，显然其意义将会在工作无处不在的今天变得微不足道。并且效果不大，于是我从制度理论入手，研究家庭伦理的企业管理制度的系统安排，提出家庭伦理的企业管理理论来处理员工的工作与家庭关系，并就其形成公共制度与法律的可能性作些基础性的理论探索。我的研究引起了国际劳工组织北京局和中华全国妇女联合会妇女研究所的注意。2009年4月23日我应邀参加了“协调工作与家庭的矛盾政策研讨会”，并在北京政协会议报告厅发表了“工作—家庭平衡的企业制度的法律化有效性分析：中美比较研究视角”的演讲，引起了来自国际劳工组织日内瓦高级官员凯瑟琳、国际劳工组织北京局局长康尼、国务院法制办、人力资源与社会保障部、全国妇联妇女研究所以及中国企业联合会国际联络部的相关专家和官员的关注。

为进一步完善家庭伦理的企业管理理论,研究继续向博弈论制度学派的方向推进。本书第一部分在对工作—家庭冲突、平衡和互益等基础理论进行研究的基础上提出了家庭伦理管理理论及其制度体系设计。第二部分从第一部分的制度体系中抽取有代表性的正式与非正式制度变量,进行实证研究,初步测定部分制度的效率与效果。第三部分基于第二部分的发现,即工作—家庭平衡还没有成为中国全社会的共享信念,研究家庭伦理的企业管理制度是否可以内生、是否可以从美国等西方跨制度域中移植或嵌入到中国企业中以及工作—家庭平衡作为共享信念的结构与效率。本书最后提出了国家政策建议、行业自律规范、企业管理变革建议与个体的工作—家庭平衡对策,并构建了未来实证研究的概念模型。

基于此,本书的读者群包括人力资源管理方向的本科生、研究生和博士生,以及这个领域中的专家、学者和其他研究人员;企事业单位人力资源管理从业人士;人力资源与社会保障机构中的各级政府官员。

改革开放后,GDP 成了衡量社会发展的唯一指标,导致了许多问题。可是不丹却非常重视国家的“国民幸福总值”,并将人民的幸福感与生活满意度放在经济增长之上。我们不仅要问,经济发展了,我们幸福吗?我想任何一项公共政策应该与人民的幸福感相联系,应该与工作和生活满意度相联系,其核心是工作与家庭关系的和谐与平衡。本书的研究如能唤醒政府决策部门对这一问题的重视,并作出相应的改变,最终朝着正式的企业制度迈进,即使自己因为此项研究无法平衡自己的工作与家庭生活，我的生命价值应该有点意义，此生应该可以说不曾虚度、不曾枉过！

刘 永 强

己丑年金秋于玄武湖畔

第一篇

家庭伦理的
企业管理制度体系构建

数字与信息化驱动工作全面侵入家庭，同时在人口结构与强大的就业压力下，中国员工的工作与家庭关系严重失衡，中国企业面对着解决员工工作与家庭关系危机的必要性与紧迫性。因此，本篇的第一章介绍了中国员工的工作—家庭关系现状及本书的研究设计。第二章阐释了研究工作—家庭冲突、平衡与互益及其认知理论。第三章在理论研究基础上，提出构建出家庭伦理的企业管理制度体系。

第一章

工作—家庭关系现状及研究设计

人类在追求幸福生活的过程中，工作无疑是获得幸福的最主要手段，因为工作为享受幸福生活提供了所需的经济来源。因此，对大多数人而言，工作成了活着的主要目的和终极意义。在他们的生活中，只有工作，没有工作之外的家庭。但是，当人们通过工作获得了享受幸福生活的资源之后，却发现为他们提供精神慰藉的家庭却危机四伏，健康在工作的重压下每况愈下，最终无法享受工作所得，工作与家庭产生了严重的冲突。有感于此，我们不禁要问，我们活着是为了工作，还是工作为了幸福地活着？工作和家庭到底孰为重要？

美国劳工部的《工作生活报告》指出，21 世纪支撑工人生活稳定的三大支柱是终生的经济安全、工作与家庭平衡以及安全而公平的工作场所。[1] 因此，平衡、和谐的工作—家庭关系才是稳定、幸福生活的来源。但是，目前在中国劳动力市场供给远远超过需求的情况下，人们承受着前所未有的工作压力，为保住工作不得不接受企业苛刻的工作条件，为工作作出了无限制的投入和牺牲。最终，难以照顾、担当家庭责任，疲于应付，常常顾此失彼，损害了健康，影响了家庭关系。最近，英年早逝的报道常常见于报端。因此，寻求工作与家庭的平衡、提高生活质量、为社会福祉作出贡献是摆在人力资源管理学者面前亟须解决的新课题。

第一节 工作与家庭关系演化及发展

一、工作—家庭关系演化阶段

结构功能主义理论认为存在着两个独立的社会机构，即工作场所和家庭，并且在家庭、社会机构和整个社会中如果每个人专门从事某一独立领域的工作，如妇女在家做家务，男人从事机械工作，那么整个社会的工作效果最好。[2] 于是，以家庭生活为中心的工作与家庭关系在工业革命后发生了彻底的改变，工作彻底地从家庭生活中分离出来，并独立于家庭。其活动被分配在不同的地点、时间进行，由此产生了工厂和家庭自己独特的文化和发展前景，演化成独特的工作伦理与家庭伦理。人们从此就面临着工作与家庭间的对立与平衡问题。但是，工作却控制着工作—家庭关系，处于主导地位，控制着上班时间、工作内容和工作时间的长短。[3] 这种关系在官僚层级社会中被结构化了，形成制度来规范员工的工作和家庭间的劳动分工。其假设前提是：员工愿意并且能够把工作放在首位，放在家庭以及各种个人生活需要之上。但是，员工及其家庭成员有客观的家庭生活需求与问题，需要解决才能得到精神上的慰藉。工作使得他们无暇顾及家庭生活。他们甚至牺牲自己的身体健康来满足工作需要。工作与家庭间的对立影响了个体的家庭生活，也影响到组织绩效的提高。于是，组织开始参与解决工作—家庭问题。[4] 工作与家庭关系的演化经历了以下几个阶段：首先，20 世纪初，组织趋向于侵吞并替代家庭的职能，把工作场所变成一种包罗万象的组织制度，如中国 20 世纪 50 年代的国有企业。其次，组织试图将工作、家庭领域区分并独立开来排除工作—家庭之间的具体联系或使它们之间的这种联系中性化，从整体上来排除员工既要忠诚于组织又要忠诚于家庭的相互竞争性因素。现代组织并不是要合并或同化家庭，而是把工作—家庭问题看成是组织与家庭相互竞争来争取员工对其的忠诚度的问题。第三，组织面临的压力越来越大，不再把工作与家庭看成是相互独立的两个方面，也在努力寻找平衡两者关系的各种方案。第四，信息技术革命使得工作与家庭关系再次发生革命性的变化，工作开始全面渗入家庭。[5]

二、工作—家庭关系的本质特征

工作与家庭关系，无论是以家庭为中心，或以工作为中心，还是融合于一体化，其发展与演化是以有利于实现企业目标的内在激励为基础的，呈现出以下几种本质特征：

第一，资源提取与利用。资源提取是指在工作和家庭领域之间转移个体的有限资源如时间、注意力和精力等，由此会产生工作与家庭责任间的严重冲突与对立。

第二，工作与家庭间的一致性与一体化。一致是指由于作为共同起因的第三方变量而引起的工作、家庭之间的一致性。这些共同的起因包括个性特质、遗传因素、通常的行为作风和社会文化力。如：性格特征可以影响工作和家庭两方面的满意度。一致与溢出相类似，两者都指工作、家庭之间的相似性，但是两者的区别在于溢出理论将这种相似性归因于一个领域对另外一个领域的作用与影响，而一致性将这种类似性归因于影响两者的第三方变量。[6]

第三，迁就融合。它是指个体为迁就其他角色要求，而减少对某一特定角色参与的过程。[7]工作—家庭迁就融合可以被用做对付实际存在的或预期的工作—家庭冲突的反应策略。其结果是个体可以通过减少对不重要角色的参与，来融合不同角色间的要求。减少对某种角色参与方式有两种：行为和心理。行为即减少花在某种角色上的时间，而心理则是约束对某种角色的自我依恋程度。

第四，工作与家庭间的相互扩张。工作—家庭扩张是指这样的一种观念，即同时参与多种工作角色和家庭角色有益于个体的身心健康，有益于个体之间建立有益的健康的相互关系。[8]这种观念还强调角色参与的质量而不是数量，或者是花在某一角色参与的时间决定了个体参与多种角色所获得效果的好坏。

第五，相互补偿。补偿是指个体通过参与另外某种角色而寻求满意与满足来抵消某种角色参与带来的不满意与不满足。[9]其努力方式是减少不满意角色参与和增强对较满意角色的参与。另外，个体可以通过参与其他某一角色并获得奖赏和满足来对某一角色参与的不满意作出反应。补偿形式可以是互补性或补充性的，也可是反应性的。[10]当个体放弃某种不满意的角色参与而去参与能够给他带来潜在满意的角色，并去追求奖赏与报偿，就发生了补充性的补偿。如个体在工作中没有自主权，就会在工作之外的领域中寻找更大的自主权。另一方面，反应性补偿是指个体努力追求其他角色参与以便获取鲜明的经历来挽救因某种角色参与而带来的负面经历，如精疲力竭的工作一天之后要参加些休闲活动。

第六，相互区隔。工作—家庭区隔被界定为工作和家庭互相分离彼此互不影响。它原先是指这样的一种观念：工作与家庭角色彼此独立，因此，个体参与某一角色不会影响到其参与另外一种角色。它源于工作和家庭的自然分工，在时间上与空间上的分离。最近，区隔是指个体有意地将工作—家庭角色区分开来，个体积极地压制因参与某种角色带来的思想、感情和行为,不让他们影响到另一角色参与的绩效,其类似的术语如区划、独立、分离、脱离、中立和超然。[11]

第七,相互丰富与互益。工作—家庭丰富化是指某种角色参与丰富和加强了另外一个角色参与质量。它也指工作—家庭增进,工作—家庭助长和工作—家庭正溢出。所有这些术语隐含着这样的观念:来自工作与家庭角色中的各种资源能够为另一个角色参与提供正面的、积极的经历。与此相类似,互益是指以参与工作和家庭角色的个人为载体,通过资源在工作与家庭领域之间的转移、吸收和增强,从而促使工作—家庭互益的动态过程。[12]丰富与互益也与一体化关系相类似。工作—家庭一体化是指工作和家庭相互缠绕在一起,难以区分。例如,家族企业中家庭成员相互之间既是主管、同事又是下属。[13]在许多情况下,工作与家庭之间可以相互补充,工作可以丰富家庭生活,而家庭可以改善工作生活。从互益角度,工作—家庭一体化可定义为工作—家庭之间互为有益的相互作用。[14]这里的一体化有别于前文讨论的一致性的本质特征。

无论工作与家庭关系的本质如何,它们间的关系都可以用工作—家庭接入来描述,泛指工作与家庭相互联系的各种有益方式。

三、数字化和信息化驱动下的工作与家庭关系新发展

数字化与信息化技术使得工作与家庭间的物理边界将会被彻底拆除。视频网络技术、3G 手机的视频通讯技术,以及视频会议技术使得员工在家中就可以与同事间进行合作与对话,完成工作任务。基于社会网络和微博服务(Twitter)系统,可以让用户发送和阅读其他用户的更新信息。通过该技术,员工可以在世界上任何地方、任何时候都工作。美国医院为了节约成本将患者的 X 光片传给远在印

度的专家诊断。另一方面，基于计算机集成制造系统和管理信息系统，可以和员工家中的网络沟通平台实现无缝对接。如：宝马汽车制造厂通过调整机械手的电脑控制软件系统，满足客户的特定需要。从第一片铁皮进入车间开始，到完成测试出厂将整车交给客户，只用了 23.7 小时，已经实现了大规模定制化生产。生产方式的彻底变革完全可以将厂区中的生产软件体系统和工人家中的电脑系统连接起来，员工在家里就可以控制生产流程。

信息技术可以让工作每周 7 天，每天 24 小时跟随员工，使工作彻底控制、主导着工作与家庭的物理边界成为可能，并因此可以控制人们的心理隔间。企业借此可以不断地提高对员工的工作要求，并且廉价地获取员工的家庭资源来为企业服务。信息技术带来的工作方式的革命，改变了传统的工作范式，彻底打破了工作与家庭的物理边界。任何家庭成员都无法“躲进小楼成一统”。面对无时空边界的工作，个体的边界区隔与控制管理显得苍白无力，只能挣扎着从心理上控制工作与家庭的边界。

电传工作影响共同居住者的生活，成为家庭冲突的新来源。[15]然而，电传工作者遭受的家庭—工作冲突程度要比非电传工作者要高。这种冲突主要是以时间为基础的家庭干扰工作的冲突。这种关系并未发生在以紧张为基础的家庭干扰工作的冲突中。电传工作者所遭受的是家庭干扰工作而不是工作干扰家庭。使用电传工作方式会导致更多的家庭—工作冲突。[16]这有悖于常理。这些矛盾着的研究成果促使我们重新审视我们的研究范式，并坚信应该将家庭伦理关系纳入到企业管理制度体系中。

于是，学者试图把工作和家庭从心理和物理空间上进行分割，试图控制家庭边界与工作边界，提出工作与家庭边界管理的理论和方法，[17]以此帮助员工个体平衡工作与家庭需要。但是，在如此强势、无处不在的工作面前，这些边界管理的解决方案，只能让员工望而兴叹。

四、中国员工的工作—家庭关系严重失衡

中国人口结构变化与就业压力使得工作—家庭关系严重失衡。中国人口结构的变化弱化了员工的家庭需要，把满足工作需要放在首位。80后的独生子女成为产业主力军，人口基数大，每年有五六百万的大学生毕业。人力资源和社会保障部部长尹蔚民表示，劳动力供大于求的矛盾进一步加剧。2010年全年需要就业的人员总数超过2 400万。按照8%的经济增长速度，供求缺口是1 200万左右。[18]所以在巨大的就业压力面前，有的大学生打出了零薪水就业的口号，放弃了工作对员工的最后一点义务，即支付劳动工资的义务。另一方面，人口老龄化越来越显著。当两名独生子女成家时，他们的祖父母、父母都健在。这样的家庭有8位老人来帮助他们照顾子女。所以，这8位老人成为帮助他们应付无穷工作压力的资源。在他们的帮助下，员工把全部的时间和精力都用来应对工作的要求。更有甚者，当小夫妻遇到经济困难时，两代老人便动用自己的积蓄为来应对他们经济窘境。因此，工作从这个意义上讲，是汲取家庭经济资源的机器，使得本由工作担当的经济责任减弱许多。

人口结构客观上为工作提供了更多可利用的时间资源，同时巨大的就业压力使得员工的工作与家庭关系严重失衡。在这样的背景下，许多企业借机要挟员工，更谈不上体面地善待、发展员工。看看深圳某些工厂几百名工人拥挤在狭小的宿舍，工资不能按时发，吃不上体面的一顿饭。看看在晨曦和黄昏下进出于城市建筑工地的农民

工,再看看,他们无法割舍的留守父母和孩子,在落后的乡村等待着他们的给养。我们无法为企业的赢利增长、GDP 增长而高兴。其代价是家庭幸福的迷失。

第二节 中国企业解决工作—家庭冲突问题的必要性

一、工作—家庭冲突给个人与企业带来的严重后果

在无边界工作和就业的双重压力下,中国员工面临着严重的工作—家庭冲突,[19]劳动时间已经进入世界上最长的行列,工作压力超过欧洲。工作—家庭冲突导致的后果首先是婚姻满意程度降低,离婚率上升。第二,中年人健康透支。第三,企业战略裁员造成过度紧张的竞争压力与员工关系,导致不和谐的劳资关系。第四,工作压力导致企业家本人和知识分子工作—家庭关系失衡,出现“过劳死”。2004 年某杂志对 252 位活跃在中国商界的企业家调查,90.6%的企业家处于“过劳”状态,甚至出现过劳死。如 38 岁的均瑶集团董事长王均瑶就是一例。知识分子的工作压力逐渐加大。知识分子每天比普通人群工作时间多了将近两个小时。在工作压力方面知识分子中感到有工作压力的比例高于普通人群近 30%。在体力透支主观感方面,知识分子有体力透支感觉的比例(61.3%)远远大于普通人群(35.7%)。[20]学者早逝如:32 岁的中国科学院边疆史地研究中心学者萧亮等。

在转型经济条件下,企业通过所有权重新配置、治理结构改制和股份制改造建立了现代企业制度。与此相应,出现了企业大规模战

略性裁员，裁减了大批包括不少中层管理人员在内的企业员工，导致更严重的就业压力。中国员工因而面临着越来越严重的工作压力。一项研究显示，中国大陆、中国香港及中国台湾的管理人员，普遍感到工作与家庭角色冲突，由此引起的工作压力最高。相比之下，来自英语国家、地区的管理人员的工作压力水平则最低。家庭角色冲突是潜在的工作压力源头，例如，超时工作会妨碍、减少陪家人的时间。科技进步令不少雇主一日 24 小时及一星期 7 天都可接触员工，这种直达模式，令员工感到有压力。[21]

从企业角度看，严重的工作—家庭冲突导致负面的组织行为后果，如低工作满意度、与离职率正相关、严重的工作压力；家庭—工作冲突与旷工率相关，[22] 严重工作与家庭冲突导致了不和谐的劳资关系。

二、解决工作—家庭冲突问题的必要性

工作与家庭间的对立关系给个人与企业带来了严重负面影响，企业需要解决在工作无限延伸、家庭无法将工作分割出去的情况下，工作—家庭关系的有效制度设计。企业需要越来越关注工作—家庭平衡问题，因为：首先，越来越多的妇女参与管理，她们迫使企业反思、定义职业，强调重新平衡在工作和非工作事务之间的时间分配。其次，数字化经济带来的工作强度也使得人们寻求多种方法来缓解工作带来的压力。最后，20 世纪 90 年代就业市场上专业技术人员的供给异常紧张促使企业为吸引人才提供非常具有吸引力的一揽子薪酬计划，考虑了家庭因素。[23]

但是，在转型经济的中国，该问题的出现有其特殊性。经济体制的成功转型，市场经济条件下企业忽视员工平衡家庭的需求。首先，

计划经济下是企业办社会。在社会主义集体所有制和全民所有制企业制度条件下，企业的功能涵盖了员工家庭生活的各个方面。企业有自己的托儿所、员工医院、分配住房、员工子弟学校，各种生、老、病、死的补贴一应俱全，使得广大人民真正地享受到了社会主义的福利。其次，转型经济条件下，企业在剥离社会包袱过程中完全忽视员工的承担家庭责任的需要。随着宏观上国家经济制度和体制由社会主义计划经济向市场经济的成功改革与转型，微观层面上企业所有制结构的多元化、现代企业治理结构的建立，出现了从国营企业到私营企业的大规模甩包袱运动。出现高校后勤社会化运动，如取消原来开办的学校幼儿园等。国有企业采取了各种措施，如提前病退、下岗、买断工龄来摆脱员工的家庭与个人包袱。第三，追求利润最大化的民营业主，因国家法律与企业制度上缺位，往往不关注满足员工养家糊口的资源要求，随意拖欠工资。私营企业与个体户更不会把员工的家庭需要考虑进企业的决策与人力资源政策中。加之制度性原因，使得劳动法执行不力，不断出现拖欠加班工资、追讨欠薪、外企工会风波等问题。第四，工会制度与其某些功能的缺位使得劳资关系日趋紧张。不仅民营企业中员工无法依靠工会组织来保护自己的合法权益，就连外企也出现了随意加班，占有员工的家庭生活时间，甚至还拒付加班工资。典型例子有中日合资企业北京三环相模新技术有限公司总经理兼工会主席唐小东被解职，日本独资企业西科姆(中国)有限公司单方面终止公司工会主席李亚东劳动合同。而沃尔玛、柯达等部分外企无视中国法律拒建工会。

回顾中国改革开放历经的30年，各种改革与先进的管理理念、方式的潜在假设前提是中国员工没有家庭责任，解决经济问题的出发点是裁员，绩效激励的共同核心只强调员工的组织承诺与忠诚度。

其实质是时间的无限投入，唯独不见企业关注员工的家庭责任及其制度安排。甚至出现了华为集体解聘员工来规避新《劳动法》规定的企业对员工所承担的基本义务，更不要谈员工的家庭责任问题。

我国企业迫切需要对工作—家庭关系作出有效的制度安排，来平衡员工的工作—家庭需要。首先是我国经济发展的需要。2008年中国的GDP仅次于美国、日本处于第三位。良好的经济发展，大幅度提高了人们的生活水平。尽管人均国民生产总值与发达国家比有相当大的差距，但是随着经济状况的改善，人们的消费偏好却有趋同性，即：更多的休闲，追求更好生活质量和更好的自我发展的机会。比如美国人特别看重家庭生活质量，把和家人共度的时光，称为"幸福时光"（quality time）。从经济环境看，具备改善家庭生活质量的经济基础。这样严重失衡的工作与家庭关系不会持续太久，因为家庭是生活的基点、精神归宿的核心、幸福与快乐的原点、工作的根本动力工。人们需要对工作—家庭间的关系作出重新安排，从和谐家庭伦理关系中找到天伦之乐，满足精神慰藉。这是人们永恒的价值追求。

其次，工作—家庭的有效制度安排也是我国政治环境构建的需要，是构建和谐社会的目标。家庭是最原始的社会结构，只有和谐的工作—家庭关系，才能塑造出和谐的家庭伦理关系，才能实现和谐的社会关系。否则，员工随时随地工作，没有时间去探望父母、孩子和自己的配偶，家庭伦理关系失衡，构建和谐社会，只是一句空话。

第三，适应我国家庭与人口结构变化的需要。家庭结构反映的是家庭成员的组成情况。从类型上来说，主要有核心家庭、直系家庭、复合家庭、不完全家庭和单身家庭等。由于我国计划生育政策的贯彻执行，独生子女的比例日益增多，家庭结构也相应变化，出现"独生子女新生代”。这些独生子女无疑将承担着更为沉重的家庭负担。

第四是中国城市化进程的需要。在城市化进程中，中国农民大规模进城打工，冲击着传统家庭结构。这种人口的机械迁移带来了许多社会问题。现在大约有一亿农民离开他们世代生活的农村来到城市打工。流动人口的机械迁移尤其是非家庭性迁移造成“留守儿童”等社会问题。流动人口子女最大的问题是教育问题。流动人口的机械迁移在提高农民收入的同时，也带来了亲情缺失、观念冲突、农村劳动力减少等问题，也越来越多地让他们的父母感到孤独。在不少乡村可以看到一些独自在田里劳作的老人或独自坐在家门口守望的孩子。

家庭结构与规模的变化、员工工作压力趋于严重以及城市化进程，要求企业必须充分考虑到包括农民工在内所有员工的家庭需要，制定一系列人力资源管理政策来为员工创造经济收入的同时，兼顾家庭照顾老人和子女的需要，为整个社会的福祉作出贡献。

第三节　企业家的家庭伦理关系与企业经营绩效

严重的工作—家庭冲突会影响员工家庭生活和企业绩效，同样也对企业家的经营绩效带来负面影响。因此，需要讨论工作与家庭冲突对企业家经营绩效的影响。企业家的工作—家庭关系管理策略是决定企业成长的一个显著决定因素。适当的工作—家庭关系管理策略会提升女性企业所有者的企业绩效。女性企业家偏好采用角色分享策略，因为这些角色分享策略既能使得她享受到工作—家庭的丰富化，又能减低她们的角色冲突水平。对高度重视家庭生活但又有野心的女企业家来说，最关键的策略是采用参与式管理和先进的人力资源管理实践对下属进行工作角色授权。构建管理团队和工作团队的女企业家能够更好地应对家庭里突发事件，同时又不会中断企业的运行。否则，她们将不得不中断企业运行，最终影响到企业绩效。因此，参与式管理提升了对家庭角色的参与程度。女性比男性遭受更严重的工作—家庭冲突，广泛构建团队和实践参与式管理是女企业家应对其工作—家庭冲突的需要。[24]高层员工和管理人员工作与家庭生活根本不平衡，谈不上有工作—家庭平衡问题，工作与家庭间存在冲突，并且无法利用她们手头的资源来缓解。弹性工作制并不能产生工作—家庭平衡，却会导致其他挑战。员工自己承担巨额的成本来应付工作与家庭的需要。工作对员工提出的要求过多。最后，贪婪的组织理念将更多的工作强加到员工的头上，甚至强加到有较大的工作自主权和有资源可利用的员工头上。[25]

企业经营者和管理者也同样遭受到严重的工作—家庭冲突，对他们的影响除了对个人的身体健康、家庭幸福的影响，还严重影响到他们对企业的经营与管理风格，并最终决定了企业经营的好坏。因为管理一个企业基础，是经营者对家庭管理风格与经验的延伸。经营者本人最关心的是企业的繁荣，怎样引入各种经营管理方法和制度以求得公司的持续发展。然而，日本学者前川与朋广认为："仅仅关注于企业经营是不会取得良好结果的"，并指出：公司是人群的集中场所，企业是在人际之间进行的经济活动，在此基础上最终决定经营成败的是经营者自身的人性或者说是他的伦理观念，而构成人的伦理观念之根基的是家庭伦理实践。就是说，经营者是企业人，同时又是家庭成员，在家庭中的伦理实践将深深影响着企业的经营活动。在不远的将来，不以伦理为根基、不进行伦理经营的企业，就不会存在和发展下去。[26]

家庭是人们生活的基点。它是衣、食、住的源泉，精神生活的核心、产生快乐的原点以及人们各种活动的根本。家庭是以夫妻关系和亲子关系为轴心而建立起来的。这一横向与纵向的十字关系成为人伦的主干和出发点。对经营者而言也不例外。在成为经营者之前，早已有了对父母的子女伦理、对妻子（或丈夫）的为人丈夫（或为人妻子）的伦理、对子女的父母伦理。

儒家对家庭与社会伦理关系界定为三纲五常，并作为人际交往的结构化规范，用来调整人与人之间的关系。然而，当代中国有些伦理关系已经不存在了。但是，基本的关系依然是对父母与长辈的孝道、夫妻间和睦关系和对子女的教育抚养责任。这三个纬度上的家庭伦理关系，是任何一个员工和企业的经营者与管理者必须认真处理的基本人伦关系。因为这些人伦关系，潜存了作为经营者的组织统领能力和企业发展力量。

如果作为立足点的家庭关系发生了破裂，不能过上美满的家庭生活，一个人的性格或人格就会出现偏离。精神上会处于不安宁状态，也不会在经营中冷静判断和准确决策。一个放弃了作为家庭成员本分和责任的经营者，他不会成为公司这一人群集体的合格领导者。当企业经营状况不佳或企业倒闭时，表面的原因是经营战略或经营能力的欠缺。但是，根本的原因却存在于经营者本人的家庭关系中。敬奉父母、爱护配偶这样的伦理实践是经营者心灵的起点。

如果人性不是淳朴的，就不能对事物作出正确判断，也不会产生有效行动。这种淳朴之心就是开发出尊敬先祖、爱护配偶实践的源泉、履行对下一代教育与抚养的责任。当经营者犯主观的毛病、对周围人们的劝告和建议充耳不闻时，就会失去家庭生活中的淳朴之心。

父母生育子女是理所当然的、妻子听从丈夫的话也是应当的，以这样一种傲慢态度在企业经营中，结果将阻碍员工丰富的想象力和创造性，成为失败的坟墓。企业经营和家庭有着互为表里的关系，二者紧密相关。组织化了的最高领导所产生的行为给予他周围人的影响是很大的。正因为此，对他们就要求有较高的伦理观念。经营者的伦理实践提高了员工的素质、决定了企业的品位。下面我们从家庭伦理的孝道纬度、婚姻纬度和子女养育纬度来看经营者对家庭伦理关系的管理是如何影响企业的经营绩效的。

一、孝道纬度

孝道纬度是将对父母长辈的感恩意识植入企业经营中。前川与朋广认为：子女对父母的应尽行为是“敬奉”（恭敬）和“孝顺”（体贴），“敬奉”与“孝顺”的共同基础是“感恩意识”。“感恩意识”的深入决定了“敬奉”和“孝顺”的程度，深怀对父母的感激。这是对自我生命本源的追溯，这种意识将纯洁人们的精神、增强生命的力量。对赋予生命和爱心养育生命的感激，就是要培养我们对完整生命的尊重。激发出创造的原动力，唤醒喜悦劳动的精神，开发各种潜能，这些都是源于尊重生命。

经营者由对自己祖先父辈的深切感激而体现出的伦理实践，就会放射为对员工、顾客、客户、家庭成员、社会全体的感激之情。这种精神就会渗透到员工中，随着公司道德水平的提高，逐渐地就将带来公司的繁荣。经营者为了使经营向积极方面发展，自身就要过一种积极的生活。无论提出了怎样高远的经营理念和战略，只要经营者以身作则、率先进行伦理实践，员工就会被带动起来。

二、婚姻纬度和子女养育纬度

当夫妇二人心思一致时,家庭的健康、教育、事业、经济就会有良好的开端,并创造出种种幸福。相反地,当夫妇背离应当遵守的夫妇之道、心思不能合一时,就会因此导致各种问题。企业经营也是这样,经营者夫妇的关系状态直接影响着经营状况。如果经营者处处流露出"是我养活了整个家"的傲慢态度,操纵家庭,就会使家庭失去生机。妻子和其他家庭成员敢怒不敢言。这样的经营者即使在公司里也会表现出同样的态度,即所谓专断的经理。员工只是慑于经理的权力而在表面上服从,但在内心中却满怀怨恨。公司内的秩序就会被打乱,留职率就会降低。再进一步,由于出现类似渎职行为、没有达到经营者本质要求的现象,公司内部的腐败就会加剧,公司就会遭到经营恶化、破产等局面。

企业如果不处理好员工的工作与家庭关系,导致他们遭受严重的工作与家庭冲突,就会影响组织绩效。如果企业经营者与管理者不处理好自己的工作与家庭关系,那么企业就不会得到持续的繁荣。因此,我们需要研究企业如何对员工的家庭伦理关系进行管理,并进而对家庭伦理的企业管理制度进行有效设计。

第四节 家庭伦理的企业管理制度体系研究设计

如何解决工作—家庭冲突问题,现有的经济学与管理学并没有提出有效的理论和可行的方案。中国的企业管理者明显忽视了平衡员工的家庭和工作关系,造成了严重的社会问题。

一、家庭伦理嵌入企业管理制度体系研究的必要性

以“经济人”假设为前提的传统人力资源管理理论无法提出有效的制度解决方案。问题的关键是必须以员工是“家庭人”这一基本社会现实为出发点，首先解决企业的家庭伦理责任的基本理论问题。这是因为组织是社会人的集合。组织行为是员工之间结构化人伦关系的表象。优良组织行为的实质是员工和睦的家庭人伦关系的横向延伸，源于以父子、夫妻和亲子关系为轴心的人伦。因此，幸福的家庭人伦关系是组织行为优化的精神基础，也是优秀组织行为的终极伦理意义所在。只有对家庭人伦关系进行有效的安排，才能优化组织行为，改善组织绩效。

从学理上看，西方的研究集中于研究员工的工作—家庭冲突、来源、后果，并从企业角度来研究企业实施何种管理制度能够减轻员工的工作—家庭冲突，达到提高员工绩效，最终为企业服务。但到目前为止还没有提出一个理论框架来整合工作—家庭研究成果，迫切需要提出能涵盖所有分析层次包括个体、组织和国家社会文化视角的新理论，为学术研究和实践提出一个理论框架。[27]

同时，经典的经济学与管理学也没有为本研究提供相关的理论研究。经典的经济学把企业（厂商）作为自己的研究对象，将家庭作为产品市场上的消费者和生产要素市场上的劳动力供给者，来研究产品生产与销售。同时，经典的管理学以家庭为企业提供的劳动者为研究对象、研究劳动者的激励从而通过他们的努力来实现企业的生产与经营目的。无论是经济学还是管理学，其研究假设前提是家庭成员之间的关系对作为消费对象和生产要素的提供者——员工，是没有影响力的或者影响力甚小可以不予考虑，不会影响其理论模

型的有效性。但是,在信息与数字化时代,新的工作与沟通方式,如电传工作、视频会议等成为普及,使得企业的交易成本与管理成本急剧下降,并且企业的边际收益相对获得了较大的提高。根据科斯原理,企业(工作)的边界将会无限扩大,工作于是侵入家庭。家庭已经超越了消费功能,家庭与工作场所实现了一体化,成为生产场所的一部分,具有一定的生产功能。家庭成员对劳动者劳动供给的量与质的影响程度越来越强,家庭成员既是企业产品与服务的消费者又是企业生产活动过程的参与者。家庭不再被视为从市场购买商品和劳务单纯的被动消费者,而是健康、声望等非市场商品的积极生产者。家庭通过综合运用市场商品与劳务、家庭成员的时间、教育及其他"环境"变量生产出非市场产品。[28]因此,企业的管理制度需要考虑家庭伦理关系,企业的管理制度对象应该包括员工及其家庭成员,并将员工的家庭伦理关系内化于企业管理制度设计中。于是,贝克尔指出:厂商理论同 30 年前比较基本没有变化,而家庭问题已从经济学中贫乏的研究领域变成最为激动人心和最有前途的研究领域。[29]而有效的柔性企业的工作设计必须同时对企业本身和员工个人都有效。[30]

盛洪用经济学的方法,深入分析了家庭在权利建构与文化传承历史过程的作用,家庭与生命延续之意义,并指出:"传统中国的家庭主义社会有其辉煌。麦迪森的《世纪经济千年史》中指出,1830 年,中国的 GDP 占世界总额的 1/3,从耶稣纪元 0 年开始算到 1870 年,中国 GDP 一直是全世界最大的。近代以来个人主义社会崛起,也比较成功。但若是极端化就会有问题,比如个人主义社会可能会缺少亲情,现代很多西方人都没有家的感觉;而家庭主义社会则可能会压抑个性。我们近代以来的个人主义社会与家庭主义社会间的互动要注意配套制度。由家庭主义生发出来的一套制度结构,个人主义也生发出一套制度结构,它不是没有其他配套制度的个人主义。现代个人主义社会包括很多配套制度,个人主义加神教、加民主宪政、加民族国家、加现代公司和现代市场等一系列的配套制度,才使得个人主义社会非常成功。如果我们仅仅是学来个人主义,而没想到这样一系列配套制度是会有问题的。所以我认为近代中国是走向个人主义的,而这种个人主义既没有家庭主义的那套制度结构,也没有一神教,即是不信教的个人主义社会。我认为这是现代中国社会非常危险的一件事情。”[31]

从这个意义上说,本书试图在中国当代个人主义价值观盛行,从而导致商业主义泛滥,嵌入一些传统的家庭主义元素,以实现家庭主义与个人主义间的协调。因此,企业的管理制度需要考虑家庭伦理关系,企业的管理制度规制对象应该包括员工及其家庭成员,并将员工的家庭伦理关系内化于企业管理制度设计中。

马歇尔以企业为出发点创立了微观经济学体系之后,贝克尔将经济分析拓展到对家庭的全面阐述,最终凭其《家庭论》建立了以家庭为主的微观经济学体系。[32]作为经济学家的贝克尔对家庭的研究仅限于家庭成员间的时间分配、家庭生产函数分析、家庭消费的怠惰与冲动非理性行为、年龄和生产函数、婚姻与生育力和家庭、婚姻理论等方面的分析。没有将家庭作为生产场所的一部分,把家庭成员及其对员工之间的伦理关系放入到企业经济活动中进行经济分析。现代经典管理学[33]没有将家庭作为潜在的工作场所而将员工的家庭伦理关系纳入到管理的研究框架中,即使是研究企业社会责任与利益相关者的研究也没有将员工的家庭成员列为其利益相关者。[34]随着员工的工作与家庭的对立与冲突导致的严重组织绩效问题和工作满意度问题，从20世纪70年代开始，当代心理学、人力资源管理与组织行为的研究人员从员工个体的角色冲突角度出发，研究并发表了大量的员工的工作—家庭冲突及其对策的研究成果。[35]但是并没有从企业制度角度进行研究，提出可供企业实行的企业管理制度。在过去的15年中，经济学家越来越认识到制度很重要，制度要素对经济增长率产生的强有力的影响。[36]但是，以工作—家庭平衡为核心的家庭伦理哲学并没有成为中国全社会共享的信念，使得正式的制度安排失去了共享理念基础。[37]所以，在中国文化背景下要自发演化生成家庭伦理的企业管理制度，是缓慢的，也可能是无效的。

研究需要将工作与家庭关系领域的研究成果与制度理论相结合，探讨如何将家庭伦理关系嵌入企业的管理制度设计，如何设计出对企业和家庭共同有效的一体化管理制度，以及在家庭成为潜在的工作场所的情况下，这些制度如何在制度的路径依赖同构作用下与原有的制度演化成有效的新企业制度，并由此引发的管理制度变革与演化。因此，家庭成为工作场所并具备生产功能的前提下，现行的企业管理制度需要彻底的改造。

根据制度经济学理论，任何有效的制度必须具有效率。因此，需要对所设计的国家、产业、企业和个体层面的制度效率进行定量研究。因为只有对组织绩效和员工组织行为都具有相关性，并能够解释组织绩效和组织行为变化的制度变量，对企业才有意义，才是具备效率的企业管理制度、产业自律制度和国家法律。这是制度安排的组织制度效率。同时，这些制度安排还应该能够提高员工个体的家庭满意度和工作满意度，即提高个体制度效率。换言之，这些制度必须对组织绩效有积极的影响又能提高个体的家庭与工作满意度。从个体角度来说，这样的管理制度必须能帮助员工实行工作与家庭平衡，提高他们的生活满意度与工作满意度。从企业角度来说，这样的企业管理制度必须能帮助企业实现市场品生产和非市场品生产均衡。简言之，这样的制度体系必须是与个人主义的市场经济体制相配套的家庭主义制度结构。

二、研究问题的界定与研究思路

从上述的讨论中，我们可以归纳出，迫切需要一种全新的企业管理哲学与企业管理制度体系，来全面有效地管理企业员工的家庭伦理关系。由此，研究问题包括：企业的工作影响员工的家庭伦理关系包括哪几个方面？企业管理员工的家庭伦理关系的制度体系应包括几个维度？这些制度体系是否会减弱企业员工的工作—家庭冲突和家庭—工作冲突？能否增进员工个体的工作满意度和家庭生活满意度？这样的制度体系会导致什么样的组织行为后果？在中国文化背景下，平衡工作—家庭关系的家庭伦理企业管理制度体系与西方尤其是美国文化背景下的策略是否具有同样的效果？这一制度体系能否内生，或外生嵌入从而演化成正式的企业管理制度，该制度体系能否经由国家制度立法从而成为法律制度？

就研究思路而言，将时间、紧张和行为三种冲突来源与工作—家庭间两类冲突相结合，可以产生六个方面的工作—家庭冲突研究框架，包括：时间导向的工作干扰家庭、时间导向的家庭干扰工作、紧张导向的工作干扰家庭、紧张导向的家庭干扰工作、行为导向的工作干扰家庭和行为导向的家庭干扰工作。[38]

就研究的内容而言，元内容分析概括出十大研究课题，即工作—家庭冲突、工作角色压力、工作—家庭协助、工作作息制度、重新安排工作场所、职业生涯以及与工作相关的后果、性别与工作—家庭领域之间的关系、双薪夫妇、生活领域的各种关系[39]和工作—家庭互益。这些研究大多数从组织层面来研究员工的工作—家庭平衡策略。国内学者的研究基本局限于心理学研究范畴,从企业角度来研究员工工作—家庭平衡的人力资源管理策略的研究较少。

文献研究表明存在着五个研究视角。第一,个体层面分析,研究个体影响工作—家庭联系机制的工作与家庭两方面的经历和心理动力。个体冲突视角的研究假设是资源稀缺性假设即人们拥有的时间和精力资源是有限的。因此拥有多种角色的人会产生角色间冲突和角色超载,从而导致了心理压力和体力的耗尽。这种视角产生于有关组织压力的研究。[40]这种视角区分了两种不同的冲突即工作干扰家庭的冲突和家庭干扰工作的冲突。当与工作有关的活动干扰承担家庭责任时,如把工作带回家牺牲家里的时间来完成工作,就会产生工作干扰家庭的冲突。反之,如果因为承担家庭的责任而影响到工作的完成如因为要照顾生病的孩子而旷工或取消一个重要的约谈,则会产生家庭干扰工作的冲突。尽管工作和家庭之间有很强的相关性,但是它们无论是在概念上还是在实证研究上都被认为是可以相互区分的构念。[41]对工作干扰家庭冲突的最好解释指标是工作领域的一些变量,而家庭干扰工作冲突的最好解释指标是家庭领域的一些变量。[42]工作—家庭冲突与满意度降低和心理健康水平较低相联系,[43]而工作—家庭冲突与诸如工作满意度和焦虑较为相关。[44]家庭干扰工作的冲突与心理压力的水平有较紧密的联系。[45]工作干扰家庭冲突与工作满意度和生活满意度之间的关系比家庭干扰工作与两者之间的关系更密切。[46]

第二,家庭制度从双薪夫妇角度来研究,即家庭婚姻满意度的研究视角。将研究工作—家庭关系的结构性方法和情绪性方法结合起来因而产生了结构情绪法来研究家庭生活满意度的问题。[47]同时,研究工作—家庭冲突和家庭—工作冲突对工作满意度和家庭满意度的影响。[48]此外,研究员工的配偶、经理和员工本人的三方博弈提出了员工的边界控制模型。这些研究都是从家庭角度出发进行研究工作—家庭冲突的。[49]

第三,从工作—家庭平衡的组织制度安排以及组织文化角度来研究[50]工作—家庭冲突产生的后果。在西方,越来越多的组织为员工提供了扶老携幼的资源,推荐照顾人员计划、弹性工作安排,以及其他人力资源管理政策,来帮助员工平衡工作—家庭责任。但是,有研究指出,这些政策和资源帮助计划通常并没有得到员工的充分利用,同时并不能得到主导企业文化的支持。[51]另一方面,这些政策和做法并没有真正地减少工作—家庭冲突,[52]或者从组织角度看,并没有改善组织的效果与绩效。[53]所以,科瑟克(Kossek)和奥泽基(Ozeki)指出,人们越来越关心企业分配用于平衡工作—家庭关系的资源与政策,关注到底有没有产生预期的效果。她们于是研究工作—家庭冲突与工作有关的后果之间的关系,探讨了旨在减少工作—家庭冲突的人力资源政策效果。她们研究人力资源管理策略对下列与工作有关后果的影响:组织绩效、离职率、旷工、组织承诺、工作参与和焦虑。工作—家庭冲突对工作产生的这些后果实际上影响着个体的生产率。[54]

第四,产业和行业内的制度压力视角,从组织所在的产业和行业内实施工作—家庭平衡策略所产生的制度压力因素来研究影响组织实施工作—家庭平衡策略的制度因素。在组织所在的产业部门中,先前的雇主参与解决工作—家庭问题的程度和组织在制度压力下与制度要求保持一致性具有强烈的相关关系。[55]

第五，跨文化研究视角。普尔曼（Poelmans）从个人、组织层次来进行国际视角的研究，同时还从跨文化角度入手来研究国际背景下的工作—家庭关系。该研究还介绍相关的案例研究。[56]

结合这些研究视角与研究思路，研究拟从组织层面出发，来研究企业管理员工家庭伦理关系的有效制度体系，采用定性与定量相结合的方法，以博弈论制度学派的研究框架作为整体研究框架。

三、研究的意义与应用前景

研究探讨在工作无边界条件下，以企业为出发点，研究让在工作—家庭关系中处于绝对主导地位的企业担当起员工家庭伦理责任，并进行系统制度设计来安排家庭伦理责任。研究从家庭伦理视角来整合工作—家庭关系研究成果，提出系统的家庭伦理制度体系框架，努力实现工作—家庭关系研究的理论突破。研究以工作—家庭冲突研究领域中各种理论为基础，开发出企业家庭伦理理论，作为统一的工作—家庭关系研究的理论范式，综合以多学科理论为基础的工作—家庭关系研究成果，使之具备独立的理论体系，对发展工作—家庭关系的学术研究有理论指导意义。研究试图统一工作—家庭关系研究的理论范式，界定其研究边界并明确研究的终极意义，使之成为一个独立的理论。

研究为企业管理家庭伦理关系提供有效的制度设计方案，最终成果是设计出以工作—家庭平衡为核心的企业家庭伦理制度体系，以及与之协同的国家政策、产业自律规范和个体工作—家庭平衡策略。研究对缓解目前紧张的劳动关系、提高员工的生活满意度和工作满意度，提高组织绩效和个人幸福感，从而对和谐社会的构建提出了具体的企业制度体系、国家政策建议，也为国家对企业的家庭伦理责任进行立法提供理论依据。

研究以博弈论制度学派理论为指导，开创了工作—家庭关系研究的新思路，构建了一个家庭伦理的企业管理制度的概念框架，统一了工作—家庭关系研究的理论范式，是该学科研究领域从前范式到范式研究的转折性研究，是一次理论创新，具有一定的理论意义。从企业的制度安排来设计家庭伦理的制度安排，对协调过度两极分化的社会关系具有很强的指导意义和现实意义。

第二章

工作—家庭冲突、平衡与互益及其认知理论

工作与家庭间的关系是一种对立与冲突关系，因为它们相互竞争性的需要要求员工将他们有限的时间与精力进行分配。如果员工有很好的控制能力，能够在两个领域做到平衡发展、和谐统一，那么它们之间也可能是平衡与和谐关系。更进一步，它们之间也能实现相互促进与互益增进的关系，如工作为家庭的幸福提供经济保障，家庭则为员工提供幸福的精神归属感与健康快乐的源泉。但是它们之间究竟是相互冲突的对立、和谐的平衡还是相互补充的互益关系，依赖于不同民族文化对其不同的认知。不同民族文化价值观对个体角色的不同界定，会导致对工作与家庭间关系的不同界定。本章对冲突、平衡与互益的理论研究进行梳理后，对不同民族文化的不同认知范式进行研究。

第一节　工作—家庭关系研究的基础理论流派

工作与家庭冲突研究还没有统一的基础理论框架，处于多种理论杂存的前范式阶段。常见的工作—家庭冲突研究的基础理论包

括：角色冲突理论、溢出理论、性别理论、角色理论、身份理论、工作紧张模型、区隔理论、理性理论、个人控制理论、补偿理论、资源稀缺和假设理论、工作压力模型、资源保留模型、多角色理论和扩张理论。[1]其他理论还有：跨文化理论、结构功能主义理论、社会公平理论、制度理论、边界理论、组织分层理论、心理契约、领导—成员交换理论和宏观社会文化理论。下面简单介绍有代表性的四种基础理论。

一、角色冲突理论

基于时间投入、行为模式和情绪传递的角色冲突理论认为，工作—家庭冲突称为一种角色冲突。角色间冲突是工作压力的重要来源。角色冲突是同时两组或多于两组的压力，如遵从其中一组压力将会使得遵从另外一组或几组的压力变得更为困难。[2]角色代表个体在社会中因具有某种地位而被预期要表现出的一组行为模式。角色为个体提供了意识框架来解释事与人之间关系的内涵与意义、目的和用途以及机构的代理关系。[3]个体在一天的生活中通常都会转换很多次的角色。这些角色会不相容，会起冲突。有三个冲突来源：时间、紧张和行为。[4]文献大多围绕以时间和紧张为基础的冲突来源，进行实证研究。个别是以行为作为工作—家庭冲突来源为研究对象进行实证研究的，这表明，以行为为基础的工作—家庭冲突与职业角色要求存在特殊的联系。这些角色需要包括：相互依赖、对他人的责任和人际冲突。工作—家庭冲突显著变化可以归因于个体所从事的职业。相互依赖和对他人的责任可以预测工作—家庭冲突。[5]

最早个体间角色冲突文献出现于 1949 年奥斯卡·刘易斯（Oscar Lewis）的文章中，而个人角色内冲突出现于 1995 年伊利斯·博尔丁（Elis Boulding）的文章中。工作—家庭冲突是一种角色冲突。

角色间冲突是工作压力的重要来源，是 1/3 男性的主要工作压力来源。[6]

(一)工作—家庭冲突的界定

角色代表个体在社会中因具有某种地位而被预期要表现出的一组行为模式。角色为个体提供了意识框架来解释事与人之间关系的内涵与意义、目的和用途以及机构的代理关系。[7] 角色与地位相联系是个体在社会中的位置。伴随着个体地位的是个体的身份。身份是个体通过在一定的社会结构中承担某一特定的角色，同时个体把它归因于自己本身的内涵与意义，随后便用这一特定的角色内涵来描述自己。[8] 因为一个人有许多角色，因而有多重身份。然而，这些身份对个体而言并不同等重要。[9] 角色重要性也被称为角色中心、角色承诺以及个人角色参与。角色重要性或角色凸显概念能够解释人们选择与社会各种角色相关的各种行为。它能为个体提供有关他们自己角色的意义与内涵、自我价值和用途与目的解释。假如社会中的每个人只能选定一种角色，而且从头到尾只扮演该角色，那么，其行为将变得非常简单，他人对其角色行为的理解也会变得非常简单。因而就不会产生个体角色内冲突。

角色概念能够帮助我们理解，人类的行为会随着社会地位、生活场所的变化而改变。个体在一天的生活中通常都会转换很多次角色，例如从员工变成丈夫或妻子、从年轻小孩的父母变为成年人的朋友。这些角色中，有许多是相容的，但也有部分不相容，会起冲突。此外，冲突有时候也会在角色的转换过程中产生。角色冲突是同时两组或多于两组的压力，如遵从其中一组压力将会使得遵从另外一组或几组的压力变得更为困难。工作角色中有如下几种冲突即：角色传递者之间、角色传递者内部和个人角色之间的冲突。每组角色的压力都与其他角色压力之间存在着某种意义上的不相容。[10]

至此我们将角色间的冲突界定为因参与不同角色活动而产生的一系列相互对立的压力而导致的一种角色冲突。例如，与某一组织的成员身份相联系的角色压力会与其他群体成员身份相联系的角色压力相冲突。如果某种工作需要角色传递者加班或把工作带回家中干，会与其妻要求其晚间处理家务的压力相冲突，因而，其作为员工、丈夫和父亲的角色之间就会产生冲突。

工作—家庭角色压力不相容模型指出，工作—家庭冲突是角色间冲突的一种形式，是指工作领域和家庭领域的角色压力之间在某些方面互不相容，亦即参与工作（家庭）角色的活动因为参加家庭（工作）角色活动而变得更困难。

（二）角色冲突的来源

工作—家庭冲突的有三个来源：时间、紧张和行为（见图 2—1）。

图 2－1　工作—家庭冲突模型[11]

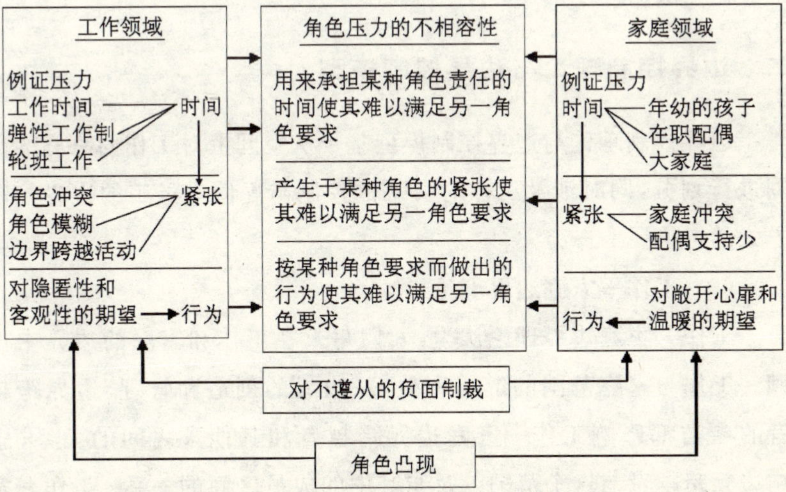

时间冲突发生在一个人所扮演的各种角色共同竞相使用其有限的时间。毕竟,投入到某一个角色的时间是无法再将其投入到另一个角色的。时间冲突可能来自工作领域也可能来自家庭领域。在工作方面,冲突来源包括工作时间、加班的频率和数量、调职,等等;在家庭方面,冲突来源则包括年幼子女、配偶的工作、家庭人数,等等。这些来源会产生时间上的压力,进而影响到另一个角色的参与。[12]

紧张冲突发生在扮演某一角色所产生的紧张影响到另一角色的表现。事实上,时间冲突和紧张冲突之间有部分共同的来源。紧张冲突来源包括工作角色模糊与冲突、不支持的领导者、负面的情绪以及不支持的配偶,等等。[13]

行为冲突发生在某角色的特殊行为模式和另一角色的行为模式不相容。例如,作为一个管理者通常被期待为情绪稳定、进取和客观,而作为一个家庭成员则被期待为温暖、富有情感。如果一个人不能调整自己的行为来扮演不同的角色,这时便会发生所谓的行为冲突。

二、边界控制理论与边界控制模型

边界控制理论与边界控制模型基于从空间上对工作与家庭的范围进行划分,同时涉及工作对员工的控制与配偶对员工的边界控制方式的影响。

(一)工作—家庭边界理论

工作—家庭边界理论认为,人们每天在工作和家庭的边界中徘徊。工作与家庭范围的继承和分解、边界的创造和管理、边界跨越者的参与都影响工作—家庭边界跨越者和其他人之间的关系,影响边界跨越者与这个范围以及与其中的成员之间的关系。工作—家庭边界理论试图解释边界跨越者和他们的工作与家庭生活之间复杂的作用，解释冲突出现的原因，给出保持平衡的结构，以达到工作和家庭的满意和良好职能，角色冲突的最小化。边界分为三种主要形式：物理的、世俗的和心理上的。边界具有以下特征：边界的渗透性、灵活性和混合性。渗透性、灵活性和混合性决定边界的力量。[14]

员工有两种方法来努力达到工作和生活的平衡，第一是从物质上和生理上将工作与非工作生活区分开来，即区隔策略。第二是把工作和家庭事务缠绕在一起，将工作—家庭的责任融合在一起，即一体化整合策略。面对员工的边界控制策略，企业是综合使用文化控制和官僚层级控制来控制员工。[15]实证研究支持了边界理论，并指出工作—家庭冲突，侵蚀家庭功能，降低生活满意度水平；工作自主或工作弹性是实现工作—家庭平衡的重要因素。[16]

工作—家庭边界理论构建了工作—家庭平衡的理论框架，解释了个体如何处理和协商工作和家庭两个范围和边界，以使其达到平衡。由于工作和家庭有不同的目的和文化，人们每天在这两个范围间穿行，调整焦点与目标以及个人内心风格以适应每个范围独特的需要。虽然，工作和家庭中很多方面难于调整，但个体为了创造出想要的平衡，在一定程度上塑造工作和家庭范围的类型，塑造两范围间的边界和桥梁。工作—家庭边界理论既描述了冲突存在的原因，又为组织和个人提供了维持更好的工作—家庭平衡的工具。[17]

（二）员工的边界控制模型

上述边界控制理论是从个体出发，而边界的成功控制还涉及管理者、员工个体和其配偶的三方面的博弈。有四种边界控制模型：追求事业成就者、妥协者、变戏法者和拒绝者。边界控制模型弥补了边界控制理论的不足，指出经理人采用三种方法对知识员工施加边界控制：第一，强加给他们多种要求，如实施开会、审查、内部工作期限、加班。第二，监督员工，如站在员工身边检查、观察和监督。第三，按自己的愿望来塑造员工的行为。员工接受或拒绝经理的边界控制。拒绝者会受到制度的惩罚，甚至如果他们为完成工作和改变作息时间而设计创造性方法，也会受到惩罚。这些工作要求对许多已婚员工的配偶产生影响。配偶对这些工作要求的反应最终会进一步影响到员工对边界控制的反应。

追求事业成就者是指一心一意为工作追求名利者。如果员工和其配偶都为边界控制的接受者时员工会尽量满足工作要求，而配偶则承担更多的家务和抚养孩子的责任。配偶的这种反应，使得员工全身心地投入到工作中。妥协者是员工本人是企业边界控制的抵制者而配偶则是边界控制的接受者。员工对配偶对其照顾家庭的要求是有求必应。好处是家庭关系较好，不好的一面是对员工的职业生涯发展有负面的潜在影响。变戏法者是指员工自己必须在担当工作责任和配偶拒绝之间保持平衡。员工持续不断地在工作责任和配偶要求之间作出抉择，使得他本人产生程度很高的焦虑和担心。拒绝者是配偶和员工同时拒绝企业的边界控制。实际上，员工本身并不是完全拒绝工作责任而是想方设法用其他方法在规定的有限时间内完成工作。调查表明所有的拒绝者都没有获得职业生涯方面的提升，尽管他们为此努力过。但管理人员中没有拒绝者，也没有发现拒绝者正朝向管理岗位方向晋升。同时拒绝者加薪很少或没有加薪。抵制工作受企业的边界控制还是存有余地的，在合理的范围内抵制工作的人，并没有因此丢了工作。但是，他们却为此牺牲了工作奖励，并且其工作得不到承认与认同（见图 2－2）。

图 2-2 员工的边界控制模型[18]

配偶的反应 \ 员工的反应	接受者	抵制者
接受者	追求事业成就者	妥协者
抵制者	变戏法者	拒绝者

抵制者十分明显地采用区隔策略，即在办公室干工作而不是在家中干工作。相反，已婚的接受者采取的是一体化整合策略，他们通常在孩子上床后，熬到深夜把工作做完。实际上，即使在同一个组织中人们边界控制的方法是多种多样的，或者综合使用几种方法。边界控制方式的选择取决于组织有影响力的价值观，以及员工的忠诚度、情感和愿望，是这些因素决定了员工如何在工作—家庭之间分配时间。管理层除了用文化来控制外，还用官僚层级制来维持对员工的工作—家庭边界的暂时控制，即用组织中存在的以层级结构为基础的组织社会关系网络和一整套的规章制度：对服从安排的给予奖励，对不服从者进行惩罚。在工作上投入时间较多的人将会得到晋升、加薪和分配到较为有意思的工作。但是，真正有效的官僚层级控制依赖于文化控制。总之，每个人都想成功或成为明星，但是无论是组织还是个人衡量成功的标准只有加薪、晋升和奖金。因此，官僚层级的控制前提是组织文化对成功的理解。[19]

然而，员工采用区隔策略并不一定能降低工作—家庭冲突的水平。蔡芳洵[20]则发现区隔工作和家庭与工作—家庭冲突无显著相关性。试图区分工作和家庭者，在现实情况下很难做得完美。实际上，对于美国的员工中尤其是经理人和专业人士来说，是工作而不是家庭经常超越其边界进入非工作的家庭领域。[21]

面对员工的边界控制策略，企业会综合使用文化控制和官僚层级控制来控制员工。然而，对组织的低级和初级员工的边界控制的关键是实施官僚层级控制，而对高层或在高层的员工就没有必要用层级控制，必须用文化来控制其边界。[22]

(三)工作—家庭工作边界的实证研究

就工作—家庭跨边界沟通主题、方式、边界特征、文化特征和工作—家庭平衡等方面进行的实证研究结果表明，跨边界沟通与组织文化、边界特征有关，同时高层沟通和工作—家庭平衡之间存在相关性。在工作中谈论家庭通常和边界的灵活性和渗透性相联系。但是，当边界跨越者和家庭成员谈论工作，边界特征并不影响沟通水平。然而家庭边界到工作中的渗透性和处于不同层级的同事的沟通之间存在负相关关系。渗透性的内涵是向另外一个领域的人敞开心扉，实际上是对另外一个领域的侵入不予防范。

把和同事沟通家庭问题当成是义务或中心问题和工作—家庭平衡关系的五个方面，即工作满意度、员工公民行为、家庭满意度、家庭的内聚力和角色冲突并不相关。但是，和主管沟通家庭问题、争取其理解和体验与更高的满意度相关。把和家庭成员沟通工作问题当成是义务或中心问题和工作满意度、员工公民行为和家庭内聚力呈正相关。和家庭成员沟通，争取其理解和体验，同家庭满意度和家庭内聚力呈正相关。[23]

三、溢出与补偿理论

溢出与补偿理论讨论的是个体的情绪在工作与家庭之间进行传递的方式，即情绪在两个领域间的溢出和相互补偿。

(一)溢出理论

“溢出理论”认为,尽管存在工作和家庭之间身体上的暂时分界,但在一个领域的感情和行为会带到另一个领域。“溢出”可界定为工作和家庭两者之间相互作用,并由此在两个领域之间产生的相似性。如:工作—家庭情感、情绪和满意度、价值观。溢出的形式包括:推广、持续、熟习、扩展和相似性。[24]关于溢出理论存在着两种观点。第一种强调工作和家庭之间在满意度和价值观方面的正面联系。第二种观点是强调在工作领域和家庭领域之间完整地转移各自领域获得的经验,如工作疲惫可以在家庭中表现出来。[25]但是,溢出理论认为这种溢出并不是工作—家庭之间的联系机制,因为它们之间不存在因果关系。

工作和家庭行为相互影响,工作和家庭系统虽不同但互相作用。在工作和家庭这两个独立系统间除了要竞争性地投入时间,按各自领域内的行为预期模式来塑造自己的行为,传递紧张和压力等心理情绪外,个人的感情充溢两个系统之间,在工作和家庭之间存在溢出与补偿。一个人在一个系统中经受失望就会在另一个系统中有促进其权力发展的行为。[26]从这个视角出发,工作—家庭关系研究进一步发展,出现了以两个领域间情感传递为研究对象的溢出与补偿理论。

个体心情在工作角色和家庭角色之间存在溢出问题。某些任务感知和特征——如工作要求、控制和目标进步——与个体在工作中和家庭中当前心情有显著相关关系。工作要求与沮丧呈正相关,与平静呈负相关;个人控制的感觉与高水平的平静和低水平的沮丧相关;个人控制也和高兴与疲惫显著相关;高水平的目标进步和低水平负面情感与高水平正面情感相关;目标进步和平静的情感也呈正相关关系。女性比男性更强烈地把家庭中的心情溢出于工作。与此相反,女性也更强烈地将工作心情溢出于家庭。不愉快的心情溢出既可从工作溢出到家庭也可从家庭溢出到工作。但是它们之间溢出愉快的心情的相关关系较弱。每天扭曲的工作和家庭角色与当时的心情和下班之后的工作—家庭冲突呈相关关系。工作干扰家庭的程度要比家庭干扰工作的程度大。个体将与工作有关的心情带入家庭中。[27]

(二)补偿理论

"补偿"界定为个体为抵消某一领域中的不满意而到另一领域中寻找满意所作出的努力。[28]用于描述补偿效应的术语包括:对照、补充、再生、异化。存在着两类不同的补偿。第一种补偿是指个体通过减少不满意领域的参与而增加可能潜在地给他带来满意领域的投入。参与可以被界定为对某一领域感知的重要性、投入的时间和分配的注意力。因此这种形式的补偿主要是在不满意领域和潜在的满意领域之间重新分配重要性、时间和注意力。第二种补偿是指个体通过从另外一个领域中获得报酬来对某种领域中产生的不满意作出反应。这里的报酬是指满足个人欲望并因此来提高满意度。这种形式的补偿还会再细分为互补性和反应性补偿。互补性补偿是指当从某一领域中获得的报酬不够、不充分时个体从另一领域来寻求补充。这样从跨领域中获得的累积补偿就可以满足个体的欲望。如个体在工作中没有自主权就可能到工作之外的领域中寻找自主权。反应性补偿是指个体通过到另一个领域寻找相对立的经历来重新解决在某一领域中发生的不满意事情。如工作累了回家休息,或全身心地投入工作来避免考虑家庭问题。[29]

反应性补偿和互补性补偿的区别在于互补性补偿是由不充裕的正面经历所驱动,而反应性补偿是由过剩的负面经历所引起。

"补偿理论"是对"溢出理论"的补充，认为假定在工作和家庭之间存在相反的关系，在一个领域中有所丧失就会在另一领域中投入更多以企图弥补。如家庭生活不满意的人，就会在工作中追求工作上的满足，反之亦然。

社会的变迁，提高了个体在家庭和工作中的责任，引起工作和家庭生活之间依赖性的进一步研究。新的研究发现，溢出和补偿在个体中同时发生。溢出和补偿理论仅指出情感上的联系（如满意、挫折），但没有给出工作和家庭之间空间性、暂时性、社会的和行为上的联系。另外，这些理论把个体看做反应性的，而不是能动的、可以塑造环境的。因此，溢出和补偿理论错过了工作—家庭平衡的许多关键问题。[30]

四、性别角色预期理论

角色预期理论是建立在社会文化对不同性别的人所作的行为模式的不同预期为基础。性别以多种方式影响个体平衡工作—家庭关系的能力。[31]性别既是冲突源的直接指标，又是冲突的调节变量，存在着三个框架：理性模型、性别角色—预期框架和工作—紧张角色模型。理性模型假定个体感知的工作—家庭冲突程度，随个体分配于工作、家庭角色上的小时数量增加而增加。[32]个体在工作中投入越多，他就会越感觉到工作干扰了家庭。同样，如果个体在家庭事务上投入的时间越多，他就越感觉到家庭干扰了工作。理性的观点还预测了承担家庭和工作的角色所投入的时间和角色超载是正相关关系。[33]如果花在某一活动上的时间可以直接转化为可感知的冲突，那么女性要比男性承担更多的角色超载和家庭—工作冲突，男性要比女性承担更多的工作—家庭冲突。性别角色—预期理论以传统社会文化角色预期理论为基础，认为男性首要的责任是担当挣钱养家糊口的角色，而女性则首要担当家庭的责任。[34]这种理论表明角色预期将对个体产生不同的影响，使得他们对工作—家庭冲突的不同感知。男性被预期为负担生计者而女性预期为维持家庭者，对于工作—家庭冲突有减缓的效果。女性受到工作干扰家庭的水平应该高于男性，而男性受到的家庭干扰工作的水平应该高于女性。[35]男性可能花费很长的时间在工作上使角色负荷过重，但不一定会遭受工作—家庭冲突，因为把时间花费在工作上对男性来说是符合性别角色预期的。[36]

工作—紧张角色模型。该理论被用来预测工作—家庭冲突中存在的性别差异，指出个体员工感知的工作—家庭冲突的程度和其工作和家庭的角色要求以及对这些要求控制的程度相联系。女性的工作和家庭的角色要求高于男性，男性对时间的分配有较大程度的控制权，因此，他们较易于满足工作和家庭的预期。[37]

由此，工作、家庭之间的竞争性关系即工作—家庭冲突是源于个体在工作和家庭两个领域中进行时间投入的分配、情绪传递、空间划分、行为模式和性别角色预期的不相容性而导致的角色冲突。

第二节 工作—家庭冲突理论

工作—家庭冲突理论的基础理论是基于时间投入、行为模式和情绪传递的角色冲突理论，除了前文研究，工作—家庭冲突理论体系还包括影响工作—家庭冲突的个体、家庭和企业等因素，同时还应包括对冲突导致的后果研究。

一、个体的生命周期和性格对家庭—工作冲突的影响

个体生命周期不同阶段(0—5 岁、6—12 岁、13—18 岁)对工作与家庭角色要求会发生变化。[38]随着个体结婚生子，越来越多地担当家庭义务，个体的家庭—工作冲突也会越来越强。随着孩子年龄的增长这样的冲突将会减少。[39]家庭—工作冲突与担当父母责任相关。有 6 岁以下孩子的父母，其家庭—工作冲突水平最高；其次是那些有学龄孩子(6—18 岁)的父母；当然，没有孩子的父母，其家庭—工作冲突程度最小。[40]工作—紧张角色模型支持了这种观点。[41]该模型预测如果个体对压力环境的控制少或根本没有控制，那么其压力水平最高。有孩子要照顾的父母比孩子已经长大的父母要承担更高的家庭责任要求。这些要求诸如托儿安排、接送生病中家庭成员等照顾，通常是不可预测的，而且这些要求越高将导致个体对工作与家庭关系的控制水平越低，从而发生较高水平的家庭—工作冲突。随着孩子的渐渐长大，要求去照顾孩子的事务越来越少，因而父母对家庭—工作关系的控制力加强，最终压力降低。外派人员的最小小孩年龄越小，外派人员越担心父母的健康，他们的工作—家庭冲突就会越大。[42]

除此之外，个体在当父母之后的适应与身份转换，[43]个体性格的类型不同与自我评价[44]也会加剧个体的工作—家庭冲突程度。五大人格特质(外向型、宜人型、认真型、神经型、开放型)与工作—家庭互益相关。外向型和工作家庭互益和家庭对工作的互益都显著相关，宜人型和认真型对“家庭对工作的互益”正相关、神经质与工作对家庭的互益负相关、开放型与工作对家庭的互益正相关。[45]

二、家庭的生命周期与结构和家庭—工作冲突之间的关系

(一)家庭生命周期

工作—家庭冲突的另外一个研究方向是研究生命周期中的工作及家庭角色的本质,以及冲突可能发生的情况。工作和家庭生涯都由不同阶段组成,而各阶段因生命过程发展任务而异。工作生涯阶段包括准备期:选择及准备生涯的过程;新手期:学习及社会化阶段;事业早期:个人完全发挥功用;事业中期:个人被完全接受并预期进入最大生产力及最多表现的阶段;事业晚期:个人已经历过最大生产力阶段;后期:个人不再被视为行业中的一分子。家庭的生命周期包括建立期:新婚夫妻没有子女;初为父母:夫妻及婴儿或学龄前子女;学龄家庭阶段:夫妻及学龄期子女;子女成年家庭:子女离家后与子女就业后的夫妻;老人家庭:退休后的夫妻。

工作与家庭生命周期的组合可能是:第一,传统的共时性工作—家庭生命周期。例如,家庭建立期配合事业新手期。然而,如果夫妻双方都追求这样的组合模式,负担过重与干扰的情况都会增加,因此个人和家庭会采用连续性阶段化与对称性角色分配。第二,连续性阶段化是改变丈夫及妻子两人,或其中之一的工作和家庭责任。例如,女性在职业发展初期,因养育子女停止工作,之后再重新就业。第三,对称性角色分配则是用丈夫及妻子掉换工作和家庭角色的方法以减少负担和干扰。例如,双方轮流照顾小孩。[46]但是,双薪家庭比单薪家庭并不特别地易于溢出,幼儿的出现并不重要。[47]

(二)家庭结构对家庭—工作冲突的调节作用

家庭结构中的各种要素如:婚姻状况、配偶工作状况、需要照顾老人和孩子的数量及其年龄结构等都和家庭—工作冲突呈正相关。

家庭结构越复杂，员工所遭受的家庭—工作冲突越严重。[48]

(三)家庭成员支持对家庭—工作冲突的调节作用

配偶的社会支持和家务劳动分工的平等对工作—家庭冲突与婚姻关系调整之间的负面关系起着重要的调节和干预作用。[49]家庭中用来有效地缓解工作—家庭冲突的方案，如：分享家务、共同积极参与子女养护、共同参与决策、共同管理财务、尊重对方的生活和工作目标、分享对方的情感问题。成功地平衡工作—家庭生活的夫妻能够平等地分享和解决家务事和情感问题。妻子稍微多承担照顾子女的责任，主要负责组织家庭生活，并且认为丈夫的职业发展较为优先。[50]家庭支持对工作—家庭冲突有显著的负面影响力，外派人员的家庭对于外派人员的海外派任工作给予的支持越多，外派人员的工作—家庭冲突越小。[51]

工作场所和家庭中都缺少分担忧虑的氛围也会加剧工作—家庭冲突程度。如果员工缺少分担忧虑的家庭氛围，家庭有关照顾老人和孩子的决策对工作—家庭冲突和健康不利。如果是照顾老人，在工作场所和家庭中都缺少分担忧虑的氛围，那么家庭就扶老携幼的照顾决策对健康和工作绩效不利。分担忧虑和为他人作出牺牲的工作和家庭氛围与健康、工作和家庭绩效与工作—家庭冲突直接相关。[52]

三、企业管理实践与工作—家庭冲突

(一)高绩效管理系统[53]

长时间工作是工作—家庭负溢出的永恒来源。高绩效管理实践，如：绩效评估、强调团队合作、一致控制的工作组织、激励、按绩效付薪的薪酬制度，和这段时间的工作—家庭负溢出有较高的相关关系。在高绩效管理实践和工作—家庭平衡策略之间存在着矛盾，并且实际工作时间对工作—家庭负溢出影响最大。负溢出也受到一些管理实践的影响，但对男女的影响存在很大的差异。

人力资源管理实践，如绩效评估制度、以团队为基础的工作组织以及个体的激励都导致公共领域不适当地影响了私人生活领域。弹性工作制和自主决定上下班时间倾向于减少负溢出。主管行使自主权的方式对员工的工作—家庭负溢出影响越来越大，既有好的影响又有坏的影响。个体特征和外部财务压力越来越对负溢出有显著的影响。孩子对负溢出的影响正在减弱。没有迹象表明双薪家庭要比单薪家庭受到更高程度的工作—家庭负溢出的影响。企业管理策略越来越显著地影响工作—家庭的负溢出。因此，员工并不总能从高绩效管理实践中获取益处。

（二）工作绩效评估

工作绩效评估受社会角色理论的影响，从而对家庭—工作冲突也产生的影响。社会角色理论认为社会劳动的分工是以性别为基础的。这就导致了这样的预期即男人首要的责任是工作挣钱来养家糊口，而女人的首要责任是在家抚养孩子。工作—家庭平衡的问题主要是妇女的事。这种社会预期会导致对经历家庭—工作冲突的男性和女性在绩效评估上产生差别。根据社会角色理论和偏见吻合模型，如果某种行为与传统的性别角色不相一致，那么对该行为的评价要比和传统的性别角色相一致的行为要消极得多。请假去照顾孩子的男性员工获得推荐去评选奖励的机会要比没有请假去照顾孩子的男性员工少得多。为尽家庭责任或照顾家中的病人而请假旷工与较低的绩效评估得分、较少的晋升机会和较少的工资增长幅度相联系，但是性别并不能干预这些结果和影响。经历过家庭—工作冲突的男性员工和没有经历过家庭—工作冲突的男性员工相比，其绩效评估的得分较低、推荐获奖的机会更少。而经历家庭—工作冲突对女性员工来说在绩效评估和获奖机会方面都没有影响。遵从与工作—家庭性别模式的男性员工获得了奖励，而不遵从者受到了惩罚。这说明家庭—工作冲突的经历会导致绩效评估中的性别偏见。[54]

人力资本理论认为，个体的家庭责任将会对工作努力产生直接的负面影响，对工作绩效后果产生间接的影响，同时这些影响受工作努力干预。性别歧视理论聚焦于企业的行为和态度，因为它们能够剥夺女性员工平等获取职业机会和奖励。性别歧视理论可以预测女性对工作绩效后果产生直接的负面影响，不管其工作如何努力。但是，无论是人力资本理论还是性别歧视理论都无法解释这样的研究结论，即女性可以产生有利的影响。于是，社会身份理论就被提出来，为工作努力与工作绩效后果之间的差别提供第三种解释。该理论认为，人们将自己划分成具有不同层级的社会阶层。身份凸显是该理论的核心概念。身份凸显激励着个体持有相应的态度，并作出相应的行为来支持自己的身份。如果将自己的身份分别认同为经济学家和经理人，他们将会对与其身份相关的任务作出更大的努力。那些有强烈的职业发展导向的工作女性比有较弱的职业发展导向的工作女性投入到工作中的时间较长。因此，社会身份理论可以预测职业身份凸显对工作努力有直接的正面影响、对工作绩效后果有间接影响，并受工作努力调节。凸显职业身份的个体比凸显家庭身份的个体更愿意在工作中投入额外的努力，因而也就因为工作成就获得较高的提升。如果控制住身份凸现变量，无论是广泛的家庭责任还是性别因素都不会对成就提升产生负面影响。家庭导向的有学龄前子女的女性员工比家庭导向的有学龄前子女的男性员工更容易因为工作成就而获得较高的职业提升。但是,职业导向的有学龄前子女的男性员工比职业导向的有学龄前子女的女性员工更容易因为工作成就而获得较高的职业提升。[55]

(三)超越时空的工作安排——电传工作

一种观点认为电传工作是解决工作—家庭平衡问题的一个方案。特别对女性员工而言,它能增强管理家庭和工作的弹性。第二种观点认为,电传工作从带薪工作和家庭责任的负担两个方面来讲是对女性员工的永久性剥削。这种观点认为,电传工作是一种新型的雇佣关系形式,导致妇女孤立于社会,屈从于企业与家庭两方面的需要,更易于受其丈夫控制,因此是一种剥削。以家庭为基础的电传工作可以创造潜在的机会来混淆工作和家庭边界,从而来整合工作和家庭。但是这些机会的利用存在着性别差别。在电传工作者及其共同居住人中普遍存在传统的角色观念,会造成重新产生男女不平等和强化男女在分配时间上的经历。女性电传工作者,尤其是那些有孩子的母亲,在有弹性的家庭时间内倾向于把家庭和工作两结合。然而,男性电传工作者将把工作时间挤入家庭。电传工作将工作延伸到家庭,而男性在分配在家工作时间方面存在着权威,倾向于从其他家庭成员中获得帮助,可能成为家庭冲突的来源。[56]此外,技术因素对员工工作—生活关系的影响,有研究开发出技术干预工作—生活一体化模型。[57]

(四)人力资源经理对工作—家庭问题的解释与认知

当高层人力资源管理人员遭受到凸现的工作—家庭冲突,并且他们认为如果不能充分解决工作— 家庭问题会影响组织绩效组织,组织才更可能提供福利。产业中的组织对工作—家庭冲突问题所作出的反应存在着明显的差别,组织平衡工作—家庭责任的有效政策与计划互不相同。企业在过去的20年中对工作—家庭结构的变化会作出不同的反应，如有些组织提供弹性工作制、工作分享和照顾老人孩子的服务，而有些组织则并未采用这些福利计划。

组织对工作—家庭问题的反应和经理人对工作—家庭问题所作出的不同解释相联系，也与资源依赖和制度因素相联系。[58]经理人对工作—家庭问题的解释影响组织对其作出反应策略，即影响组织适应的认知方法，以及对战略问题的解释。战略问题解释的基本前提是，高层经理人在决定组织如何对问题作出反应方面具有积极的作用。[59]每个问题都在相互竞争以获得经理人的注意，能成功地获得经理人注意力的问题才有可能得到解决。理解组织决策差异关键一步是要理解经理人对问题注意程度的差别。组织如要对某一问题或变革采取措施，这种变革必须首先被“注意到”。其次，必须被“解释与组织有关”。因此，组织对工作—家庭问题的反应策略至少是这些问题是否被关键决策者注意到的函数。也是这些经理人是否认为这些问题如不解决将会对组织正常运作产生影响的函数。中层经理人试图引导高层管理者的注意方向，为他们提供或隐藏重要信息。可能向高层管理者出售问题、信息的一个变量是：问题在他们头脑中凸现的程度。如果员工的家庭结构和性别结构在他们头脑中凸现，他们很可能向高层经理“出售”制度、政策和计划来满足员工的工作—家庭问题的迫切性要求。如果这些问题对员工生产率的影响越大，就越有可能把这些问题列入议事日程，组织也可能作出反应。如果人力资源经理并不认为家庭结构问题如不解决也不会影响生产率。他们倾向于将这些问题淡化，认为不关他们的事。

资源依赖和制度因素与战略问题解释相联系。[60]资源依赖变量用两种方法来解决：女性员工在工资单上的比例，包括五年前的比例，以及高层管理团队是否有任何一类员工遇到工作—家庭问题，如需要照顾的老人和孩子、双薪家庭等。制度压力用两种方法测量：产业层面对企业工作—家庭反应策略的影响、来源于组织宽泛环境中的制度压力。战略问题解释为自变量，主要来评估处理工作—家庭信息的积极程度、评估工作—家庭问题对组织中人力资源的凸现程度、评估工作—家庭问题对生产率、离职率、旷工率以及组织承诺的影响。控制变量是公司规模，因变量为组织的全面工作—家庭反应策略、弹性工作制、照顾老小服务、财务福利、事假和其他福利。

企业运作的产业和地区环境影响其工作—家庭反应策略。某种反应策略在产业内和地区间扩散，压力在制度团体中起作用，并且偏爱某种独特的工作—家庭反应策略。女性员工占员工的百分比并不能解释组织间对工作—家庭作出不同的独特反应。女性员工占员工总数的百分比对组织工作—家庭反策略的影响效果受其他因素影响，如产业规范等。女性员工占员工总数的百分比增长与组织对工作—家庭反应程度呈负相关。女性员工数量并不一定转化为对企业政策的影响。女性高层经理和有老人照顾或夫妻俩都有工作的高层经理对企业工作—家庭反应策略并没有显著的影响。当经理层认为如不解决就可能对组织产生有害影响时，组织倾向于对弹性工作制作出更多的反应。组织反应并不严格地取决于环境变化性质而是强烈地受经理层对这些变化的解释影响。经理人的解释看上去对组织反应产生影响，但这种组织反应是相对独立于资源依赖和制度因素的。总之，不同经理人对同样的制度和资源约束会作出不同的反应方式，并且反应方式的选择受经理人感知和解释其周围世界方式的影响。

不仅如此，高层经理对工作时间的态度，影响下层员工的时间投入，从而间接地影响员工的工作—家庭平衡。他们把需要长时间的工作归因于高层管理者。但是高层管理者的考核标准不是以待在办公室的时间长短，而是企业的绩效。然而，高层管理者却依然长时间地投入工作。高层管理者的行为实际上是由他们心中已经根深蒂固的假设所决定的。他们在工作中投入更多的时间是因为他们持有这样的假设，即在工作时间和产出之间存在完全正相关关系。因此，为了保证组织的成功，他们假设自己以及所有命令链上的人必须投入更多的时间去工作。他们把自己的成功与这样的工作作风联系在一起，并且用自己的言行来塑造这样的工作作风，为他人树立榜样。要改变已经深深地根植于工作文化中的控制方式，必须要有对现有文化、广为接受的共享假设提出挑战。对边界控制方式的改变需要深层次的文化变革。只有这种变革才会对员工解决工作—家庭冲突产生积极的意义。不幸的是，即使已经制定了一整套激进的人力资源管理策略，以提供机会让员工选择不同的方法来变更作息时间，但是利用这些策略的人却不能得到职业生涯上的晋升。问题的关键在于，这些选择能够使得知识员工抵制边界控制，但是它们却无法改变管理层对边界抵制者的观点和态度。[61]

(五)组织的工作—家庭文化

所谓的组织工作—家庭文化是指组织中普遍的价值观表现出支持员工的工作与家庭生活整合的氛围。如果组织的工作—家庭文化不支持员工平衡工作、家庭的需要，那么员工有可能因为照顾家庭的需要而受到组织文化的排斥、孤立，并要承担负面的职业生涯后果。这样的组织文化将会使得个体承担更为严重的工作—家庭冲突。[62]

四、工作—家庭冲突后果

(一)对个体的影响

1. 工作—家庭冲突有损个体健康

研究表明工作—家庭冲突不仅对个人的健康,而且对家庭和社会的健康产生负面的后果。[63]角色重要性或角色凸显概念能够解释人们选择与社会各种角色相关的各种行为,它能为个体提供有关他们自己角色的意义与内涵、自我价值和用途与目的解释,由此对他们的心理健康产生积极的影响。然而,仍然有很多学者认为角色凸显能作为缓冲的干预变量影响角色压力与健康之间的关系。如果个体承担对其自我非常重要的社会角色时产生压力,那么个体会把它看成是威胁,因而影响其心理健康。对角色凸显干预角色压力和健康关系研究得出了相互矛盾的结果。总而言之,现存的文献就角色凸显的直接和间接的干预效果并不能提供一致性解释。[64]在这种视角下,如果某种社会角色对个体较为重要,那么承担该角色的压力对健康的负面影响可能恶化。因此,角色凸显对健康产生直接影响。[65]但是,这种观点没有得到其他有关研究的支持。[66]

(1)妇女健康的影响

工作—家庭冲突和家庭—工作冲突都与健康相关,但只有工作角色凸显才与痛苦相关。[67]就这些冲突对妇女健康的影响而言,家庭—工作的冲突要比工作—家庭冲突的相关性更为显著。妇女面临着两难选择。一方面她们想当好母亲,另一方面她们想当好员工。在两个冲突之间,家庭干扰工作的冲突比工作干扰家庭的冲突更能影响她们的健康。[68]

控制中心作为干预变量对工作— 家庭冲突与妇女健康(用工作

满意度和痛苦来测量)之间的关系进行缓和与调节。控制中心是指个体把结果归因于内部因素(个人的努力和能力)与外部因素(命运、机会和有影响力的其他人)的程度。工作—家庭冲突是工作满意度和痛苦的显著的预测指标,与工作满意度呈负相关,与痛苦呈正相关;控制中心对工作—家庭与健康之间关系的作用产生三种效果,即直接的影响、缓和效果和调解效果;对工作—家庭冲突与工作满意度之间的关系而言,控制中心同时存在着直接影响和缓和作用。控制中心对工作满意度的影响效果受个体对冲突的感知调节;控制中心对痛苦症状预测产生直接影响。[69]

(2)男性健康的影响

当组织存在支持工作和个人生活平衡的价值观时,男性经理和专业技术人员无论是在上班还是在下班之后他们的满意度都较高。总体上,他们有较高的生活满意度,更为积极的情绪状态和较高的生理健康水平。如何培养支持工作生活平衡的价值观。通常的方法是制定政策来推动。但是这些政策在有些情况下能够带来价值观、态度和行为的变化。而在有些情况下这些政策还仍然是纸上谈兵。最近的一些学者提出组织的更为集中的合作计划来解决工作—家庭问题,主要强调要将员工个人的需要(如家庭责任)与组织的目标相联系,以改变工作场所的一些实践和做法,使得组织和个人都受益。这些计划还强调与组织密切合作来变革组织文化促进工作—家庭的有意义的整合。[70]

非专业人员的工作—家庭冲突与员工的健康之间存在实质性相关关系。工作—家庭冲突水平高的员工其良性的健康水平较低。当控制住社会愿望偏见时,对自我报道的数据分析得出的结论与上述结论一致。并且使用同事的数据分析的结论也与上述结论吻合。工作—家庭冲突能很好地预测自己和同事所报告的良性健康水平。工作—家庭冲突对员工的总体健康水平会产生近期和远期的影响。工作—家庭冲突存在于各类家庭中，并且会经历很高的工作和家庭冲突水平。[71]

2.降低个体的生活满意度和婚姻满意度

将研究工作—家庭关系的结构性方法和情绪性方法结合起来，就产生了第三种方法，即结构情绪法，用以研究家庭生活满意度的问题。结构性干预能够较充分地解释员工对工作—家庭不一致性的不满意度的变化情况。但是与配偶报道的生活质量或对其配偶工作的不满意度无关。只有两个干预性变量具有统计学意义，即配偶的作息时间表与交换工作角色的时间长短。情绪型干预变量与员工对工作—家庭不一致性的不满意度、配偶报道的家庭生活质量和配偶对员工轮班工作的不满意度显著相关。[72]工作—家庭冲突与低生活满意度有关。[73]民用工程师工作要求对婚姻满意度的影响研究表明，工作有关的角色冲突和工程师与其配偶的关系相关。因此，工作冲突和家庭冲突之间存在着溢出效应。[74]

3.导致负面的情感反应

在工作—家庭冲突领域最新的研究方向是研究工作—家庭冲突和家庭—工作冲突对工作男女的情感上的影响。在家庭生活中如经历较强的工作—家庭冲突与较低的婚姻满意度相联系，并且这种关系以所经历的内疚感和敌对情绪为中介。[75]在性别角色导向中介变量调节下，工作—家庭冲突和内疚感正相关，性别角色导向和工作—家庭冲突与家庭—工作冲突相互作用，可以预测内疚感。通常说来，传统的男女感受到的内疚感多数来自于家庭—工作冲突，而主张平等的人感受到的内疚感多数来自于工作—家庭冲突。[76]另外，传统男性感受到的家庭—工作冲突和内疚感之间关系较主张平等的男女所感受的关系更强。员工感知的工作—家庭冲突可作为工作—家庭冲突感知与工作沮丧的中介变量。支持性工作—家庭文化，通过缓减的工作—家庭冲突直接、间接地与员工的健康快乐相关。[77]将情商引入工作—家庭冲突的研究表明，在面临工作—家庭冲突时，情商是一种保护变量。换句话说，情商和工作—家庭冲突相互作用能够预测个体的健康与安乐状态。[78]学者对工作时数与个体康乐关系、变量的中介和调节过程进行研究。在控制人口学特征、神经气质、工作要求后，工作—家庭冲突调节时间对家庭满意度的影响，尽管没有证据显示在工作—家庭冲突和心理沮丧之间存在中介关系。控制工作时数能调节工作时数和工作—家庭间的关系。但是，较长的工作时数并不一定和较高的工作—家庭冲突水平联系在一起，却和糟糕的康复和不平衡的康乐联系在一起。工作时数的控制程度是调节这些关系首要因素。因此，控制工作时数和提供弹性工作能够帮助员工减少长时间工作对员工带来的潜在影响。[79]

工作中夫妻俩遵循交叉理论模型来缓解工作—家庭冲突。在工作需要和社会支持与不支持之间存在间接的关系（通过工作—家庭冲突）。无论男女，只要他们工作负担重，同时需要与顾客进行情感交流，就会倾向于用不愉快和生气的方式对待配偶。工作有压力的员工，倾向于一些情绪反应，如对家庭成员生气、没有耐心。并且这些情感会产生敌对和争吵的行为。工作压力中的个体和配偶的沟通效果是负面的。因为工作压力，会传递给工作—家庭冲突，并且无法从工作压力中解脱出来，来担当家庭责任。工作要求高与负面的家庭沟通与交流相关。高工作要求或压力下的员工把工作带回家的可能性大，如把文字工作带回家，或在家思考工作上的事，优先完成工作任务，把家庭责任放在从属地位。结果是家庭责任的不平等分工，从而会导致家庭成员间的不愉快交往。工作—家庭冲突与负面的社会交往过程相关，并间接地导致配偶要承担更多家庭义务；家庭义务通过家庭—工作冲突会导致工作上的精疲力竭。企业不应该忽视工作—家庭冲突和家庭—工作冲突，因为它们已经成为有孩子、有工作配偶生活的压力源。当今，企业实施的种种策略都是着眼于在工作中提高员工的工作效率，来缓减家庭对工作行为的影响，而较少关注如改善工作条件来减缓工作对家庭生活的影响。组织必须关注工作特征对家庭生活的干扰程度。[80]

（二）对组织的影响

工作—家庭冲突除了对个体的健康、家庭与婚姻生活的满意度产生严重的负面影响，还对员工的组织行为产生负面影响，如降低工作满意度、提高离职意向、增强工作压力、提高旷工率，并会导致负面的职业生涯结果。

工作—家庭冲突与较低的工作满意度或不满意正相关。家庭—工作冲突影响工作满意度的程度并不及工作—家庭冲突的影响。[81]工作—家庭冲突与离职意向呈正相关。[82]也就是员工遭受到工作干扰家庭的冲突程度越高，员工离开现职的意向也就越强。他们的直接反应是又离开组织，去另找一份工作。外派人员工作—家庭冲突越大，外派人员留任海外工作的意愿越低，越有离开组织转换工作以及提前回任的倾向。[83]工作—家庭冲突与心理压力和紧张呈正相关。[84]家庭—工作冲突与员工的旷工率正相关。[85]工作—家庭冲突的负溢出而不是家务活导致了越来越多的员工因病而旷工。[86]员工因承担家庭责任如照顾老人和孩子而影响到工作程度越严重，员工的旷工率就越高。工作—家庭冲突与工作满意度、工作压力和离职意向有关,而家庭—工作冲突与工作压力和旷工率有关。职业生涯则与工作—家庭冲突正相关。也就是说,如果员工认为他们把时间投入家庭事务所得到负面职业生涯结果越小,其工作—家庭冲突程度也越小。[87]工作—家庭冲突还影响组织绩效、组织承诺和工作参与,与它们呈负相关关系。[88]

第三节　工作—家庭平衡与互益理论[89]

工作—家庭平衡是指对工作和家庭的满意和良好职能,角色冲突最小化。[90]平衡并不是从工作—家庭之间存在的因果关系出发,而是指个体平等地参与工作、家庭角色活动,并获得同样的满足。组织的工作—家庭平衡策略可界定为组织所正式采取的各类福利措施来帮助员工有效地安排工作和家庭生活,降低工作与家庭间相互冲突的程度。工作—家庭平衡大多数与工作—家庭冲突结合在一起研究,专门研究平衡问题的文献比较少见。[91]

一、工作—家庭互益的基础理论

工作—家庭互益是指以参与工作和家庭角色的个人为载体,通过资源在工作与家庭领域之间的转移、吸收和增强,从而促使工作—家庭互益的动态过程。这一概念既包括个人层面的绩效的改进,也包括系统层面的功能增强,包括:增进、正向外溢、丰富和促进。增进指个人获取的资源和经验有利于个人更好地面对生活的挑战。它关注的是个人所获取的益处及其对生活领域可能造成的显著影响。丰富指在一个领域中加强的角色绩效有利于在其他领域中的表现。正向外溢指在一个领域中获得的经验如情绪、技能、价值观和行为,以使这两个领域趋同的方式，向另一个领域转移。因此丰富是建立在正向外溢的基本内涵之上的。这两个概念间隐含，然而重要的区别是，在一个领域的经验可以转移与溢出，然而并不一定增进在其他角色中的生活质量和个人绩效。为了使其丰富，资源必须不仅向另一个角色转移而且要成功地应用，从而促进绩效并对个人产生影响。促进旨在一个领域中的参与产生的益处可以增强其他生活领域的作用。丰富和促进最重要的区别就是分析层次的不同：丰富关注的是个体层面角色绩效或生活质量，而促进强调系统层面功能的改进。丰富的产生并不一定引起系统功能的改进，比如，当个体在家庭中获得正面的影响时可以增强他在工作中的绩效，个体的功能的改进也许会或者不会影响更大层面的工作系统，如改进工作团队的绩效或改进与上级的关系。

(一)角色累积理论

多种角色的累积对个体和社会都是有益的，也就是在一个角色上的良性体验或高绩效会使得个体在另一个角色上获得正向的收益。人的精力可以在有限的范围内进行再创造，个人可以参与多重角色活动。个体参与多种角色对个体是有益的。第一，工作和家庭的经历可以对幸福感产生附加效应，角色累积可以对生理和心理产生有益的作用。工作和家庭满意度对个体的幸福感、生活满意度和生活质量有显著的影响。第二，同时参与工作和家庭角色可以缓解其中某一角色的紧张忧虑。例如，在具有满意和高质量工作的个体中家庭压力和降低的幸福感之间的关系较弱。对于拥有高质量的家庭生活的个体，工作压力与降低幸福感之间的关系也减弱了。这些缓冲效应说明，社会角色的多种组合缓解了个体因某一特定角色带来的压力和困扰。第三，一种角色的经历可以对另一种角色产生积极的经验和效果。个体从工作中获得的资源：收入、自我实现、尊重都会对家庭领域的经历有着积极的影响。角色累积理论是研究工作—家庭互益的最早的理论基础，以前对工作和家庭关系的研究主要集中于角色冲突的领域，认为个人参与某一角色所需要投入的时间和精力必然使得在其他生活领域中参与的减少。而角色累积理论使得人们开始关注到个人可以同时参与多种角色，并实现互益，因此工作—家庭互益则成为人们关注的热门话题。

（二）生态系统理论

由于工作和家庭作为社会中存在的系统，因此有学者认为应该从系统的角度来理解工作—家庭互益的产生与发生机制。首先，生态系统理论解释了工作—家庭互益为什么产生。生态系统理论认为个体具有向更高层次发展的倾向。个人在参与某个系统的过程中，天生具有获取对自身有益的资源并利用这些资源使得在参与其他系统活动时能力增强。其次，生态系统理论也有助于解释互益是如何产生及可能的预测变量。根据生态系统理论，个体通过自身与环境持续的相互作用而获得个人的成长。生态系统理论认为个体环境中的资源是互益的主要来源，因为个体通过这些资源与环境发生相互作用。从生态系统理论的视角看，工作和家庭被看做整个社会中的子系统，个人作为穿梭于系统间的活动体，并具有追求高层次发展的倾向，系统间的物质能量的交换得以完成。

二、工作—家庭互益发生机制

工作—家庭互益包括工作对家庭方向的互益和家庭对工作方向的互益。工作对家庭的互益指个体在参与工作领域的过程中，获得的技术、行为或积极的情绪可以对家庭活动有着积极的影响，而家庭对工作的互益指个体在参与家庭领域的过程中获得的积极的情绪、支持等可以帮助与同事更好地相处、更努力地工作，更加自信或使得个人在工作中充满活力。有学者称之为工作—家庭增益，本书认为两者并无差别，未作区分。工作—家庭互益关系的作用机制有三个代表性的理论模型：

第一，“资源—增益—发展”的模型。该模型整合了积极组织学、生态理论和资源保护理论，解释了互益为什么产生及如何发生。资源是工作—家庭互益产生的基础，互益产生的原因是个体天生追求自身成长、发展及潜力最大化，并将个人的成长适用于其他的生活领域，互益过程的发生是通过对个体和环境资源的使用，而且还受到了需求特征作为调节变量的影响。见图 2—3。

图 2－3 “资源—增益—发展”模型

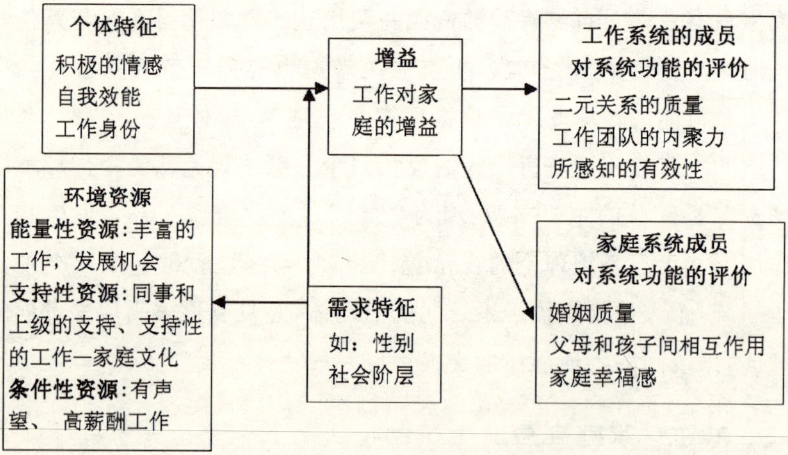

第二，工作—家庭增益系统模型。该模型认为工作—家庭互益是一个多层面的过程，不仅包括个体层面还包括系统层面的互益。由于个体在对工作—家庭参与的过程中，不仅投入了时间和精力，同时也会获得各种资源。角色的参与会产生三方面的后果：资源获取、资源耗竭、资源增强。资源获取建立在角色累积理论基础上，认为个体参与多种角色可以获得益处（如身份、收入、地位等）；资源耗竭则是建立在资源稀缺假说基础上，它反映的是个体由于角色投入而导致的时间、精力等资源的损耗。资源增强则是基于角色扩张假设，它关注的是个体由于角色投入收获的成就感、知识技能和社会支持等心理和社会性资源。工作—家庭互益过程中的催化过程指角色的参与获得的益处可以变成促进另一个接受系统发生正面的改变。这种催化过程除了个人层面强化，还包括系统层面功能的增强。这些有利的催化因素使得接受系统的改变不断扩大，从而获得社会系统的互益。如个人在家庭中获得的良好的情感资源不仅可以帮助员工提高自己的绩效，还可以增进与同事的关系，扩大了资源对社会系统的互益作用。见图 2—4。

图 2－4　工作—家庭增益的系统模型

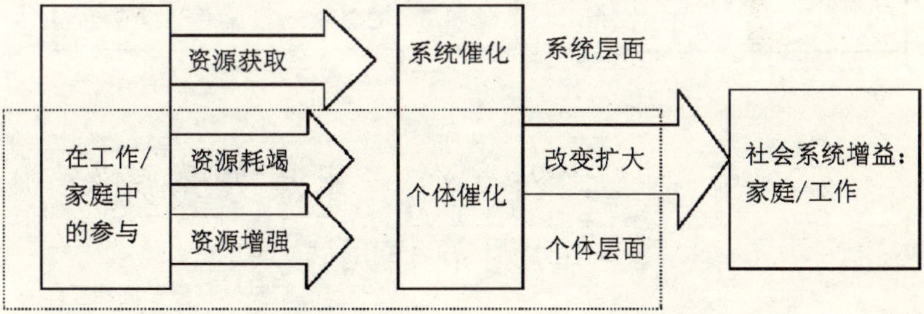

第三，工作—家庭增益的双路径模型。该模型提出了一个重要的理论模型和一系列研究假设，反映了工作—家庭互益的两条路径：工具路径和情感路径。模型中的角色 A 和 B 可以理解为参与工作角色和参与家庭角色。在角色 A 中获得的资源不仅促进了角色 A 的高绩效，而且还促进角色 B 的高绩效。在促进角色 B 高绩效的过程中受到工具路径的调节变量影响。从角色 A 中获得的积极情感与角色 B 的高绩效受到情感路径的调节作用。见图 2－5。

图 2－5 工作—家庭增益的双路径模型

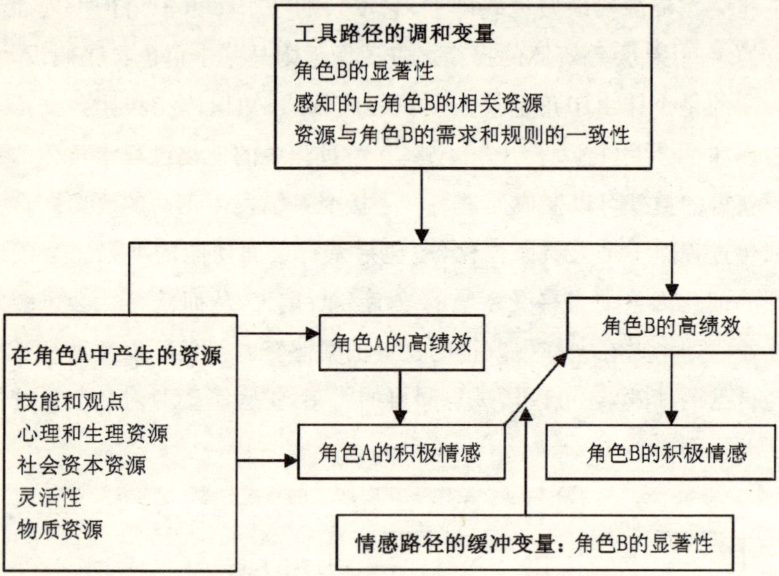

第四节 文化对工作—家庭关系认知的调节作用

不同的文化价值观对工作—家庭冲突认知起调节作用，因而导致不同民族文化对工作—家庭平衡的认知也不同。这些可以从社会公平理论、社会和组织实现公平过程、社会和民族文化背景对公平感知的影响以及应得权利感的民族文化差异进行探讨。民族文化对组织塑造不同的工作—家庭平衡的企业文化产生影响。然而，中国文化背景下的工作—家庭冲突研究却刚刚起步。

一、文化价值观对工作—家庭冲突认知的调节作用

文化在预测工作—家庭冲突程度方面产生积极的作用，能够调节多数的多角色压力，分配个体的时间和精力，同时也会影响对冲突源的认知。文化价值观念即集体主义文化与个人主义文化在体验工作—家庭冲突方面存在差异。美国员工比中国员工经历更高的家庭责任要求。美国员工家庭责任的要求对工作—家庭冲突产生的影响程度要比中国员工高。工作要求对中国员工的工作—家庭冲突的影响要比对美国员工严重。这种差异来源于中美两国的文化差异，中国人牺牲家庭时间被认为是为家庭福利而作出的牺牲，或者是为了长期的福利而必须承担的短期成本。而美国人牺牲家庭时间来工作被认为是没有照顾好自己生命中的一些重要的人。这种差异部分归因于集体主义与个人主义文化价值观的差异，也同样部分归因于两国工业发展和物质富裕程度的差异。[92]但是，不管文化如何，工作—家庭冲突与负面的个体和组织行为的后果，如与压力有关的精神失常、产生离职意向和旷工等呈正相关；与积极的后果，如全面的工作满意度和工作角色的有效性呈负相关。个人主义文化中的工作—家庭的不相容的程度要高于集体主义文化中的不相容性。不管文化如何，工作—家庭冲突是双向的。中国人的工作干扰家庭的水平要高于美国人的工作—干预家庭的工作水平，这表明集体主义文化中的工作干扰家庭的程度要比个人主义文化严重。在两种文化中，家庭干扰工作程度的差异不太显著。大量的工作—家庭角色压力，以及由此产生个体的角色内冲突与分裂和相关的组织后果所造成的影响程度在美国文化中要比在中国文化中更严重、更广泛。[93]其他国家间

的工作—家庭压力,工作时数、子女数量之间的关系存在差异;工作满意度与身心健康时间的关系。工作—家庭冲突的起因,即子女数量和工作时数在美国样本中与工作—家庭压力相关,但在其他国家的样本中,却没有关系。身心健康与工作—家庭压力有关,有普遍性。[94]

民族的多元化也对公平感知也有重要的影响。在美国与英国的员工中后冲效果比较明显,照顾家庭被认为是个体责任而不是集体责任。而在瑞典和挪威,照顾家庭的责任被认为是集体的责任而不是个人的责任。在这种情况下政府要创造出一种文化语境阻止后冲效果的发生。[95]跨文化研究成果也有专辑出版。[96]

物质主义文化价值观也是解释工作—家庭冲突的重要文化变量。物质主义者重视收入和物质财富的拥有,和个体的康乐(包括:幸福、生活满意度和健康)负相关。物质主义者重视外在需要,不太重视内在需要。持物质主义价值观的人把工作放在首位。工作狂与工作—家庭冲突的接入问题。[97]有些研究将社会文化与个体、组织结构一起纳入研究框架。[98]

二、民族文化对工作—家庭平衡的不同认知[99]

人们对工作—家庭平衡重要性的认知以及对组织采取平衡措施的公平性认知受整个社会的公平观念的影响。因而,社会文化公平观念影响企业员工对其所遭受的工作—家庭冲突程度的感知。男女平等和社会公平理论可以用来研究企业、社会和国家设施工作—家庭一体化策略的公平因素。公平可以从哲学和现象学两个角度来界定。哲学是律师和决策者关心的,主要寻求社会共识。现象学角度是社会科学家关注的,主要考察在给定的背景下为什么有些行为被认为是公平的，而有些行为被认为是不公平的。根据这种视角，感知的公平是个体理解社会的一种方法。社会公平方法关注的是在给定的不同社会制度背景下人们受到公平待遇的感知。但是，对公平与公正并无绝对的定义。公平的界定与感知倒是具有社会结构，通常是在具体的社会背景下由社会的比较过程来构建。因此，公平的界定与感知因时、因地而有所不同，在家庭、工作场所、社会乃至国家之间产生差异。如果考察人员认为是不公平的，那么某种待遇就是不公平的。尽管公平的感知是主观的，但是它是在某种民族文化背景下形成的，其公平规范可以被社会政策所内化。社会公平理论认为政府的政策可以影响什么是公平的信仰，可以给企业施加压力，要他们考虑到员工的工作和家庭的两方面的需要。

社会公平理论对研究工作—家庭冲突之所以重要是因为它能够解释和明确可感知的公平与否和激励组织变革之间的关系。如果人们感知某种行为是公平与公正的，组织就没有激励去寻求变革，尽管在局外人看来是不公平的。只有在当事人感受到了受到不公平待遇或者把某种行为界定为不公正的情况下，诱发变革的社会行为才较为可能发生。因此，不公平感能够催生人们的努力来实现工作和家庭一体化。既然政府的政策可以影响人们对何为公平与否的感知，那么政府的政策具有驱动变革的潜力。

(一)社会公平理论的概念性框架

社会公平理论的概念性框架包括：应得权利感、公平原则和组织与社会的公正过程。应得权利感是指有关权利、应得权利或者合法预期的一整套信仰和情感。它以可感知的公平与公正为基础。如果员工能从主观上感受到满足家庭需要的工作方式是他们有限的应得权利，那么他们对企业和国家政策的预期就很低，对任何可获得的支持就会心怀感激,因此也就不会要求作进一步的变革。如果他们强烈地认为获得支持是他们应得的权利,那么就会产生要求变革的行为。应得权利感是由社会比较过程决定的,并升华到理论高度。它既受社会背景、文化意识形态影响,又受社会政策背景影响,建立在社会规范比较基础之上。判断是否公平是以一个人与自己相类似的人进行规范性比较为基础的。

公平原则。判断是否公平的原则有三个:平等、公平和需要。个人在家庭、工作场所、社会或国际层面上运用这三个原则。平等原则的潜在假设是每个人不管其绩效和需要如何都应该得到同样的对待(每个人必须都能享用弹性工作制)。公平原则与产出和投入相关,即每个人的待遇应根据其绩效来决定(弹性工作制应该只能由高绩效者享用)。需要原则主张个人待遇应根据其需要来决定(有孩子的员工有弹性工作制的需要)。工作场所的政策关注公平、平等和需要的程度不同会影响人们的公平感知和应得权利感。政府强调平等、公平和需要原则的程度不同也会导致社会中不同的制度安排。瑞典强调平等原则,不管收入水平高低,所有的人享受相同的福利,而英国政府的政策以需要为基础,但这种需要由政府来决定。

(二)社会和组织实现公平过程

公平过程是人们在具体背景下判断公平的过程。它是分析工作—家庭问题的另一个有用的框架。公平过程有三种主要形式,即分配公平判断、程序公平判断和人际公平判断。分配公平感知是和有价值的产出与可感知的投入之间关系的满意度有关。程序公平是指决定产出的决策方法是否被认为是公平的。决策方法是否公平的标志之一是当事人是否有机会来表达自己的意见。如果程序看上去是公平的,那么由此决定的结果即使是不平等的也将会被看成是公平的。例如,我们可以预测,那些向企业和政府决策机关呼吁需要请家长假,并且呼吁得到考虑的人,会认为有关他们应得权利的决策结果是公平的,尽管实际决策结果偏离了他们的目标。人际公平是指对他人尊严有影响的社会行为。例如,员工认为他们有权利要求减少工作时间,如果人力资源部经理能礼貌听取他们的意见,并提供弹性工作制安排的真实情况,那么即使他们的要求被拒绝,员工也还会认为得到了公平的对待。同时社会比较过程也很重要,公平的判断与社会参照物有关,如公平理论认为分配的公平判断与个体把自己的产出与投入比率与他人的产出与投入比率进行比较有关。

将上述概念框架用于家庭、工作场所、社会与国际层面的公平判断过程。首先是家庭层面。家庭层面公平与公正的感知主要关注分配公平,其分配的标准是家务劳动分工、照顾福利的提供以及双亲家庭的收入来源,并以主观公平原则为主要基础。这就是说,贡献家庭收入较多的人,就可以感知到其应当有权承担较少的家务劳动。因此,男女收入的不平等导致家务劳动的不公平感知。但是社会政策对在家庭背景下工作和家庭角色的分配可以产生较强的潜在影响。

其次是工作场所层面公平感知受应得权利感和社会比较调节。表现在两个例证中:工作—家庭福利的后冲效果(blacklash)和减少工作时间的可感知公平。一项来自美国的研究表明,就家长假期而言,如果请家长假员工的同事在当前和将来有类似的需要,那么他们就会支持该员工请假。因此,同事的态度似乎是由社会比较和他们同情或移情能力决定的。有了这些能力,他们才能够理解那些用组织的正式与非正式弹性工作制来满足家庭需要的员工。如果员工没有当前或将来的类似的承担家庭责任的需要,并且感受到当家长的员工受到了特别优待,那么就会产生抱怨,就是所谓的工作—家庭福利的后冲效果。对工作—家庭的政策和实践是否公平的判断很可能应下列几种情况而有所变化：对结果的感知（分配公平），程序公平感知（程序公平），管理层的敏感性和对程序的支持（人际公平）。如果员工当前没有照顾家庭责任需要，并且预期他们要多做工作来弥补同事的旷工，就会感受到分配的不公平。如果没有和他们探讨福利政策如何提供，那么这种不公平感会变得更复杂，因为他们会有程序不公平感知。

公平感知还受公平原则影响，即公平、平等和需要原则。民族的多元化也对公平感知有重要的影响。在美国与英国的员工中后冲效果比较明显，照顾家庭被认为是个体责任而不是集体责任。而在瑞典和挪威，照顾家庭的责任被认为是集体的责任而不是个人的责任。在这种情况下政府要创造出一种文化语境阻止后冲效果的发生。

就工作时间长短问题，在一种强调长时间工作的文化氛围中，对"面子"时间非常重视而并不注重产出。这种文化氛围能够降低员工的应得权利感，来接受那些以较短的时间完成工作并接受全额奖励的员工。换言之，用全部上班时间完成工作的员工，将会受到奖励，即使他们工作很无效率。它是基于这样的一种公平原则，即以时间来衡量产出而不是以努力来衡量产出；或是基于一种平等原则，即以标准的工作时间为理想的平等原则而不管工作努力与需要。

（三）社会和民族文化背景对公平感知的影响

在工作和家庭领域中，就工作—家庭接入关系而言，对什么是公平、公正的感知在宽泛的社会背景下被结构化了，并且受这样的一些规范性假设——带薪工作与家庭一体化的相对责任假设——的影响。例如，有些国家的文化强调带薪工作和私人的家庭生活的一体化是个体的责任，而企业只有在市场允许的情况下才担当一定的角色。然而,在有些国家,提供带薪的家长请假福利和照顾子女的福利是由政府集体提供。因此,任何一个政府帮助其公民平衡工作与家庭责任的方式都是建立在其有关男女性别、公平、家庭和工作的深层次假设基础之上的。为此需要对社会文化类型进行分类,共计四类。第一,私人照顾模型:政府的决策者认为照顾子女是母亲和祖母的首要责任。因此,有孩子的员工无法享受弹性工作制、公共的日常子女照顾服务以及带薪家长假期(如,美国)。第二,以家庭为中心的照顾模型:政策的制定受到宗教传统影响,对家庭的维护有强烈的责任感。政府的决策者认为位妇女提供便于照顾孩子的工作、带薪的灵活的上班时间、为三岁以上孩子提供公共的学龄前学校教育服务是公平的(如法国)。第三,市场导向的服务模型:该模型持有这样的强有力的价值观与理念,即强调母亲奉献于家庭和子女的重要性,照顾家庭是个体的责任而非公共部门的责任。这样的价值观使得工作中的家长无法得到集体的支持成为传统。决策者认识到妇女对劳动市场的生产力贡献,并进而认为鼓励企业以个案为基础引进员工子女的日常护理中心(如荷兰)。第四,有价值的护理模型:把妇女与劳动力市场相结合,制定综合的支持制度为工作中的家长提供支持,包括公共资助的儿童护理中心、制定全面的家长请假制度,制定政策来填补社会政策和工作场所实践之间的空白,来帮助职工平衡工作—家庭的责任(如瑞典)。

(四)应得权利感的民族文化差异

不同的福利国家模型和具体的社会政策对工作—家庭一体化的公平与公正感具有不同的影响。对五个欧洲国家的研究表明支持工作—家庭和谐一体化的应得权利感因民族文化的不同而不同。瑞典和挪威对来自于国家和企业的弹性工作支持具有较强的应得权利感。爱尔兰、葡萄牙和英国实施着传统的性别契约和社会政策,对来自政府和企业的支持预期就比较低,强调家庭和个人自主与自力更生。

有两个显著因素影响着不同民族文化背景下的应得权利感,即与其他欧洲国家的社会政策进行比较的能力以及企业对工作场所工作—家庭经济福利安排的感知。两者对可行的工作—家庭支持措施的感知产生重要影响。这种感知是社会比较过程中至关重要的一方面。因为社会比较过程是社会公平感的重要组成要素。对其他国家的支持性社会政策的认识才能使社会比较成为可能,并且能证明这些规定是可行的。同时这样的认识能够进一步明确这样的一个事实,即这样的社会政策在某些背景下具有规范性。

对企业的经济福利的感知,或者对家庭友好政策的商业案例的感知,有助于增强对这些政策可行性的感知,并能够促使参与者认识到这些政策是其应得的权利而非企业的恩惠,从而促使企业构建这些支持制度与体系。

民族的社会政策的确能够增强个体对工作与家庭和谐关系的控制感,并且能够增强应得权利感。由于违背这些应得权利感就会诱发行为的改变。对欧洲国家的公共政策的认识会导致没有这些政策国家的人要求政府为工作—家庭关系的平衡提供国家支持的运动。但是,社会政策的变革如果有效,必须解决更广泛的社会价值观问题,因为政府的支持既能导致又能影响性别契约的文化结构。

三、组织工作—家庭文化与冲突的关系

所谓的组织工作—家庭文化是指,组织中普遍的价值观表现出支持员工的工作与家庭生活整合。[100]工作—家庭文化有四种不同的

操作性纬度。首先，工作—家庭文化所包括的测量指标包括：经理支持、职业生涯后果、组织对工作时间的要求。其次，暂时工作弹性、操作性弹性和管理层对家庭需求重要性的理解。第三，心理承诺量表。第四，男性伦理、照顾家庭伦理、平等雇佣机会伦理。[101]组织工作—家庭文化和组织承诺之间是正相关，而工作—家庭冲突和组织工作—家庭文化则呈现负相关。因此，正面的组织工作—家庭文化可以减少工作—家庭冲突，并且增加组织承诺。工作—家庭冲突和组织工作—家庭文化则呈现负相关，组织如果存在工作—家庭文化，那么组织就比较容易采用更多的工作—家庭平衡措施，从而降低员工的工作—家庭冲突程度。[102]

四、中国文化背景下的工作—家庭冲突研究

中国国内学者对工作—家庭的研究起步很晚，可获得的文献最早出现于 2002 年，并且大部分是基于西方文献的定性研究。陈兴华、凌文辁、方俐洛提出了平衡工作—家庭的几项措施，如组织的平衡措施包括柔性战略、弹性工作、柔性边界、老人和子女的照顾措施，以及家庭生活的培训与支持；个人的平衡措施包括直接寻求帮助策略、积极思考与回避策略。[103]张再生从工作—家庭边界之间的关系出发提出了组织与个人的平衡策略，并从职业生涯发展角度提出克服工作—家庭冲突的措施，如补偿措施、弹性工作制和配偶对策等。[104]

实证研究主要集中在职业妇女的压力[105]，医护工作者[106]、教师和医护人员[107]、银行和信息产业技术行业中员工的工作压力[108]。其他研究集中于工作—家庭的冲突的干扰变量的研究[109]。这些研究发现工作—家庭冲突强于家庭—工作冲突；工作—家庭冲突和家庭—工作冲突分别受来源于工作中的变量和来自于家庭生活中的变量的影

响。变量包括:工作特征(时间、轮班和加班)、家庭特征(需要照顾的老人和孩子)、个体特征(工作参与、家庭参与程度)以及社会支持(工作单位的支持和家庭的支持)。影响工作—家庭冲突的一些干预变量包括社会支持(支持性的工作场所和支持性的家庭氛围)和自我效能(指完成自己工作的自信程度)。员工所感知的工作—家庭冲突要比家庭—工作冲突要强得多;工作—家庭冲突间接影响工作满意度,和家庭—工作冲突相比,工作—家庭冲突能够显著地预测工作满意度和工作压力;和男性员工相比,女性员工较容易受工作—家庭冲突影响。职业女性并没有意识到她们所面临的压力,她们的角色认知与社会的角色认知存在矛盾。主要的压力源是准时上下班、工资收入水平、职业经历和所受的教育。职业女性员工面对的压力源来自工作负担、工作参与、配偶的压力,家庭参与和家庭满意度。工作—家庭冲突超过人口学变量成为工作焦虑很具说服力的指标,能够解释37%的情绪耗竭、18%的人格分裂和12% 的个人成就变量。工作—家庭冲突是产生医护人员工作焦虑的重要因素,或许是最重要的因素。

第五节 结论

工作—家庭关系研究涉及广泛的领域,包括心理学、组织行为学、人力资源管理、社会工作等领域,是横跨多学科、多框架研究,至今为止还没有一个统领性的研究框架,因而并不能明确界定这一研究领域的边界。因此,理论发展不成熟,除了制度理论和理性选择理论能够为组织实施工作—家庭平衡策略提供一些解释外,到目前为止还没有提出一个理论框架来整合工作—家庭研究成果,包括从个体、组织和社会文化视角。工作—家庭关系研究迫切需要提出能涵盖所有分析层次的新理论，并且需要进一步在以下领域有所突破：第一，要回答一个基本的伦理理论问题，即企业为什么要解决家庭问题，为什么要关注员工、经理人和企业经营者的工作家庭平衡问题。为此，要回答工作—家庭平衡的研究最终需要回答基本的价值观问题，即人们生活的终极意义是什么？工作和家庭到底孰为重要？工作与家庭关系如何概念化达成共识，从而成为制度？考虑到文化价值观，制度约束因素和支持的可获得性，家庭怎样适应工作需要？这样需要提出一个基本的理论框架来解决这些基本的理论问题。

第二，需要系统研究性格特质与个体差异、工作特征和组织特征之间的匹配问题，以此来解决因为它们之间的不协调而导致的工作—家庭冲突问题。不同的性格特质或个性对员工的能力产生影响，影响他们有效地利用组织所提供的平衡工作责任和家庭友好计划。个体差异可能影响员工高度整合或高度分割其家庭友好角色的愿望和能力。研究各种组织和工作场所的不同特征对员工利用家庭—友好计划的影响。这些不同的特征能够使得员工有能力使用家庭友好计划（如工作自主性、暂时的弹性工作制等）。研究问题包括：家庭友好计划与其他组织构念，如，可感知的组织支持和公平感之间有关吗？组织怎样创造可利用弹性工作制的环境？商业企业需要什么样的激励措施来提供家庭友好计划？是否创新，进入市场的时间或改善顾客服务是首选策略？与其他高绩承诺人力资源管理相关的家庭友好计划怎样获得？

第三，工作—家庭平衡策略与现行的人力资源管理制度与实践的协同研究。工作—家庭平衡策略反映一种崭新的管理哲学，如果要产生作用，必须对目前企业实行的人力资源管理制度、管理实践进行系统的改造。因此，未来的研究必须研究如何处理工作—家庭平衡策略与其他人力资源管理制度与实践之间的关系，并提出具体的改造方案，以协同各种人力资源管理制度与实践。他们之间的真正协同，还必须考虑到企业文化因素，审查工作—生活策略与计划的实际执行情况，必须超越正式的工作—生活平衡策略，需要研究人员与企业实践者之间进行有效的合作，扩展对良好绩效和成功的界定与测量，来具体明确工作—生活支持策略的效果。纵向研究要关注调查工作—生活的连接过程，采用多种方法来追踪不同分析层次之间的关系，并且要建立因果关系框架，排除相互矛盾的解释。

第四，现有研究并没有同时将员工和企业经营者考虑进入同一个研究框架中。更没有去研究这些伦理管理哲学与实践及其制度安排对企业绩效的影响。这是因为一方面，对经理人和企业经营者的研究文献较少，所以未来理论与实证研究尤其要聚焦于经理人和企业经营者的研究，因为他们既是工作—家庭冲突的牺牲者，又是为个体提供补贴政策的决策者，还是努力创设家庭支持型企业的组织变革的推动者。这类研究难以进行但是却非常迫切。同时，未来研究应该同时研究员工与企业经营者的工作家庭平衡问题。

第五，如何设计相互协同的个体、企业、产业和国家层面的家庭伦理制度。任何设计良好的社会制度必须是所有制度博弈参与人共同博弈的结果，制度作为博弈规则必须有其演化的基础。因此，工作—家庭平衡制度设计必须从社会宏观的社会文化价值观的塑造、个人的组织行为与平衡策略、企业的家庭伦理制度的正式与非正式的安排，到企业家庭伦理制度的正式化与法律化，上升到国家意识形态等所有视角进行综合研究。

第六，如何设计与中国民族文化特有的工作伦理与家庭伦理相一致的工作—家庭平衡制度。现有的文献大多基于西方文化背景，对东方文化，如在我国的环境下对工作—家庭冲突、工作—家庭互益与平衡的内容及其量表的开发还需要进一步研究。

我国学者对工作与家庭关系的研究处于研究冲突的来源起步阶段，同样理论发展不成熟，缺少统领性的理论框架。然而，西方对减弱工作—家庭冲突的实证研究，却出现了工作—家庭平衡策略的效果悖论，研究结论相互矛盾。这样西方的研究成果就难以直接推广应用于中国文化背景中的组织与个体。所以需要在中国文化背景下研究企业管理员工家庭成员伦理关系框架及其制度体系设计，来填补工作—家庭冲突的企业人力资源管理制度体系研究的空白。

第三章

家庭伦理的企业管理制度体系构建

家庭伦理的企业管理制度核心是工作—家庭平衡的人力资源管理策略。因此，本章对工作—家庭平衡的人力资源管理策略研究进行系统的归纳，并对工作—家庭平衡制度化与法律化的研究进行综述。由此，对企业实施工作—家庭平衡管理制度的驱动因素与阻碍因素进行定性分析。最终构建出家庭伦理的企业管理制度理论及其制度体系，从而实现个体的工作与家庭间的平衡、企业的市场品生产与家庭非市场品生产均衡。

第一节　工作—家庭平衡的人力资源管理策略

组织的员工如果遭受到严重的工作—家庭冲突和家庭—工作冲突会产生一些负面的组织行为，从而影响组织的全面绩效。因此，组织需要如何设计出合理有效的人力资源管理制度来降低员工的工作—家庭冲突或家庭—工作冲突，从而减少负面的组织行为，来增进组织绩效。许多组织除了实施政府相关法律之外，已经自发为员工制定正式的方案来帮助员工平衡工作—家庭的需要与责任。这些策略包括时间管理、弹性工作制、家庭照顾福利以及与这些策略相协同的整合战略。

一、工作—家庭平衡的各种人力资源策略研究

工作—家庭冲突的主要根源是工作职责和家庭责任竞争性地争取个体有限的时间和精力。为此，人力资源管理制度设计主要出发点是时间，同时这些制度之间还必须相互匹配、协同才能产生预期的效果。

(一)时间管理策略

时间管理策略被用做干预变量来干预压力(即来自于角色冲突、角色超载、工作—家庭冲突和家庭—工作冲突)和紧张。时间管理行为与策略细分成三个纬度：第一，目标设定和优先排序，即个体决定每天想要做的事情，什么是最重要的事。第二，时间管理机械学，即按时间管理培训计划和相关的理论来塑造时间管理行为。第三，组织偏好纬度即科学地组织、用得当的方法来工作。使用时间管理行为与紧张呈负相关关系。但是，这种关系受个体对时间控制的感受干预与调节。使用时间管理行为能削弱压力—紧张关系。这三种时间管理行为都能调节工作—家庭冲突和紧张关系。[1]

(二)弹性工作制

工作弹性较大、管理者支持度较高，员工的工作—家庭冲突程度比较低。[2]正面的工作经验，例如：高度自主，工作弹性大，管理者支持等，有助于丰富家庭生活、减少工作—家庭冲突。[3]弹性工作制能影响组织工作绩效、离职率、旷工、工作—家庭冲突和工作参与。但是，弹性工作制的效果取决于其本身如何设计。

1. 组织工作绩效

采用每周工作 4 天 40 个小时弹性工作制与组织的工作效果改

善有联系，尽管改善的效果不具统计学上的显著性；采用时间交叉但固定的作息时间导致的绩效最高，其次是由固定工作时间和自己选择决定的作息时间，再次是事先安排好的弹性作息时间；完全真正的弹性作息时间与最低的绩效相关；弹性工作制绩效与较短的核心工作时间和作息时间的弹性相关。

2. 离职率

采用弹性工作制（8 小时，7:00—18:00）不影响员工的离职率。采用弹性工作制（每周 40 小时，13:30—15:30 是核心工作时间）并不能显著地影响员工的离职意向。但是，如果组织减少作息时间的弹性，那么员工离职意向增加，弹性指数与离职意向有很强的负相关关系。

3. 旷工

采用弹性工作制（8 小时，7:00—18:00）能减少旷工，并且当恢复正常作息时间时，旷工率增加。弹性工作制（上下班有 1.5 小时时间段的弹性，相对于标准作息时间）实行后旷工率明显较低，已婚和有孩子女性和旷工率最低。弹性工作制（6 小时核心工作工作时间，交叉但固定的工作时间）与低旷工率相关。但采用固定作息制，员工的旷工意向最高；随着工作弹性的增加，旷工意向也随着降低；采用固定作息制，实际浪费的时间最多，采用交叉作息制的企业，时间浪费最少。

4. 组织承诺

采用每周 4 天 40 小时弹性作息制并不能增进组织承诺；组织承诺的水平与弹性工作制的弹性程度正相关。但是，也有研究表明排除弹性时间带宽和时间自控，弹性作息制与组织承诺之间没有强烈的相关关系。

5. 工作—家庭冲突

弹性工作制(每周 4 天、40 小时,13:30—15:30 是核心工作时间)每周那些采用 4/40 每周工作制的员工较少受到私人的一些诸如朋友和家庭活动的干预,而采用弹性工作制的员工却更多地受到这类活动的干预。

6. 工作参与

弹性工作制(每周 4 天、40 小时,13:30—15:30 是核心工作时间)每周采用弹性作息时间或 4/40 每周工作制并不能提高员工的工作参与程度。真正实施弹性工作制的企业员工工作参与程度较高。[4]

(三)家庭照顾福利

企业为员工的家庭提供照顾福利措施,包括对孩子、老人、病人和残疾人的照顾与护理。

1. 组织绩效

一般认为,企业为员工提供家庭成员的照顾福利,应能激励企业员工更好地工作,因而企业绩效也会相应地提高。但是,经理认为提供公司孩子护理中心为员工提供孩子护理服务并不和绩效相关。有关家庭伦理的管理制度能提高企业绩效的假设需要进一步的实证研究。

2. 离职意向

公司认为大多数照顾老人的选择方案能提高员工的留职率。如日常护理、弹性作息制、不带薪事假、津贴以及组织采取的非正式的政策。但是为照顾老人而提供信息或推荐服务人选的服务效果随着员工需求的不同而变化。享受家庭福利政策能使员工明显地不愿意离开组织,使用由企业资助的日常护理中心的人离职的可能性较小,能享受公司主办的日常护理的员工明显地不愿意离开组织。员工对企业提供的可感知的工作—家庭支持有明显的效果:工作—家庭冲突和家庭—工作冲突都可以预测员工的离职意向。但程度不同,工作—家庭冲突能解释22%的离职意向,而家庭—工作冲突只能解释8%,即如果工作场所产生的冲突影响到家庭,员工就会离职。但是,员工可感知的工作—家庭支持并不能缓和冲突和离职意向的关系。员工对企业提供的工作—家庭支持计划持支持态度。但是,这种态度对其离职意向并不产生影响。[5]此外,家属照顾方案与工作—家庭冲突并无显著相关,但是公司有提供家属照顾方案的员工其离职意愿较弱。[6]

3. 旷工

使用现场护理中心并不能减少旷工率。使用公司的日常护理中心主管认为照顾孩子并不与旷工相关。使用由企业资助的日常护理中心的人离职可能性较小。员工认为,如果大学能建现场护理中心,旷工率低。但是,提供推荐服务人员、照顾老幼服务、弹性工作制和提供老幼照顾协助与旷工率无关,享用推荐服务人员来照顾老人协助计划的员工,由于要提供照顾因而旷工的天数比不享用该计划的员工多,这些员工更多地参与为老人提供服务。

4. 组织承诺

对所享用的家庭友好福利政策的满意度、对孩子照顾协助政策的满意度与全体员工的组织承诺正相关。对已婚女性来说这种正相关关系则更密切,能享用家庭响应政策的员工明显具有较高的组织承诺。为照顾老幼而提供推荐人选的服务对那些有资格享受该协助政策的人效果更好。军事基地对家庭需要和家庭支持中心的反应表明,工作承诺与基地对家庭的支持正相关,采用日常护理设施的员工具有较高程度的组织承诺。

5. 工作—家庭冲突

使用现场护理中心并不能减少工作—家庭冲突，公司的有关工作—家庭平衡策略相关的政策与较低的工作—家庭（但不是家庭—工作）冲突相联系。然而，享受推荐人员照顾老人协助计划的人（他们更多地参与提供服务活动）认为，提供照顾服务经常更多地干扰了工作。[7]

（四）组织的工作—家庭文化

1. 组织的工作—家庭文化氛围

组织的工作—家庭文化与使用组织工作—家庭平衡政策的后果之间存在以下关系：(1) 在支持性工作—家庭文化氛围中，员工运用企业家庭照顾福利机会与程度要比非支持性文化氛围中的员工要强得多；(2) 感受到组织对家庭需要持积极态度的员工更多地使用工作—家庭弹性安排；(3) 在高家庭照顾伦理和低男性伦理的组织文化中，父亲请假较多；(4) 支持性文化与弹性工作制的使用和在家工作呈正相关；(5) 对家庭支持的组织感知与较好的工作—家庭平衡、工作满意度和组织承诺正相关；(6) 支持性工作—家庭文化能导致更好的工作—家庭平衡、更高的工作满意度和较高的组织承诺。支持性工作—家庭文化能够导致较多地使用工作—家庭平衡策略，并且对员工身心健康和组织健康发展带来有益影响。[8]

2. 组织的社会支持。

社会支持对工作压力和角色冲突具有明显的干预效果。组织支持包括三个方面：暂时性弹性工作制、操作性弹性工作制和支持性监督。[9] 对组织支持的感知与较高水平的工作满意度相关，[10] 与低离职意向、低工作—家庭冲突相关[11]。来自主管经理、同僚、配偶、家人等的社会支持可以有效地降低工作—家庭冲突。有师傅提携、每周工作时数超过 20 小时、至少有一个未满 18 岁子女的员工明显降低工作家—庭冲突。[12]主管经理的支持能够产生更直接的效果。工作单位经理的支持与员工所感知的监督满意度呈显著的相关关系。同事的支持与监督满意度也呈同样的直接相关关系。同事群体产生的作用并不比个体相互作用的效果好。来自家庭和朋友的支持似乎与同事的作用相同,从角色模糊与角色冲突来看,直接与员工的总体满意度有关。而同事的支持并没有这样的效果,同事的支持与工作满意度和监督满意度呈一致性较强的相关关系。[13]

3.经理支持及其平衡策略

经理作为实施组织的工作—家庭关系的平衡策略的主体,对员工平衡工作—家庭需要给予支持。他们自己所采用的工作—家庭冲突的平衡策略是企业文化的一部分,对员工的工作—家庭冲突起着独特的干预效果。大多数的公司都认为,工作和个人生活是零和游戏中两个互相竞争的要素,一方的增加必然意味着另一方的减少。很多经理沿用这种传统的观点决定如何分配雇员们的工作与个人生活。他们通常认为工作—生活计划仅仅是一种社会福利。

但是,新一代经理正在尝试使用一种与雇员合作的新策略,旨在实现每位员工的工作和生活目标,并保护他们的利益。新策略要求新经理人遵循三个原则:(1)清晰地告诉员工公司的重要目标,同时也鼓励员工明确自己的重要目标。(2)把员工作为"完整的人"去看待,承认并且鼓励他们扮演好办公室之外的角色。(3)不断地尝试完成工作的方式,寻求既能增进组织绩效,又允许雇员追求个人目标的管理方法。遵循这三条原则的经理人发现,工作与个人重要目标之间的冲突实际上有助于查明工作中的低效率因素。随着这种新策略的实效得到更多的关注,越来越多的公司将会仿效这些变革的先驱们。[14]

事实上很多公司的高层管理人员的成功都是以牺牲个人生活时间为代价的。他们整天地从事辛苦和充满压力的工作，回到家并不是为了休息和放松，而是把家当做隐藏或者发泄自己在办公室里淤积了一天的坏情绪的地方。然而，另外一些同样长时间工作并承受压力的管理人员，回到家后却仍然保持着充沛的精力，并为白天的工作而兴奋。这两种人有什么区别呢？除去个人心理上的差异，能够成功地安排工作和私人生活关系的管理人员在三件事情上做得更好：(1)他们能很好地适应工作中的变化；(2)能够找到适合他们的工作；(3)能够正确地对待工作中的种种困难。但是，那些投入巨大精力却没有收到明显效果的经理人已心力交瘁。除了感到愤怒、愤世嫉俗和无助外，他们还经常会出现头痛、慢性疲劳以及经常感冒等症状。[15]一般来说，因工作压力而产生的强烈、持久的负面情感宣泄注定要对家庭造成严重破坏。[16]

关于女性经理人的工作—家庭平衡问题。聘用女性经理人的成本、女性经理人的人员流动率都要比男性经理人高。在遇到阻碍事业成长或发展的情况时，女性也更容易陷入事业的停滞不前或者中断事业。因此，企业对女性经理人的发展进行投资遭受损失的可能性更大。但是，由于人口增长率的下降，女性在就业市场上已经从买方市场转向卖方市场。造成两性经理人成本差别的原因包括怀孕和传统社会分工。很多妇女要休产假，有时要妇女按期返回工作很困难。延长产假也只是其整个职业生涯的一小部分。真正的成本差别——造成对女性投资流失的真正原因，是男性与女性期望值冲突的结果。女性经理人既包括那些以事业为重、不考虑成家的女性，也包括那些试图在事业和家庭之间取得平衡的女性。以男性为主导的企业对这两种极端都不喜欢:第一类女性看起来过于男性化了;而第二类则显得缺乏一种敬业精神。但企业对两种女性都十分需要。精明、有竞争意识、以事业为重的女性是高效的管理者。她们也是年轻女性指路的灯塔,企业需要她们。另一方面,事业与家庭并重型的女性,愿意灵活地把事业的雄心与照料家庭相交换。机会、灵活性和家庭援助是留住最优秀的女性并消除因聘用她们而产生额外成本的关键。机会意味着女性的考核和提升标准与男性相同。灵活性意味着允许女性分享工作机会,或在孩子还小的时候做兼职工作。家庭援助主要意味着照顾孩子。[17]

与此同时,在企业中已经出现了一种新男性。他们希望在不失去收入、声望和企业的支持,无损自己传统男性角色形象的情况下,做一名尽职的父亲。但是仍然坚持认为,全身心地投入工作才是事业成功的象征,这就使他们隐瞒自己参加了家务劳动。在自己的孩子出生时,这些男人为了保持自己专心工作的形象,并不使用公司提供的父母亲休假政策,而是以请病假的方式回家照看孩子。这种企业新男性要作出的妥协与企业新女性惊人地相似。许多高层管理者现在已经认识到,如果他们不制定满足家庭需要的新发展战略,他们不但会失去最有抱负的女员工,而且,如果不重视这类男性需要,还会失去最优秀、最聪明的男员工。[18]

4.享用工作—家庭平衡策略所带来的职业生涯后果

尽管企业在制定和实施了完善的工作—家庭平衡策略,但是当员工享用了这些平衡策略与福利时,受社会文化角色预期、经理工作—家庭冲突的经历和个人经验的影响,在遇到晋升机会、加薪和绩效评估时将会受到负面的影响,从而影响其职业生涯的发展。负面的职业生涯后果与组织正式的工作—家庭平衡人力资源管理制度的出发点相违背，出现了正式的制度与非正式的组织文化相悖。工作—家庭冲突与职业生涯后果呈负相关关系。[19]

二、各种平衡策略的协调与匹配研究

目前，平衡工作—家庭关系的人力资源管理政策的研究忽视了各种政策之间的协调匹配问题，并且现行的企业人力资源战略管理模型却明显没有包括平衡工作—家庭冲突的政策。企业的工作—家庭平衡策略具有进步性和创新性，是制度创新，但是它们很少被认为具有战略意义，更不用说被认为是“最好的管理实践”。实际上这种忽视反映了一个事实，即企业的工作—家庭的政策与建议并没有从组织水平上进行研究，而相关的调查研究仅仅指向了组织的制度压力。由此，佩里·史密斯和布卢姆[20]研究了组织用来平衡工作—家庭关系的一揽子政策与组织绩效之间的关系。他们将组织工作—家庭一揽子政策界定为指组织所采取的旨在帮助员工管理非工作角色的一组互补的、高度相关的人力资源政策。这种一揽子政策包括针对个体的人力资源政策，如为需要照顾的人提供服务，弹性作息制度（包括各种因家庭原因而告假制度），提供信息和推荐服务人员的服务。人力资源一揽子方法不是聚焦于具体策略，而是聚焦于各种政策的相互作用和彼此的高度相关性，并由此表明组织水平上的人力资源管理政策或哲学。因此，组织工作—家庭一揽子政策研究方法采取更为宽泛的、更高层面的视角，尤其适合研究这些政策在组织层面上产生的效果。提供一揽子工作—家庭平衡策略的组织措施向现有的或潜在的员工发出一种信号，即组织的价值观和管理哲学的信号。由于工作—家庭一揽子政策能够帮助员工减轻来自非工作领域的担心与压力，并且这些政策还没有形成适应于整个组织的制度，员工很可能认为他们受到了特别的照顾与对待。这些政策象征着组织关心员工的健康,并且代表一种价值观体系。因此在工作中员工会作出积极的反应,他们会作出额外的努力、关心组织的全面成功,并且接受组织的目标来回报组织的关心,从而全面提升组织绩效。

工作—家庭一揽子政策除了可以创设组织的价值观,还能成为组织可持续竞争优势的来源。根据以资源为基础的组织理论,一种内部资源如果其创造的战略优势难以模仿,它就可以成为组织持续竞争优势的来源。组织的工作—家庭一揽子人力资源政策由于其作用于组织绩效的机制具有复杂性,造成了因果关系的模糊,因而就减少了被模仿的可能性。另外如果一种内部资源具有社交意义上的复杂性,竞争对手也难以模仿。组织工作—家庭一揽子人力资源政策相互之间所创造的协同效应和其表明的宽泛的企业管理哲学,很难被竞争对手模仿。更进一步,这些政策能实施的难度和复杂程度也使得他们不容易被模仿。

然而,即使某一积极的政策给整个组织绩效带来好处,然而这些措施的实施仍然会遇到非经济因素障碍。从本质上看来,管理层在管理员工时所持有的信仰体系和态度会限制实施多种的工作—家庭策略。[21]工作—家庭人力资源一揽子政策的特征是它能把员工带出组织边界之外,或将家庭带入到组织内。这就要求管理层要信任员工,放弃对他们的控制。另外弱化家庭和组织的边界就需要对一般的组织范式进行根本的变革。因此,要实施工作—家庭一揽子政策并非易事。

实施较多的工作—家庭平衡策略的企业比实施较少的企业有较高的绩效水平。女性职工的比例与工作—家庭一揽子政策之间存在相关关系。然而企业规模和企业存续期的长短与工作—家庭平衡策略之间不存在显著的相关关系。对存续期较长的企业和女性员工占较高比例的企业,实施较多的工作—家庭平衡策略与企业绩效之间存在较强的相关关系。总之,实施一揽子工作—家庭平衡策略的企业与可感知的组织绩效有正相关关系。具体来讲,实施较多的工作—家庭平衡策略的企业具有较高的组织绩效、市场绩效和利润—销售增长。这种关系也支持了工作—家庭平衡策略的象征行为视角和以资源为基础的企业组织理论观。工作—家庭一揽子政策能够使企业为员工承担更多的义务,并且能增进组织的利益,因为这些政策对员工来说具有积极的象征意义。[22]

三、工作—家庭一体化的人力资源整合战略

实现员工的工作—家庭平衡,不是靠员工与主管经理的个体努力,实质上是组织管理哲学与战略的系统协同问题。所以,解决组织的工作—家庭平衡问题要转变思维模式,即从采取工作—家庭平衡计划转变为组织的一种生活方式。支持工作—家庭一体化的系统人力资源整合战略包括三个层面:第一,战略层面。商业决策时要考虑其对人的影响,号召人们在工作—家庭之间保持平衡,鼓励经理人在工作—家庭之间保持平衡,并根据商业目标及其商业影响来为工作—家庭关系的讨论制定框架。第二,过程层面的战略目标。就目前采用的工作—家庭平衡计划的执行与提高方面的情况提供反馈、庆祝和分享成功、就工作平衡问题测量员工的满意度、坚持要经理人对改善满意度的测量方式负责、提倡为工作安排提供备选方案。第三,个人层面的战略目标。倾听他人的经历并增强解决该问题敏感程度,不仅要和妇女进行对话,还要和男性进行对话、支持员工的人生目标设定、鼓励员工采取他们认为适当的措施。[23]

第二节　工作—家庭平衡制度化与法律化

企业实施的各种平衡策略正逐步地演化成正式的企业管理制度，在行业的制度压力下向法律化方向发展。

一、工作—家庭平衡的制度化

（一）制度内生的萌芽阶段

工作—家庭平衡福利成为静态与动态劳动力市场上的招聘工具。因此，工作—家庭平衡计划作为招聘工具在人力资源管理实践中萌生了制度化趋势。奥斯特曼指出，要想雇佣高素质的专业人士，企业必须为他们提供工作—家庭平衡计划，因为人们对员工愿意为工作而牺牲家庭的态度已经发生变化。因此，经理人把工作—家庭计划作为招聘工具。企业是否提供工作—家庭计划受企业内部劳动力市场影响。内部劳动力市场是将雇佣关系结构化的一系列正式的规章制度，具有代表性的是官僚化和理性化。假定内部劳动市场使得雇佣关系的正式化具有重要的意义，新的困难是要通过引入新的正式计划如工作—家庭平衡计划来解决。有内部劳动力市场的企业比没有的企业有可能对自己的员工作出更多的投资。结果留住员工会遇到风险。而工作—家庭计划作为一种福利是一种有用的工具。一旦正式的有计划的解决方案形成模式，对如何解决新的挑战，人们会朝着该模式方向进行预期。制度理论为内部劳动力市场与工作—家庭计划的设立之间的关系提供了解释。之所以采用内部劳动力市场是因为它能够提供组织的合法性。遵循这一逻辑，因制度压力而采用正式的人事制度的企业较为可能采用先进的福利计划，如工作—家庭平衡计划。减轻制度压力的一个重要的渠道是人力资源部或人事部。内部劳动力市场通常意味着雇佣实践(如:年功序列,测试和工作岗位分析)的正规化水平,需要通过人力资源部去管理。人力资源部和人事专家之所以能够传递制度压力是因为他们很可能处在一个沟通网络中,而这些管理实践是在这些网络中扩散。并且,这些专家关注的是看上去是现代的或能对外部压力作出反应的管理实践。

尽管工作—家庭计划将成为人力资源管理的热点,但是,它们在企业的管理实践中还没有被制度化。工作—家庭计划通常是高承诺工作系统的组成部分,因为日本和美国员工享受的工作—家庭福利和服务水平和员工对企业的承诺呈正相关。重视员工组织承诺的企业和实施了所谓的高承诺工作系统的企业更易于采用工作—家庭平衡计划。[24]

西方对企业的工作—家庭平衡制度的安排称之为家庭友好策略,并实施了多种形式的家庭友好策略,包括:工作自主、经理支持、职业生涯后果设计、组织时间要求、工作弹性、家庭照顾福利与支持性服务。家庭友好策略对感知的冲突施加影响的效果最小,而正面积极的工作—家庭文化和家庭支持是帮助员工平衡工作和家庭角色的有效工具。[25]此外,工作—家庭计划和策略还包括:需要照顾家庭成员的福利的可获得性和满意度、工作时间弹性和工作场所弹性、家庭友好文化,即主管和同事支持与工作—家庭文化。这些策略对员工的工作—家庭冲突的缓减作用相对较小。家庭友好文化对工作—家庭冲突的影响最大。家庭友好工作环境对员工的工作—家庭平衡就有独特的价值。其他家庭友好计划与策略包括:照顾福利的协助与推荐服务、带薪与非带薪家庭休假。通常的应对工作—家庭冲突的资源包括员工协助计划。员工对积极的工作—家庭文化的感知对员工缓减工作—家庭冲突起着有关键而有效的作用。[26]

(二)中国企业实施工作—家庭平衡制度的效果

以工作—家庭平衡为核心的企业家庭伦理哲学并没有成为全社会共享的信念,使得正式的制度安排失去了共识基础;弹性工作制是全面有效的正式平衡制度,它能直接提高员工的工作满意度、降低工作压力和减弱离职意向,也能间接地通过家庭—工作冲突对它们产生影响;家庭照顾福利是不具备效率的正式企业制度安排;经理支持并不能显著减轻两类冲突,但与工作—家庭冲突显著相关,能提高工作满意度、减弱离职意向,是有效的非正式制度;职业生涯后果与两类冲突显著正相关,能直接增强工作压力,并通过两类冲突间接地作用于工作满意度、离职意向和工作压力,是有效的非正式制度。[27]

二、工作—家庭平衡制度化的产业压力

从组织间的制度压力来研究工作—家庭反应问题,超越了组织的微观层面,上升到组织之间的中观层面。然而,目前缺少统领性制度理论框架从组织间的制度安排来研究工作—家庭冲突。组织间的制度压力由五个因素构成,即原因、选举人、内容、控制和情境。组织采用五种反应战略,即默许、妥协、回避、蔑视和操纵来应对制度压力。在组织所在的产业部门中,先前企业参与解决工作—家庭问题的程度和组织在制度压力下与制度要求保持一致性具有强烈的相关关系。这就表明某种制度性实践传播的范围越广,其他组织越容易采用这种实践。[28]

组织对工作—家庭问题的反应还取决于组织的制度环境和重要交易伙伴对工作—家庭计划的要求。研究表明,组织规模越大,组织

中女性员工的比例越高，组织中女性经理人员的比例越高，公共产业部门中的组织要比私营产业部门中的组织对要求其参与解决工作—家庭问题所感受到的制度压力大。组织所在的产业中，如果实施工作—家庭平衡策略与计划的组织越多，组织对其他组织的管理实践越关注，产业中组织的妇女就业率越高，组织遇到员工因照顾年幼子女而旷工的问题越多，企业对要求参与解决工作—家庭问题所感受到的制度压力大从而作出反应程度或水平也就越高。当企业对要求参与解决工作—家庭问题所感受到的制度压力强，遇到的抵消阻力弱，以及工作—家庭计划带来的好处多时，那么组织最可能采用默许战略。当企业对要求参与解决工作—家庭问题所感受到的制度压力强，遇到的抵消阻力也强，或工作—家庭计划带来的好处少时，那么组织最可能采用妥协战略。当企业对要求参与解决工作—家庭问题所感受到的制度压力有点弱，遇到的抵消阻力强，以及工作—家庭计划带来的好处少时，那么组织最可能采用回避战略。当企业对要求参与解决工作—家庭问题所感受到的制度压力很弱，遇到的抵消阻力强，以及工作—家庭计划带来的好处少时，那么组织最可能采用蔑视战略。[29]

三、工作—家庭平衡制度的法律化

工作—家庭平衡管理理念已经在美国通过立法，被正式地法律化。1993 年美国国会通过了《家庭与医疗休假法》，其主要要点包括：员工因孩子出生或收养，或当孩子、配偶或父母亲友严重的健康问题而必须由这名员工来照顾时，他每工作 12 个月可以享用 12 周的不带薪假期。条件是他上一年度至少上 1 250 小时的班。修完假上班时，员工必须回到他们原来的工作岗位或与原来工作相当的岗位。休假期间,企业必须为雇员提供健康津贴。与其他就业法律相同,雇员同样受到保护而不被报复;雇员因为向其他人(甚至新闻媒体)申述有关企业的家庭休假政策,也不能受到歧视。美国企业对该项法律的反应是积极的。《华尔街日报》指出,美国的企业已经实施一整套的家庭友好政策和方案,并成为一种趋势,表现在企业正在适应员工的家庭,公司的托儿中心突然出现在全美国;"工作—家庭管理人员"这一术语出现在企业的计划上,并且弹性工作制已经成为一个流行语。[30]该项法律还得到美国议员的支持,有进一步细化和扩大使用范围的趋势。1996年,美国人事管理办公室公布了该法的实施规范,进一步规定了医疗卫生提供方、严重的健康情形、配偶、享用该法律的提前通知授权、应该享用的请假权利、替代带薪假期方案以及就业、福利和岗位保护的实施细则。美国国会努力扩大该法律的适用范围,越来越重视与赞同为工人提供更多的时间来照顾家庭的需要。扩大该法的适用范围成了2008年美国总统竞选议题,民主党候选人现任美国国务卿希拉里·克林顿等都极力鼓吹扩大该法律的适用范围。该法律的实施产生了积极的社会效应。美国劳工部报告指出,2005年高达17%的工人,即1 300万工人享用了该法律,并得出结论:"家庭与医疗休假有益于工人及其家庭,是一项良好的公益和工作场所的政策,这已成为广泛的共识"。[31]

目前,学者正在探讨儿童照顾危机和工作—家庭冲突的联邦立法的政策原则,并提出了联邦立法的政策建议。[32]

第三节 实施工作—家庭平衡管理制度的驱动因素

工作—家庭关系研究是当代西方组织行为研究领域中广泛研究的课题，也是近年来企业人力资源管理领域出现的新理论。这些理论从个体遭受工作—家庭冲突的根本来源出发，提出了以时间、空间在工作、家庭领域之间竞争性投入与划分，两个领域间行为模式的转换、情绪的传递、社会文化对性别角色预期的不同等基础理论框架。但是，这些基础理论框架难以用内在一致的逻辑来解释冲突造成的后果，包括个体的身心健康、家庭婚姻生活的满意度；组织的工作绩效、组织承诺、工作满意度，以及为缓解工作—家庭冲突而采取的平衡策略包括：弹性工作制、组织提供的家庭照顾福利计划等。由于缺少这样一个既能涵盖工作—家庭冲突的基础理论框架，又能协调各种平衡策略的内在逻辑的统领性理论框架，使得工作—家庭冲突研究领域呈相互矛盾的实证研究结果，出现工作—家庭冲突平衡策略的效果悖论。这些成果无法直接推广运用于与西方个人主义文化有根本区别的儒家集体主义文化中。如果要在中国实行工作—家庭的平衡策略，首先要对企业实施这些略策的影响因素进行分析，分析企业实施这些平衡策略的影响驱动因素和阻碍因素，才能去研究这些平衡策略的实际应用效果。

一、员工缓解工作—家庭冲突的内在需求

经济全球化也促使发展中国家重视工作—家庭冲突问题，认识到平衡工作和家庭责任的必要性。改革开放前，中国员工因生计的

需要，因为收入低，总是以牺牲家庭的需求来换取微薄的工资，从而难以顾及工作—家庭平衡问题。目前我国的人均收入已有大幅度的提高，已经有余力来考虑到工作—家庭平衡问题。一方面中国大陆、中国香港及中国台湾地区的管理人员普遍感到工作与家庭角色冲突，由此引起的工作压力最高。[33]对中国内地员工，如医护工作者、教师和医护人员、银行和信息产业技术行业中员工而言，工作—家庭冲突是产生工作压力和焦虑的重要因素，或许是最重要的因素。另一方面，因为中国的家庭结构发生了根本性的变化。每一对年轻父母要抚养至少四位老人，又要抚养自己的独生子女。农民工进城打工导致农村的大批留守小孩和孤独父母。因此，今天的中国员工，照顾家庭的担子越来越重。从国家宏观政策来看，合理有效的养老制度、医疗保险制度、失业保障制度等社会保障体系的缺位，使企业员工难以通过获得国家政策救济的途径来平衡工作—家庭冲突的需要。从企业的微观层面来看，组织实施帮助员工解决家庭困难的措施，取决于企业的信仰、素养，而大多数员工应享受的工作—家庭平衡福利被看成是单位的恩惠与善行。即使企业制定了正式的制度，但是享受这些福利的人却会遭受到潜在的负面影响如影响升迁和加薪的不良后果，导致这些制度形同虚实。

工作压力、宏观保障体系缺位、照顾家庭责任的沉重负担和工作单位平衡工作—家庭需要的意识缺乏，使得个体遭受了严重工作—家庭冲突与家庭—工作冲突，影响个体健康，而且对家庭和社会的健康发展产生负面的后果。如果个体承担对其自我非常重要的社会角色时产生压力，那么个体会把它看成是威胁，因而影响其心理健康。许多中年人健康“透支”。调查显示，北京知识分子的平均寿命从10年前的59岁降到调查时期的53岁，这比第二次全国人口普查时北京人均寿命 75.85 岁低了 20 岁。[34]冲突还对生活满意度产生负面影响、与婚姻满意度呈负相关关系。[35]家庭结构的变化同时也要求企业考虑员工的家庭需要，制定一系列人力资源管理政策来为员工创造经济收入的同时，能兼顾他们家庭照顾老人和子女的需要，提供服务为整个的社会的福祉作出贡献。

人们对工作的态度已经发生变化，开始越来越多地关注家庭生活和个人的生活质量。调查显示，广东人对于家庭的信任和家庭道德的评价不断增加，工作满足感的下降更深化了人们"家庭回归"的观念。"人们对于家庭的信任甚于社会和单位"。[36]从个体所遭受的工作压力和不良的健康状况、过劳死、较低的生活和婚姻满意度以及正在形成的对家庭越来越重视的心理偏好来看，员工有追求工作—家庭平衡的内在动力。

二、提高组织绩效和获取可持续竞争优势的需要

（一）提高组织绩效的需要

员工在工作—家庭冲突的越来越严重的情况下，整体健康状况恶化，使得优良的绩效表现失去了身体这一物质基础。照顾家庭的需要、对亲情的重视使得他们无法聚精会神地投入于工作。从组织角度来看，两类冲突会给员工带来负面的组织行为，如旷工、迟到、低工作满意度、高离职意向、更高的工作压力和低组织绩效。组织要提高绩就必须效消除这些不良的组织行为，就有实施工作—家庭平衡策略的驱动力，因为实施较多的工作—家庭平衡策略的企业比实施较少的企业有较高的绩效水平。这类企业具有较高的组织绩效、市场绩效和利润—销售增长。这些策略能够增进组织的利益。为了企业能够取得长期的良好的组织绩效，企业也不得不关注工作—家庭

冲突的平衡需要，利益驱动企业实施工作—家庭冲突的平衡策略。这符合企业作为营利组织的利益最大化逻辑，并不是企业在短期内外化其具有不确定性的内在善心。

(二)协同的平衡策略是可持续竞争优势的来源

彼此协同的工作—家庭平衡策略能成为组织可持续竞争优势的来源。这些策略由于其作用于组织绩效的机制具有复杂性，造成了因果关系的模糊性，因而就减少了被模仿的可能性。另外，如果一种内部资源具有社交意义上的复杂性时，竞争对手也难以模仿。协同的工作—家庭平衡的人力资源策略相互之间所创造的协同效应和其宽泛的企业管理哲学，很难被竞争对手模仿。更进一步，这些政策实施的难度和复杂程度也使得它们不容易被模仿。所以，相互匹配的工作—家庭平衡策略是企业竞争优势的一种来源，并且是可持续竞争优势的来源。一方面，这些平衡策略的实施向社会传递企业重视员工、相信员工、关心员工福利与家属幸福的信号。因此，能够在劳动力市场上招聘到优秀的员工。另一方面，企业员工在这样的信号作用下，能够激发工作热情、专心于工作，同时又无后顾之忧影响工作，能提高组织的工作实效。

三、技术驱动因素

现代通讯技术的发展，使得被工业革命从家庭中分离出去的工作又回到了家庭，出现了新工作类型：电传工作。组织给自己的员工配备手机、电脑等，使得组织员工无论在何时、何地都能为组织工作，模糊了工作—家庭角色与边界，使得家庭成员之间的关系出现新的变化。以家庭为基础的电传工作可以创造潜在的机会来混淆工作和家庭边界，从而整合工作和家庭。电传工作是解决工作—家庭平衡问题的一个方案，特别对女性员工而言，它能增强管理家庭和工作的弹性。但是电传工作从带薪工作和家庭责任的负担两个方面来讲是对女性员工的永久性剥削。电传工作是一种新型的雇佣关系形式，导致妇女孤立于社会，屈从于企业与家庭两方面的需要，更易于受其丈夫控制，因此是一种剥削。在电传工作者及其共同居住人中普遍存在的传统角色观点，会重新产生男女不平等。女性电传工作者，尤其是那些有孩子的母亲，在有弹性的家庭时间内倾向于把家庭和工作两结合。然而，男性电传工作者将把工作时间挤入家庭。电传工作将工作延伸到家庭，而男性在分配在家工作时间方面存在着权威，倾向于从其他家庭成员中获得帮助。电传工作确实影响共同居住者的生活，可能成为家庭冲突的来源。因此，新技术导致了新的工作—家庭平衡问题。个体需要寻找更好的工作—家庭平衡机会与方法来应对这一新挑战。

四、招聘实践驱动企业实施良好的工作—家庭平衡策略

雇佣关系制度也影响工作—家庭平衡策略的实施。要想雇佣到高素质的专业人士，企业必须为他们提供工作—家庭平衡计划，因为人们对员工愿意为工作而牺牲家庭的态度已经发生变化。因此，经理人把工作—家庭计划作为招聘工具。企业是否提供工作—家庭平衡计划受企业内部劳动力市场影响。假定内部劳动市场使得雇佣关系的正式化具有重要的意义，新问题如工作—家庭平衡的困难是要通过引入新的正式计划如工作—家庭平衡计划来解决。而工作—家庭平衡计划作为一种福利是一种有用的工具。一旦正式的有计划的解决方案形成模式，员工对如何解决工作—家庭冲突的新挑战，会朝着该模式方向进行预期。企业也会在内部形成有效的劳动力市场，

并将工作—家庭平衡策略内化为正式的制度。这样内部劳动力市场就为工作—家庭冲突的平衡策略提供了组织的合法性。如果企业在对外招聘中不提供工作—家庭冲突的平衡策略,那么其他已经提供这类策略的企业将认为该企业不具有共同的沟通基础,从而得不到产业内部同行的认可,也就没有和其他企业交往的合法性。同时,如果内部劳动力市场没有将工作—家庭平衡策略正式化与制度化,那么将会出现相互矛盾的平衡效果,产生工作—家庭平衡策略的效果悖论。最终影响工作—家庭平衡策略作为一项制度的效率,违反制度的效率原则。所以组织采用正式工作—家庭平衡策略也是劳动力市场对组织组制度的合法性和效率原则的内在要求。[37]

五、组织文化创造有益的组织社会支持

工作—家庭平衡的组织文化是指组织中普遍的价值观表现出支持员工的工作与家庭生活整合。在支持性工作—家庭文化氛围中,员工运用企业的家庭照顾福利的机会与程度要比非支持性文化氛围中的员工要强得多;感受到组织对家庭需要持积极态度的员工更多地使用工作—家庭弹性安排;在高家庭照顾伦理和低男性伦理的组织文化中,父亲请假较多;支持性文化与弹性工作制的使用和在家工作呈正相关;对家庭支持的组织感知与较好的工作—家庭需要平衡和工作满意度和组织承诺间的平衡相关;支持性工作—家庭文化能导致更好的工作—家庭平衡、更高的工作满意度和较高的组织承诺。因此,支持性工作—家庭文化能够导致较多地使用组织的工作—家庭平衡策略,并且对员工的身心健康和组织的健康发展带来有益的影响。不管这种组织文化是内生的还是外生的,其内化的共同规则会规制组织行为,使这些平衡策略逐渐正式化,最终固化为制度。

六、遵从产业制度压力、谋求组织合法性的驱动

组织所在的行业与制度环境中有多种因素促使企业实施工作—家庭冲突的平衡策略，以谋求组织在产业中与其他组织合作的合法性。这些因素包括组织规模、女性员工的就业比例、组织所有制类型和其他组织实施平衡策略的实际情况，等等。因为组织规模越大，企业对要求参与解决工作—家庭问题所感受到的制度压力越大，从而作出反应程度或水平也就越高。同时，组织中女性员工的比例越高，企业对要求参与解决工作—家庭问题所感受到的制度压力越大，从而作出反应程度或水平也就越高。[38]

七、全球化增强应得权利感，驱动平衡策略的实施

企业经营的全球化使得在一国制定的良好工作—家庭平衡策略外溢到其他国家，员工通过比较不同国家的工作—家庭平衡策略可以增强应得权利感，因为沟通应得权利感的民族文化差异，有助于帮助员工认识到不同的福利国家模型和具体的社会政策，并据此调整对工作—家庭一体化的公平与公正感。具有不同影响的民族社会政策能够增强个体对工作与家庭和谐关系的控制感，并且把一个国家中已经实施良好的社会政策（如子女照顾的法规与请假制度）与没有这些政策的国家进行沟通能够增强应得权利感。违背这些应得权利感就会诱发行为的改变。对欧洲国家的公共政策的认识会导致没有这些政策国家的人要求政府为工作—家庭关系的平衡提供国家支持运动。但是，社会政策的变革如果有效，必须解决更广泛的社会价值观问题，因为政府的支持既能导致又能影响性别契约的文化结构。支持工作—家庭和谐一体化的应得权利感因民族文化的不同而不

同。瑞典和挪威对来自于国家和企业的弹性工作支持具有较强的应得权利感。爱尔兰、葡萄牙和英国实施着传统的性别契约和社会政策,对来自政府和企业的支持预期就比较低,强调家庭和个人自主与自力更生。有两个显著因素影响着不同民族文化背景下的应得权利感,即与其他欧洲国家的社会政策进行比较的能力以及企业对工作场所工作—家庭经济福利安排的感知。两者对可行的工作—家庭支持措施的感知产生重要影响。[39]

在中国文化背景下,工作—家庭冲突平衡的应得权利感也因管理实践和理论的国际化研究与交流得到了启蒙。因而,重视家庭为核心的社会文化正在形成。这些都是促进企业实施工作—家庭平衡策略非常积极的因素。

八、政府政策驱动

尽管公平的感知是主观的,形成于一定民族文化背景下,其公平规范可以被社会政策所内化。因而,政府的政策可以影响什么是公平的信仰。增强员工的应得权利感的另一个有效途径是政府制定正式的社会政策。因为政府强调平等、公平和需要原则的程度不同会导致社会中不同的制度安排。政府的政策可以影响人们对何为公平、何为不公平的感知,那么政府的政策具有驱动变革的潜力。这些政府制定的政策能够把工作—家庭平衡策略的正式合法性传输给员工,增强对这些政策可行性的感知,并能够促使员工认识到这些政策是其应得的权利,而非企业的恩惠,从而促使企业构建这些制度与体系。国家的社会政策的确能够增强个体对工作与家庭和谐关系的控制感。[40]

工作—家庭之间的两类冲突在个体、家庭、组织之间都产生了严重的负面影响,为此工作—家庭关系理论研究提出许多平衡工作—

家庭关系的方案包括：弹性工作制、工作地点重置、提供家庭成员照顾福利、建立组织自己的幼儿园等协同的一揽子人力资源管理措施。但是员工并不会使用这些平衡措施，因为它取决于经理人、同事的支持，同时还会给他的职业生涯发展、加薪、奖金和奖励的获得都带来潜在的负面影响。所以，组织即使制定了正式工作—家庭平衡策略，最后也会因为得不到应用而形同虚设。[41]

第四节　实施工作—家庭平衡管理制度的阻碍因素

本节从影响个体的宏观社会文化、组织文化、经理人的解释功能以及人力资源管理策略的协同性角度来分析阻碍员工享用平衡计划的原因。

一、宏观社会文化驱动因素缺位、应得权利感缺失

（一）低收入使得维持生计成为第一需要，而非工作—家庭平衡

个体受其经济收入的影响，面对严重的工作压力和增加收入以养家糊口的需要，大多数中国员工选择了舍弃家庭而一心投入于工作，并没有认识到平衡工作与家庭两方面需要的重要性。特别是广大低收入阶层，无论工作条件怎样，他们都无条件地接受。面对企业任意延长工作时间的无理要求，他们只能牺牲当前照顾家庭成员的责任，来为家庭获取未来生活所必需的收入。但是，即便如此，他们还不能按时足额地领取工资。这样在生活的重担下，他们无法顾及工作—家庭平衡的迫切需要，也就没有动力推动企业去实施工作—家庭平衡策略。

(二)工作—家庭平衡并未被视为员工应享的合法权利

目前,个体并不把组织照顾员工家庭责任视为自己的应享权利,并没有认识到企业不照顾员工的工作—家庭平衡需要是不公平、不公正的。这种应得权利感的缺位使得个体失去推动组织实施工作—家庭平衡策略的动力。其原因在于中国的社会文化影响组织对工作—家庭问题的反应态度。社会文化理论认为公平是在给定的社会制度背景下人们受到待遇的感知,其概念性框架包括:应得权利感、公平原则和组织与社会的公正过程。应得权利感是指有关权利、应得权利或者合法预期的一整套信仰和情感,它以可感知的公平与公正为基础。应得权利感是由社会比较过程决定的,受社会背景、文化意识形态和社会政策背景影响,构建于社会规范性的比较基础之上。

在中国文化背景下,员工遇到工作—家庭平衡问题,不会首先考虑如何享用组织制定的正式的平衡策略,而是动用自己的社会关系资本,亦即人际关系去影响可能的决策者,从而享用工作—家庭冲突的正式的制度,或者在正式制度缺位的情况下,获得其他人所不能享受的家庭照顾福利等制度。这样的一种文化逻辑并不会去考虑这种做法是否合乎工作—家庭平衡措施在员工中使用的分配公平、程序公平。最终能否享用、享受到平衡的福利政策是以个体的砍价能力、与管理层谈判与沟通能力为基础的,根本谈不上存在集体范围内的程序公平与人际公平。就整个社会、企业来说,员工根本没有认识到任何人都有享用工作—家庭平衡福利是他们应得的合法权益,更谈不上,他们对组织的工作—家庭平衡的做法会有充分的分配公平判断、程序公平判断和人际公平判断。就工作时间长短问题,在一种强调长时间工作的文化氛围中,对“面子”时间非常重视而并不注重产出。这种文化氛围能够降低员工的应得权利感,不愿意接受那些以较短的时间完成工作，并接受全额奖励的员工。换言之，用全部上班时间完成工作的员工，将会受到奖励，即使他们的工作很无效率。它是以时间来衡量产出而不是以努力来衡量产出；或是以标准的工作时间为理想的平等原则而不管工作努力与需要。

（三）多种所有制结构并存，工作—家庭平衡策略呈多元化趋势

经过国有企业的改制、现代企业制度的建立、公司治理结构的优化和私营企业充满活力的发展，在中国的经济体中，出现了公有制国营企业、集体所有制企业、私营业主的多元所有制并存的经济主体结构。在这些企业中间，工作—家庭平衡策略的实施与应用，也呈现出多样化，因为社会对它们承担社会责任的预期不同。中国在计划经济下，员工一切为公，照顾家庭需要得到组织的正式批准。在转型经济中，随着产权、所有权主体多元化，国营企业出现了组织后勤社会化运动，组织再一次将员工家庭责任彻底地排除出正式的人力资源管理制度之外。在私营企业中，员工平衡工作—家庭责任的需要严重依赖于组织管理者的"菩萨心肠"，寄希望于组织的个案处理，而不成为制度。宏观的社会文化中主导价值观的缺失，使得组织毫无底线地激励员工为企业奉献，甚至维系生计的劳动所得都难以得到保障。

宏观看来，中国社会缺乏工作—家庭平衡的社会文化驱动基础。因而，没有核心的社会文化规则来规制组织对待工作—家庭策略的态度和其反应行为。实施工作—家庭平衡策略需要进行彻底的组织变革。然而，中国缺乏宏观社会文化驱动因素。社会公平认为如果人们感知某种行为是公平与公正的，组织就没有激励去寻求变革，尽管在局外人看来是不公平的。只有在当事人感受到了受到不公平待遇或者把某种行为界定为不公正的情况下，诱发变革的社会行为才较为可能发生。对企业的经济福利、家庭友好政策案例的感知，能够促使参与者认识到这些政策是其应得的权利而非企业的恩惠，从而促使企业构建这些支持制度与体系，有助于增强对这些政策可行性的感知。因此，不公平感能够催生人们的努力来实现工作和家庭一体化。[42]问题的关键是个体并不认为他们目前的工作—家庭平衡福利缺失是不公平。因而，也就缺乏广泛的个体推动组织进行变革。

传统的中国哲学要求人们修身、齐家、治国平天下。因此，个体最终目的是要走出家庭为社会作贡献。所以，当人们工作时，便把家庭抛到身后。这就使得没有人认为照顾到家庭是个体的责任，更谈不上是企业的责任。同时，没有进行足够的跨文化比较研究时，因为只有就家庭友好政策的出现和应用进行国别间或跨文化比较研究，才能推动以应得权利感为核心的宏观社会文化的塑造，增强个体的应得权利感、提高个体对平衡工作—家庭冲突重要性的认识。一旦我们深入研究决策的标准或价值观，那么文化的影响便会逐渐显露。所以，需要更多的跨文化研究。但是目前学术界还没有充分展开这方面的研究。

目前，国家没有加强工作—家庭平衡人力资源管理制度的合法性宣传，来唤醒员工应得权利感，促使员工自己推动所在的企业有效地实施工作—家庭平衡计划。更谈不上在行业和产业内推广和扩散工作—家庭平衡策略，造成强大的产业压力。要实现将工作—家庭平衡策略的法律化和制度化，必须实现这方面的立法。

二、工作—家庭平衡的管理哲学与组织文化缺位

(一)工作—家庭平衡的管理哲学缺位

要实施工作—家庭平衡策略，首先必须改变组织文化的基本假设，塑造新的人力资源管理哲学和价值观，要实现员工工作—家庭关

系的一体化必须改变传统的有关什么是理想的员工的假设。相应地必须建立这样的假设基础，即每个人包括男人、女人、有子女和没有子女的都有自己的个人生活。但是目前，工作与家庭是相互对立的二元关系。这种关系内化着这样的一种潜在的假设，即每一领域中的人都具有无限的时间和精力，来专注于各自的活动，即做好工作需要培养组织承诺，而承诺会导致超负荷工作、长时间的工作、得不到支持和合作；最好的工人是那些愿意在工作中投入时间的人。[43]这种假设根深蒂固，难以在短时间内得到扭转。

目前，工作—家庭平衡策略仅仅被看成是具体的面向一线员工的管理制度与实践。由于社会文化并没有强调企业有平衡员工的工作与家庭需要的社会责任，因此，企业并没有将工作—家庭平衡看成是企业应承担的社会责任、是企业为之奋斗的愿景、代表着企业的价值观。实际上，组织的工作—家庭策略反映的是组织水平上的人力资源管理政策或哲学，因为这些组织措施向现有的或潜在的员工发出一种信号，即组织的价值观和管理哲学的信号，象征着组织关心员工的健康，并且代表一种价值观体系。从本质上看，管理层在管理员工时所持有的信仰体系和态度会限制实施多种的工作—家庭策略。[44]因此，协调一致相互匹配的工作—家庭人力资源政策的特征是它们能把员工带出组织边界之外，或将家庭带入到组织内。这就要求管理层要信任员工，放弃对他们的控制。[45]另外，弱化家庭和组织的边界就需要对组织范式进行根本的变革，需要对企业文化进行彻底的改造。

(二)组织文化需要彻底的改造

1. 组织文化中工作—家庭平衡理念缺位

组织文化为员工营造出有利于他们平衡工作与家庭需要的氛

围，为他们缓解工作—家庭冲突提供组织的社会支持。因此，有必要对组织文化进行彻底的改造。企业文化的基本功能为员工提供外部适应、内部整合的行动方案，以及共享的有关人、时间和空间的基本假设。组织将组织织外的家庭需要纳入到其外部适应的纬度上，即把员工带出组织边界之外或将家庭带入到组织内。这样做的前提条件是组织文化的外部适应纬度能确认工作—家庭平衡需要的重要性。组织文化要消除员工因为遭受严重的工作—家庭冲突而表现出来的负面组织行为后果，需要发挥其内部整合功能。内部整合的效果取决于组织价值观在内部整合纬度的统一性与一致性。组织要实施良好、有效的工作—家庭平衡策略，也需要在共享假设上改变以工作时间为员工组织承诺水平的衡量标准，改变与他人关系的基本假设——他人的需要就是自己的需要，而不以自己的需要作为公平判断的标准。

2. 企业未能为经理提供资源与授权来支持员工的工作—家庭平衡需要

企业未能为经理提供资源与授权来支持员工的工作—家庭平衡需要。企业要为中层主管帮助员工缓解工作—家庭冲突提供资源，并授权他们进行灵活的工作安排。经理既是工作—家庭冲突的牺牲者，又是为个体提供补贴政策的决策者，还是努力创设家庭支持型企业的组织变革的推动者，是企业工作—家庭文化实施的主体。只有他们在整个组织范围内塑造企业对工作—家庭平衡的社会支持，包括高层、中层、基层管理者，员工的同事即一般员工，才能把平衡落到实处。可是目前，经理在支持员工平衡工作—家庭需要时，并没有得到组织明确给定的资源支持，只能靠自己的个人理解、素养和领悟。

3. 个体存在着工作—家庭政策的效果悖论

作为工作—家庭政策的后果之一，工作满意度得到最广泛的研究，但是工作满意度却和较长的工作时数联系在一起，以此可以合理地预测，个体就会出现更严重的以时间为基础的工作—家庭冲突。因而出现了工作—家庭政策的效果悖论。这种悖论的存在使得个体即使长时间工作，也不会产生平衡工作—家庭生活的内在心理需要，因为他们对此还深感满意。

工作—家庭平衡的管理哲学必须从上述几个方面来系统地塑造组织思维，以此为核心实施与新的管理哲学、组织价值观与组织文化一致的战略，才能最终实现工作—家庭关系的真正平衡。

(三)工作—家庭平衡应成为战略人力资源管理的一部分

组织的管理哲学、组织文化的改造，需要组织战略来落实，相应的工作—家庭平衡策略理应成为战略人力资源管理不可缺少的一部分。组织解决家庭问题是商业战略问题。但是，目前在人力资源战略管理模型中却明显排除了企业平衡工作—家庭关系的政策。工作—家庭平衡策略具有进步性和创新性却很少被认为具有战略意义，更不用说被认为是“最好的管理实践”。组织采用的是彼此孤立互不联系的策略，并没有形成战略高度的管理哲学与支持性的组织文化。

(四)没有稳定的组织社会支持

由于组织的管理哲学、组织文化和人力资源管理战略缺位，使得组织对工作—家庭冲突平衡问题作出互不一致的解释。因此，遭受工作—家庭冲突的员工得不到组织社会的稳定支持。研究表明，来自上司、同僚、配偶、家人、师傅等的社会支持可以有效地降低工作—家庭冲突。[46]经理支持能够产生更直接的效果。然而，上文的社会公平理论分析表明，组织的工作—家庭福利策略会产生后冲效应，这就使得来自组织的社会支持具有不确定性和不稳定性。这样的策略并不能有效地以稳定一致的逻辑规范组织各层级的组织行为，对员工家庭责任的承担作出可预期的、可信赖的、前后一致的支持行为。

总之，目前中国的企业还没有形成相互一致、协同的工作—家庭平衡的管理哲学、组织文化和人力资源管理战略，员工得不到稳定的支持来平衡工作—家庭需要。

三、主管的不同认知影响平衡策略的超自然化

组织是否提供工作—家庭福利取决于经理层的认知和解释，以及不同的个人经历。当高层人力资源管理人员遭受到凸显的工作—家庭冲突，组织更可能提供福利，并且他们认为如果不能充分解决工作—家庭问题会影响组织绩效。组织对工作—家庭问题的不同反应，采取不同工作—家庭平衡策略和经理人对工作—家庭问题所作出的不同解释相联系。战略问题解释的基本前提是，高层经理人在决定组织如何对问题作出反应方面具有积极的作用。组织如要对某一问题或变革采取措施，这种变革必须先被“注意到”。其次，必须被“解释与组织有关”。高层人力资源经理作为看门人有权决定哪些人力资源问题需要提交高层经理的注意，中层经理人试图引导高层管理者的注意方向，为他们提供或隐藏重要信息。可能向高层管理者出售问题、信息的一个变量是：问题在他们头脑中的凸显程度。如果员工的家庭结构和性别结构在他们头脑中凸显，他们很可能向高层经理“出售”制度、政策和计划来解决员工的工作—家庭问题的迫切性。如果这些问题对员工生产率的影响越大，就越有可能把这些问题列入议事日程，组织越可能作出反应。相反，若被解释为不会影

响生产率,他们倾向于淡化问题。组织反应强烈程度受经理层对这些变化的解释影响。[47]

工作—家庭平衡策略严重依赖于经理人的经验解释与其获得的利益,导致它不能成为超自然化规则——超越于一切群体利益的客观规则。只有超自然化,它才能成为稳定的规则,成为制约个体的行为和思维模式的正式制度。工作—家庭平衡策略作为企业非超自然化规则,经理的相互矛盾的解释,使得组织失去了全面实施这些策略的内在一致的动力。

四、正式制度和管理实践之间存在矛盾

企业为获得产业中其他组织的承认、获取合法性,表面上采取一些正式的工作—家庭平衡制度,但是管理实践中并不具体,并不能完全落实。现行管理实践影响平衡策略的实际效果。各种有效的人力资源实践如高绩效工作系统等在提高组织绩效的同时,使得员工投入到工作中的时间更多,造成更严重的工作—家庭冲突,也是影响组织实施工作—家庭平衡策略的制度因素。长时间工作是工作—家庭负溢出的永恒来源,某些高绩效管理实践,如:绩效评估、强调团队合作和一致控制的工作组织以及激励或按绩效付薪的薪酬制度,和这段时间的工作—家庭负溢出有较高的相关关系。在高绩效管理实践和工作—家庭平衡策略之间存在着冲突。绩效评估也影响员工的工作—家庭平衡效果。为尽家庭责任或照顾家中的病人而请假、旷工与较低的绩效评估得分、较少的晋升机会和较少的工资增长幅度相联系。性别角色预期也会影响遭受工作—家庭冲突员工的绩效评估、晋升和奖励。[48]因此,实施工作—家庭平衡策略与现有的人力资源管理实践之间存在着方向性矛盾,也客观上成为实施平衡策略的制度性障碍。

尽管工作—家庭平衡策略将成为人力资源管理的热点，但实践中它们还没有制度化。工作—家庭平衡策略作为组织的一项管理制度，理论上应该具有合法性和效率。但是，不同企业制定的正式制度之间的差异要比它们各自的实践之间的差别要大。[49]不同企业平衡员工工作—生活的实践具有惊人的相似之处，尤其是在低层员工中分配这样的机会，把享用这样的机会同工作时间的长短和雇佣地位相联系，这就限制了低层员工享受工作—生活平衡策略。因为实施这样的平衡策略影响组织效率，所以组织为了效率，就放弃了在产业中实施工作—家庭平衡策略。或者说，组织承认与接受这些策略与制度的程度在逐渐减弱。这些策略与制度的合法性因而没那么容易建立。如果合法性的压力和效率是矛盾的，组织的对策是：把内部运作和正式制度分离开来。组织采用类似的工作—家庭平衡策略，是因为这样做就有了和产业内其他组织进行沟通和交流的共同基础——合法性基础。然而，实施平衡策略需要投入时间、精力和财务资源时，这些与组织的效率要求相悖。因此，实践中并不真正想实施这些制度，因为这些规章制度是为了应付环境的，和它内部的运作没有任何关系。正式工作—家庭策略变成了象征性的东西，组织内部可能采用非正式职业规范的组织结构来约束行为。正式的结构是适应制度环境的产物，是做给别人看的（或是为了塑造仁慈形象）因为合法性机制不仅约束组织的行为，而且可以帮助组织提高社会地位，得到社会承认，从而促进组织间的资源交往。而非正式的行为规范是组织运作的实际机制。[50]

五、劳动力供过于求恶化了新制度实施的制度环境

劳动力供过于求使得组织能随时随地雇佣所需要的员工，就业

的压力使得员工没有足够的动力去要求组织提供各种工作—家庭平衡措施，并作为就业的条件。2009 年，全国有 600 多万大学毕业生，而就业率一般高校只有 60%左右。另一方面，中国目前失业率也很高，2002—2003 年官方报告失业率是 4.3%，而目前实际估计失业率要到达 10%，最高时可能到达 15%。[51]在严重的就业与失业双重压力下，企业借机降低劳动待遇与劳动保障水平来降低其运营成本，更不会考虑员工的工作—家庭平衡的需要，甚至毫无底线地拖欠员工的工资、任意地延长工作时间，让员工无偿地为企业加班。

企业实施工作—家庭平衡策略受驱动因素与阻碍因素的共同作用，同时这些因素又彼此相互作用，按照制度的路径依赖模式进行演化、选择、发展。这些平衡策略随着企业管理实践的推广，最终会内生正式的企业管理制度。然而，根据博弈论制度学派，制度的内生演化是缓慢的，有时是帕累托次优的。因此，我们要研究对工作—家庭间全方位关系都有效的企业制度设计，并结合制度的内生机制和外生嵌入演化逻辑来研究家庭伦理各种关系的企业管理制度体系，以实现员工的工作与家庭关系的平衡。

第五节 家庭伦理的企业管理制度理论及其体系构建

信息与数字化催生的新工作与沟通方式使企业（工作）的边界将会无限扩大，工作全面侵入家庭。家庭已经超越了消费功能，成为生产场所的一部分，具有一定的生产功能，是健康、声望、工作满度和家庭满意度等非市场商品的积极生产者。企业的管理制度需要考虑家庭伦理关系对家庭非市场品生产的影响。为此，要界定纳入企业管理制度的家庭伦理关系，并提出企业应实施的相应的保障制度体系。

一、实施家庭伦理的企业管理制度外部环境变量

根据博弈论制度学派，制度内生与演化是员工与企业在外部环境变量的作用下进行博弈互动，不断调整其认知结构和策略集的过程。因此，实施家庭伦理管理制度的内在动力来自制度环境中的驱动因素，主要是信息化与数字化的技术进步。信息技术的发展改变了工作与家庭的边界，导致了企业与员工作为制度博弈参与人对现行的工作与家庭关系产生了认知危机，对现行的企业制度缺位产生了制度认知危机。同时，跨社会制度领域，如美国和欧洲国家，存在着备选制度，给中国企业实施家庭伦理管理制度带来了制度环境压力。

（一）信息化与数字化技术驱动工作全面侵入家庭

信息与数字化时代，新的工作与沟通方式，如电传工作、视频会议，网络实时沟通系统的运用，成为普及，使得企业交易成本与管理成本急剧下降，并且企业的边际收益相对获得了较大的提高。根据科斯原理，企业（工作）的边界将会扩大，工作于是全面侵入家庭。家庭已经超越了消费功能，家庭与工作场所实现了一体化，成为生产场所一部分，具有一定的生产功能。家庭成员对劳动者劳动供给的量与质的影响越来越强。家庭成员既是企业产品与服务的消费者又是企业生产活动过程的参与者。家庭不再被视为从市场购买商品和劳务单纯的被动消费者，而是健康、声望等非市场商品的积极生产者。家庭通过综合运用市场商品与劳务、家庭成员的时间、教育及其他“环境”变量生产出非市场产品。[52]任何企业管理制度和实践都会通过员工的家庭行为，对家庭成员关系产生影响。企业的管理制度需

要考虑家庭伦理关系，其调整的对象应该包括员工及其家庭成员，并将员工的家庭伦理关系内化于其设计中。然而，工作—家庭之间存在严重的冲突，尽管学者对影响工作—家庭冲突的因素进行了定性与定量分析，并提出了平衡策略方案。[53]但是，对工作—家庭平衡的企业制度安排进行的实证研究表明，以工作—家庭平衡为核心的企业家庭伦理管理哲学并没有成为中国全社会的共享信念，使得正式的制度安排失去了共享理念基础。[54]与此形成鲜明的对比，在跨制度域中，如美国存在着正式的法律制度和一系列企业自主设施的管理制度安排。因此，中国企业迫切需要在中国文化背景下设计出系统的家庭伦理管理制度。

首先要界定纳入企业管理的家庭伦理关系，同时提出为便于家庭生产出高效的精神产品，如健康的身体、较高的工作满度和家庭满意度，以及企业应该实施的保障体系。研究以美国企业实行的工作—家庭友好策略为依据，来讨论中国企业对家庭伦理的管理制度设计，为家庭伦理管理制度的跨制度域嵌入、移植入中国企业做好理论上的准备。

(二)跨制度域的互补制度环境压力

工作—家庭平衡的历时嵌入机制有三种，即重叠嵌入、博弈关联方式的重新组合，或重新捆绑和历时性制度互补。[55]美国从 1993 年对家庭医疗和休假进行正式的制度立法，其后企业在执行过程中又自发演化生成了许多企业的家庭友好策略。美国家庭和工作研究所在斯隆基金会资助下，分别于 1998 年、2002 年、2005 年和 2008 年，对美国企业在长达 10 年中重复嵌入工作—家庭平衡策略演化进行系统调查。这些工作—家庭平衡制度经历过时间的考验，各种决策均在“进化选择压力”的作用下接受进化考验。根据演化经济学基本分析结构[56]，这些制度从创新机制到历经10年的选择机制，已经到了扩散机制阶段。美国企业在选择自身的策略集中，进行反复试验，同时通过学习和模仿其他企业的策略，增加自己策略集的数量。随着经济全球化在空间上展开，中美两国过去地理上相互分割的交易域得以融合，企业和员工开始跨域选择工作—家庭平衡策略。对这些经过10年演化依然在有效实施的策略集，自然成为家庭伦理嵌入的备选制度逻辑。就中国企业而言，新启用的决策集形成的决策或某种变异性决策，已经在美国的制度域中自发演化出一系列有效的互补性制度，或是参数发生了变化，两种域的相互支持会使得新决策获得强大的推动力。通过这种互补性机制，发生在域内的制度博弈形式的参数变化，如果能导致国家的系统性政策改革，其效果会被放大和强化，有可能导致一种全新的整体制度安排——家庭伦理的企业管理制度。

中美两国为员工照顾家庭成员提供时间保障的现行法律制度规范存在差别。中国法律体系没有相关的法律规定，只有国务院以及劳动部颁发过女员工产假、产假期间待遇相关规定。但美国有《家庭与医疗休假法》(如前文)。该法律免除了雇员少于50人且所有工作场所在75英里范围内企业的法律义务。但是，有70%的这样企业提供法律所规定的全部福利，并且在两次调查中没有太大的变化。[57]

另外联合国国际劳工组织第156号公约《有家庭责任的男女工人机会和待遇平等公约》引入的相关策略集包括：各国政府要制定国家政策赋予员工照顾对不能独立生活和其他家庭成员的权利、对员工的家庭需要纳入社区规划、开发社区服务设施为照顾儿童和家庭成员服务、家庭责任将不构成终止雇佣关系的有效理由、保证照顾家庭成员的员工获得公平对待。

二、家庭伦理的企业管理理论边界

在技术驱动与跨域制度环境压力下，中国企业如要有效地嵌入跨制度域中的互补制度，必须将它们与中国的文化价值观体系相结合。根据儒家的家庭伦理与社会伦理，企业的家庭伦理管理理论可界定为是以平衡员工的家庭伦理关系为核心，系统、协调地安排员工的工作负担和家庭生活，以实现工作—家庭平衡的一种管理哲学，包括企业应管理的家庭伦理关系和相应的保障制度体系两个构念，并可细分成七个纬度。

（一）企业应管理的家庭伦理关系

首先，孝道纬度。“孝道精神”是全部家庭伦理的基础。孝是儒家理解人的恰当关系的基础。它首先作为伦理—宗教的符号发挥作用。对父母尊敬的孝之所以被特别强调是因为对社会凝聚的关切。一个人如果能够约束个人的举止，认真对待家庭事务，积极承担社会责任，从而也能胜任各种政治事务，孝子出忠臣。因此孝被视为培养政治领导人的重要工具。孝的社会功能是建立在认定父子关系是一种最原初纽带的意识基础之上的，它充满了强烈而持久的人类情感。[58]经营者由对自己祖先、父辈的深切感激而体现出的伦理实践，就会放射为对员工、顾客、家庭成员、社会全体的关切之心。伦理精神就会上行下效、渗透到员工中，逐渐地就将带来公司的繁荣。未来，不以伦理为根基、不进行伦理经营的企业，就不会存在和发展下去。孝道纬度要求员工在长辈生病时，能予以照顾，并有足够经济能力保证他们有充裕的生活。企业帮助员工关心长辈父母的精神安乐是家庭伦理制度安排的出发点和宗旨。“孝悌也者，其为仁之本与”。

其次，婚姻纬度，指对配偶的关心。夫妻是建立在真正的情爱基础上，不只是“契约”关系，包含着互相尊重的道德情感，也就是德性，以及出于德性而互相承担的义务和责任。总之，只有培养男女各自的道德情感及其德性，真正的家庭伦理才是可能的。内心的诚实与尊敬仍然是建立稳固而和谐的家庭关系所必需的。企业要安排便利让员工有关心配偶的时间和精力。和谐的配偶关系是家庭结构稳定的基础。

第三，子女抚养与教育纬度。员工要对子女进行正确的教育，培养其天生的仁爱之心，提高辨别是非、善恶的能力，做一个有德性的人，这是建立子女正确价值观的基础。做父母不仅要教育孩子学习知识，还要教育孩子如何“做人”。家庭教育起关键作用。在家庭教育中，不仅有“言教”，更重要的是“身教”，父母要以身作则。然而，父母忙于工作而忽略了对孩子的教育，“子不教，父之过”。结果是，许多孩子连独立生活的能力都没有，更不要说有正义感、道德感。儒家伦理中的兄弟关系（悌）在独生子女的计划生育政策引导下，已经在中国家庭成员关系中消失了。因此，嵌入企业管理制度的家庭伦理关系，只包括孝道、夫妻和子女纬度。

这三者关系概括在“‘妻子好合，如鼓琴瑟……宜尔室家，乐尔妻孥。’子曰：‘父母其顺矣’”[59]，而家庭与治天下的关系则更明确：“所谓治国，必先齐其家者，其家不可教而能教人者，无之”。[60]“家庭是本，而在社群、国家和天下中所要达到的和谐，则是治理良好的家庭的自然成长的结果。”[61]

（二）家庭伦理的企业管理制度保障体系

上述三个纬度是家庭伦理理论的家庭亲情关系的结构化，企业帮助员工来改善这三个纬度伦理关系，从而增进员工家庭伦理关系的和谐幸福。企业帮助员工兑现其孝道精神、履行对子女的关心与教育责任和对配偶的关心照顾责任，是源于企业家的仁道精神，是企业家自己的家庭伦理责任的延伸。要履行这三个方面的家庭伦理责任，企业的管理制度设计必须包含以下几个纬度：第一，时间保障纬度。在工作与家庭两个领域分配时间，是工作—家庭的角色冲突的源，也是导致工作压力的重要来源。有限的时间导致了紧张和行为角色冲突。[62]企业要给员工照顾三种家庭伦理关系预留足够的时间。第二，健康纬度。健康纬度首先是工作安排要保证员工的身体健康。同时，员工有时间和经济资源去关心长辈、子女晚辈和配偶的健康。文献有很多有关工作—家庭冲突影响员工的身体健康的研究。[63]但是，企业对员工的配偶、子女和长辈的健康安排研究不太多见。第三，经济安全纬度。企业要为员工的家庭和睦的伦理关系的培养提供一定经济安全保障，包括提供各种家庭老人和子女的照顾福利、[64]子女上学的奖学金计划等。第四，执行保障纬度。企业为实践上述几个纬度而采取的保障措施，如塑造企业支持性文化、培养支持性主管所作的努力和控制负面的职业生涯后果。[65]

因此，家庭伦理的企业管理制度集＝f[孝道×(时间＋健康＋经济安全＋执行)＋婚姻×(时间＋健康＋经济安全＋执行)＋子女×(时间＋健康＋经济安全＋执行)]。限于篇幅，下文只对其中的七个主要纬度进行探讨，对它们之间交叉形成的制度不作讨论。

三、家庭伦理的企业管理制度体系

家庭伦理的企业管理制度[66]必须包括以下三个制度要素：第一，时间。即企业必须制定规范来调整工作时间，为员工响应家庭需要提供足够的时间保障。第二，经济资助。员工为家庭成员提供正式的可救济的照顾服务，或者员工请假自行照顾，或者直接支付服务费用时,企业为员工承担一些费用。第三,服务。企业为照顾家庭成员提供直接的照顾服务。

(一)家庭伦理关系纬度

1.孝道纬度的制度设计

照顾老人在中国是员工个人的事,企业不过问老人的健康。但是,2008年有39%的美国企业为员工提供老人照顾协助资源,比1998的企业多,只有23%。企业实施照顾员工家中老人、替员工尽一份孝心的制度要素应包括:第一,为员工照顾长辈提供时间。工作安排要便于员工响应老人的需要,如弹性工作制和请假制度。第二,员工需要向社会购买照顾老人服务,或自行请假照顾老人时,企业能代为支出部分或全部费用,或者不克扣请假员工的工资。第三,企业可以考虑设立老人照顾机构,为员工照顾老人提供直接的服务。美国的企业实施了多种多样的家庭老人照顾制度,可集中表述为如下公式:美国企业老人照顾协助制度集= f[在工作不受到威胁情况下为员工提供照顾老人的时间+为当地老人照顾计划直接提供财务资助+为老人照顾提供直接照顾协助计划+老人照顾宣传册和补贴+因加班提供照顾老人费用报销+员工因出差体提供照顾老人费用报销+企业还为当地老人照顾计划直接提供财务资助+提供临时护理+家庭年老成员的信息服务(老人照顾、照顾资源与照顾服务推荐)]。[67]

2.婚姻纬度的制度设计

中国企业不会为配偶的健康负责,一般都由配偶所在的单位负责。但是,工作—家庭冲突会导致员工的婚姻满意度降低。[68]所以,企业应该为员工的配偶提供正式的照顾计划。配偶照顾制度设计,可参照上文孝道纬度的设计,包括时间、经济资助与服务。除此之外,还要提供配偶的健康保险。美国企业甚至为未婚生活伙伴支付健康保险。这样的企业从1998年的14%上升到2008年的31%，反映出美国社会对未婚婚姻伴侣的接受与认同。

3.子女抚养与教育纬度的制度设计

中美文化在教育子女上的差异表现在：在中国文化背景下子女是投资品而美国文化背景下子女是消费品。中国子女是防病、养老的抗风险机制，而美国子女成年后就独立生活，包括贷款付学费，而父母年老后进养老院。所以，中国父母对孩子的关心、教育等投入是无尽的。并且，中国执行独生子女的计划生育国策，使得员工对晚年获得照顾的不确定性加大，对子女的教育成了生活的中心。所以，中国企业更应该设计完备的制度来帮助员工照顾、抚养和教育好他们的子女。美国企业有完善的帮助员工照顾孩子的管理制度，即使在目前的经济萧条期，企业也没有削减孩子照顾协助福利。[69]首先，照顾子女的请假制度，这个在各个国家都有妇女与丈夫的产假与哺乳期的请假制度。第二，资助。如美国企业实施的做法：照顾儿童资助制度集＝f[凭票据报销儿童照顾福利或其他补贴＋帮助员工支付儿童照顾费用＋如果员工加班补偿孩子照顾费用＋出差期间提供儿童照顾费用＋为本地儿童照顾中心提供财务支持或通过基金会捐款]。第三，服务。孩子照顾协助福利。美国企业孩子照顾协助福利制度集＝f[提供信息服务＋将孩子安排在社区（儿童看护资源与推荐信息）＋在工作场所附近提供儿童护理服务＋提供家庭老幼照顾协助计划＋学龄儿童假期的照顾福利＋如果员工享受不到通常儿童照顾福利时提供紧急或支持性照顾福利＋对生病孩子的照顾]。第四，为青少年的父母提供的照顾计划。美国企业还对十几岁的孩子父母提供照顾计划，主要集中在咨询与协助等方面。父母照顾子女制度集＝f[员工协助计划咨询＋放学后协助计划＋奖学金计划和教育协助

＋社区计划的财务支持＋夏天计划＋父母计划＋研讨会和工作室＋实习＋ 推荐信息服务＋帮助就业＋帮助申请大学］。尽管美国遭遇到经济滑坡，但子女照顾福利在10年期间却没有太大的变化。[70]

(二)家庭伦理管理的企业保障制度体系

上述在家庭伦理三个纬度上的管理制度，需要企业具体进行落实，所以企业管理制度中还必须包括保障体系，来规范具体的操作人员、同事之间的关系导向、主管执行的方向以及工作场所与时间的弹性设计，工作—家庭平衡的企业文化培育等。这些制度也依然按照时间、资助和服务三个要素进行设计。

1.时间保障纬度

照顾家庭成员首先需要时间，所以工作的设计要富有弹性，同时依据个体还要实行一定规范的请假制度。首先，弹性工作制。文献提供各种各样的弹性工作制及其效果研究，如前文。此处介绍美国企业的制度实践。10年中，美国企业中弹性工作制发生了两大变化，允许员工临时改变上下班时间的企业从1998年的68％上升到2008年的79％，而允许员工由专职变为非专职工作，而其可以回到原来专职岗位的企业，从57％下降到47％。尽管刚生孩子的父母、刚收养孩子的父母以及家庭成员患严重疾病需要照顾的员工，可以请假的最长天数没有变化，但是越来越少的企业支付全额工资给这些请假的员工，从1998年的27％下降到2008年的16％。2008年企业更愿意提供传统的弹性工作时间（从68％ 上升到79％），而不愿提供非全职工作（从57％下降到47％）。这种弹性全职工作允许员工在岗位不变的情况下，来回在全职与非全职之间更换。这种弹性工作制的下降，可能是受当前经济衰退的影响，企业提供高质量非全职工作就更谨慎，同时员工更可能要求工作时高薪酬、高福利的全职工作。工作弹性制度集＝f[在一定时间范围内允许员工，至少是一些员工定期在一定范围内改变下班时间＋在一定时间范围内允许员工，至少是一些员工，按天改变上下班时＋在一定时间范围内允许员工，至少是一些员工，可以有全职转为非全职，并在岗位水平不变的情况下再转为全职＋在一定时间范围内允许员工，至少是一些员工分享工作＋在一定时间范围内允许员工，至少是一些员工，在每年的部分时间内，将工作压缩到工作日内，并延长工作时数＋在一定时间范围内允许员工，至少是一些员工，偶尔在正常上班时间里在家工作＋在一定时间范围内允许员工，至少是一些员工，有规律地在从事带薪工作＋在一定时间范围内允许员工，至少是一些员工，在生子女或收养子女后回到工作岗位]。

其次，照顾家庭请假制度。工作弹性是常态的工作制度，而请假制度是为帮助员工应付突发、紧急的家庭需要情况下的特殊制度安排。美国企业自1998年到2008年期间，在提供家庭照顾请假制度上没有太大的差异。在公众越来越关注家庭及医疗请假福利的重要性的背景下，2008年企业允许照顾家庭成员的假期不比1998年长。那么，经济的极大不确定性影响了企业提供家庭照顾假期的长短。美国女员工产后有工作保障的平均最长假期可达16周。男员工在孩子出生后有工作保障的平均最长假期达13周左右。照顾家庭请假制度集＝f[女员工产后有工作保障的最长假期与平均最长假期＋男员工产后有工作保障的最长假期与平均最长假期＋员工收养孩子后有工作保障的最长假期与平均最长假期＋员工为照顾重病家人后有工作保障的最长假期]。

2.健康保障纬度

尽管企业有设计良好的制度来来帮助员工管理好家庭伦理关

系，如果员工个人身体健康恶化、出现过劳和倦怠，那么员工的家庭伦理关系是无法改善的。更何况，家庭基本精神产品的产出是员工及其家庭成员的健康。为保证员工的健康，企业应实施各种员工的协助与帮助计划。首先是减轻工作压力的协助计划。在工作压力增大的情况下，2008 年有 65%的美国企业提供员工帮助计划，60%的企业提供员工健康计划。

其次要协助解决个人和家庭问题。帮助员工解决家庭问题的美国企业从 1998 年的 56%上升到 2008 年的 65%。这反映了在全球经济环境下工作越来越难，并且 1/3 的员工感觉到超负荷工作。员工协助计划已经变得越来越普遍。协助解决个人和家庭问题福利、政策与实践，包括：提供协助计划以帮助员工应对影响个人工作和生活问题、召开研讨会或开办工作室进行父母能力培训、儿童开发、老人护理和工作—家庭问题。

第三，保障健康卫生福利。2008 年，98%的美国企业为全职员工提供健康保险，94%的企业为员工的家庭成员提供健康保险。但是，美国企业不太愿意为家庭健康付全额保险费，愿意付的只有 4%，低于 1998 年的 13%，下降了 9 个百分点。34%的企业提高了员工承担的保险费。2008 年，31%的企业而不是 1998 年的 14%提供了对员工非婚伴侣的健康保险。与前面的结论一致，提供健康计划的企业也显著地增加，从 1998 年的 51%提高到 2008 年的 60%。为哺乳期的妈妈提供场所和设备的企业从 1998 年的 37%上升到 2008 年的 53%。在过去的 12 个月中，员工要支付健康保险费的比例在增加。企业给员工及其及家庭提供的健康福利没有减少，但是企业要员工承担的健康保险费份额加大，34%的企业提高员工支付部分，超过 12 个月的保险费。美国企业健康卫生制度集＝f[为全职员工提供健康保险＋为员工的家庭成员提供健康保险＋为员工家庭成员支付全部健康保险费＋员工非婚伴侣提供健康保险＋为员工及其家庭成员提供健康计划＋为哺乳期的妈妈提供私人空间]。

3. 经济安全纬度

实践孝道、关心配偶和子女的养育需要一定的经济投入才能有保障，才能落到实处。因此，家庭伦理管理制度设计需要有经济福利安全保障。例如，员工请假期间的工资发放问题。首先，对员工自己的经济福利保障。美国企业在提供养老金计划方面有显著下降，从1998年的48％下降到2008年的29％。企业也更不可能去为员工的退休计划作贡献，员工要为自己的养老基金和医疗卫生保险费支付更大一笔费用。

其次，家庭照顾假期的工资福利发放。美国企业明显更不可能为产乳期的职工提供全薪，从1998年的27％下降到2008年的16％。这也和企业削减员工医疗保险费相一致。2008年56％的企业为产假期女员工发放不同数额的工资。家庭照顾假期的工资发放福利制度集＝f[为大部分员工提供几天的带薪假来照顾生小病的孩子＋女员工在产假期可以从不同途径获取不同数额的工资＋产假期能获得全额和部分工资 ＋提供临时残疾保险福利＋男员工在孩子出生后有带薪假期]。

最后，增强经济安全保障福利，主要是养老金计划等。2008年，美国29％的企业提供明确的养老金福利计划，相对于1998年的48％，有所下降；2008年美国81％的企业提供退休计划，相对于1998年的91％的企业也有所下降。增强经济安全保障福利制度集＝f[提供短期职业残疾保险＋提供明确的养老金计划＋支付员工的退休计划＋为职工子女提供奖学金或教育协助＋临时残疾保险＋

长期照顾计划＋为收养提供资助＋协助潜在合法员工获取公共福利:税务、儿童照顾补贴、食品券、家庭补贴、交通补贴等＋提供阶段退休和福利明确的养老金计划＋允许员工退休而不减少其养老金支付]。

4.执行纬度

企业在执行上述纬度方向上的制度需要有确实可行的措施,既有正式的安排也有非正式策略。首先,工作弹性与家庭照顾支持性组织文化的培育,此为非正式的制度安排。2005 年调查发现,美国小企业更愿意为员工提供支持。[71]但是这种大小企业间的差异在 2008 年消失。组织弹性文化的代表性陈述＝f[主管受到鼓励支持员工满足家庭需要并寻求对员工和组织都有效的解决方案＋组织作出真正且持续不断的努力通知员工可以得到协助来管理工作与家庭责任＋主管得到鼓励用员工的成就来评估他们的绩效而不是以他们在工作场所出现的时间来进行绩效评估＋管理层奖励那些支持弹性工作安排的人]。

其次,企业培养支持性主管所作的努力。美国企业最有可能去培训主管的多元化管理技能,而最不可能去为女主管提供职业咨询和管理与领导力培训计划,2008 年的 68%比 1998 年的 16%相差 52 个百分点。63%的企业在进行绩效评估和决定薪酬时,考虑到主管进行弹性工作安排能力的好坏,而 50%的企业考虑的是培训主管满足员工的工作和家庭需要的能力。大企业的人力资源部更可能实施正式的针对女性的培训和顾问计划,来解决工作与家庭需要、多元化、管理与领导角色等问题。然而,大小企业在进行绩效评估和薪酬决策时,是否考虑主管和经理在管理弹性工作安排的好坏,并不存在差异。主管支持员工工作—家庭平衡实践制度＝f[培训主管要对员工的工作与家庭需要作出反应＋培训主管管理多元化员工＋培训主管管理不同年龄的员工＋在进行绩效评估和薪酬决策时，是否考虑在主管和经理管理弹性工作安排的好坏＋针对女性的职业顾问计划或管理与领导力计划]。

最后，职业生涯后果控制。组织文化还应该控制员工因享用工作—家庭平衡制度而产生的负面影响，如在考虑晋升时不因为候选人关注过家庭需要而产生不利的评价，在绩效评估中，不能因为员工因照顾过家庭需要而认为其绩效低，克扣员工的绩效奖金等做法。

尽管过去十年经济发展迅猛，劳动力市场起伏动荡，而至于今日的严重下滑和危机。但是，美国企业在此期间平稳地实施旨在满足员工各种需要的政策、实践、福利和计划。在所调查的各项政策选择中，超过80%的政策都没有太大的起伏。

概言之，由这七个纬度构成的家庭伦理管理制度还内化了公共管理制度要素，即时间、资助与服务。因此，每个纬度可以根据这三个要素进行细化。

第六节 结论

本章研究了文献所涉及的工作—家庭平衡的各种人力资源管理策略，及其干预效果，并对企业实施工作—家庭平衡制度的正式化与法律化进行了分析。目前，中国企业工作与家庭平衡的制度内生仅处于萌芽状态，而且存在着产业制度压力和跨制度域的互补制度环境压力。由此，对企业实施工作—家庭平衡管理制度的驱动因素与阻碍因素进行了学理分析。在此基础上，从儒家文化中，抽象出企业管理员工的家庭伦理关系的三个纬度，界定了家庭伦理的企业管理理论的边界，并提出了企业为此进行的系统制度安排的三个要素，即时间、资助与服务，由此构建了家庭伦理的企业管理制度集，并佐证以美国企业在10年间自我实施的家庭友好策略。家庭伦理的企业管理制度体系可集中的表述为这样的公式：家庭伦理的企业管理制度集＝f[孝道×（时间＋健康＋经济安全＋执行）＋婚姻×（时间＋健康＋经济安全＋执行）＋子女×（时间＋健康＋经济安全＋执行）]。这样的一个庞大的制度体系的有效性需要实证研究来证实。但是，作者无法在短期内，在没有研究基金的约束条件下是无法做到的。所以，下一篇将从这一制度体系中，抽取一些正式的与非正式的制度来进行实证研究。

第二篇

家庭伦理的企业管理制度实证研究

——员工工作—家庭平衡的企业制度效率

前文提出的家庭伦理的企业管理制度体系是否在实践中有效，必须对其进行实证研究。由于该制度体系庞大而复杂，要对所有的制度进行定量研究，在目前的研究水平和研究经费的双重限制下是无法企及的。因此，本研究选取了其中比较典型，在西方研究文献中也经常出现，但在中国还没有人研究的一些制度变量，来进行定量研究。对变量的选择同时还考虑了进行国际比较的需要，所以，变量和实证模型的设计要和西方学者的研究具有可比性。为此，研究从第三章的制度体系中抽取了弹性工作制、家庭照顾福利、经理支持、职业生涯后果控制作为两个正式制度变量和两个非正制度变量来测定它们对缓解员工的工作—家庭与家庭—工作冲突，以及对改善组织行为如工作满意度、旷工率、离职意向和工作压力的影响。由于家庭结构会和这些制度对上述的变量产生重要的影响，因此从家庭因素中抽取了家庭结构变量放入模型中。家庭结构变量放入模型旨在将企业所需调整的家庭伦理关系放入研究框架中。但是,为了进行国际比较,最终对其包括的指标作了调整,并没有严格按家庭伦理关系的三个纬度来设计它的指标变量。

本篇研究的出发点是制度变量对员工的工作—家庭平衡的影响。因此,中介变量设定为工作与家庭间的两类冲突,而因变量则是个体的组织行为。第四章设计实证研究模型,以及研究工具。第五章总结与讨论实证研究所发现的结果。

第四章

实证研究设计

制度是博弈实际进行方式的共享信念，也是博弈规则。[1]平衡制度首先应该是政府、企业和员工所持有的共享信念，具有自我实现和自我维系系统，可以自动地指导作为参与人的政府、企业和个人关注工作与家庭间的和谐、平衡关系，并促使他们采取实际行动来帮助员工平等地参与工作—家庭活动，获得同样的心理满足感与幸福感。它是平衡工作—家庭需要的制度设计基础。制度作为博弈规则分为正式规则如经济制度，以及非正式规则如规范和习俗。[2]旨在缓减工作—家庭冲突的平衡制度设计也应包括正式和非正式规则。同时，设计还应该内化时间、资助和服务三个制度要素。所以，正式规则或制度设计的核心理念是合理均衡地在工作、家庭间分配时间。制定弹性工作制，给员工照顾家庭留有时间余地，是首要的正式制度安排。它是企业提供的非常有价值的选择方案。相对于在指定的时间、地点上下班的工作安排，它有助于员工管理相互冲突的工作和家庭需要。

但是，如果有沉重的家庭照顾负担，尽管有时间，员工也不可能满足家庭的各种需要。制度还必须就员工照顾家庭成员资金来源和服务获得作出安排。美国通过立法来动员企业为员工提供家庭照顾福利，并提高他们对该问题重要性的认识。企业制定出正式规则来安排、提供家庭照顾福利，减轻家庭负担，如照顾老人和年幼的子女，为他们报销医疗费用等福利，使员工既能履行家庭责任又不影响工作。[3]

这两种正式的制度规则也有可能是无用的，因为非正式规则或内制度决定了正式规则或外制度的效果。[4]内规则根植于具体的企业环境并依赖于实施主体，亦即组织文化和各级管理人员。企业支持工作—家庭平衡的非正式规则有三个关键纬度：时间预期、经理支持和职业生涯后果。[5]从组织氛围来看，即使组织制定了正式的弹性工作制并设立了家庭照顾福利，如得不到经理支持，员工也无法享受和利用这些制度，因为组织必须支付出较多的时间成本和经济成本。在非支持性组织文化中，任何正式规则与制度是无法真正能帮助员工平衡工作—家庭需要。经理如果自己遭受过两类冲突就会成为实施平衡制度的积极因素。否则会成为消极阻碍因素。[6]当组织采用正式的家庭友好制度时，在实际付诸实践时却因人而异，经理有权决定具体由谁来享用该福利。最终的安排却是员工和经理谈判的结果，从而影响员工使用家庭友好福利政策，最终影响留职率。[7]如正式制度安排缺位时，经理是否提供非正式的选择方案，取决于他们的信仰和经历。经理支持是工作压力的重要调节机制。它与员工对其工作和家庭事务的控制感呈正相关、与较低的工作—家庭冲突水平、工作压力心理指标相联系。[8]据此，本章研究变量的选择与界定，问卷的设计，研究假设的提出与研究模型构建。

第一节　研究假设与研究模型构建

实证研究首要问题是变量的选择与它们之间的逻辑关系假设，

并就此提出实证研究模型。其次,要对样本的获取与研究方法作出安排。

一、变量抽取与界定

回顾西方工作—家庭关系理论研究中的变量,发现变量庞大,总共有333个变量。并且这些变量是相互交叉使用,有的既用做干预变量,又用做自变量和因变量,给变量的选择带来极大的困难。[9]

(一)自变量的选取:企业制度变量与家庭结构变量

第三章企业实施工作—家庭平衡策略的影响因素研究表明,组织平衡策略的实施必须全面地包括正式的制度和非正式的制度,如组织文化的彻底改造。为便于研究,从第三章第六节提出的家庭伦理企业管理制度体系中选择两个正式的平衡策略,和组织的工作—家庭文化中的最主要的两个要素作为研究对象,用实证的方法来验证它们对工作—家庭冲突的影响效果,以及由此对员工组织行为产生的影响。制度变量的抽取标准依然是时间、资助与服务这三个核心的制度要素。据此,本研究选择制度体系中的时间保障纬度上的弹性工作制以及与经济保障纬度上的家庭成员照顾服务制度作为正式的制度变量。弹性工作制旨在消除以时间为基础的工作—家庭与家庭—工作冲突、减少工作压力、为员工提供灵活机动的工作安排,既兼顾到家庭责任又兼顾到工作责任。当然,对弹性工作制的具体柔性程度并不作具体规定,但要根据文献来设计其具体的测量指标。家庭成员照顾福利包括:照顾年幼的子女、年迈的老人、需要照顾的残疾人,组织办托儿中心,为员工照顾老人与幼儿制定请假制度、为他们在这方面的支出报销费用。这两项是组织设计的正式制度。

支持工作—家庭平衡的组织文化可细分为三个纬度,即经理层的支持、组织的时间预期以及与利用工作—家庭福利计划有关的职业生涯后果。[10]职业生涯后果包括有形的“面子”时间和对贡献和承诺的判断。经理支持主要受组织文化和其自身的工作—家庭冲突方面的感受与经验的影响。作为员工他们肯定遭受过工作和家庭两方面的冲突,作为组织平衡工作—家庭冲突政策的执行者,他们的态度与行为影响员工的组织行为,并影响员工对工作与家庭责任的平衡能力。所以经理支持是不具有可预测性的,属于组织的非正式人力资源管理策略。

职业生涯后果也是非正式制度变量。它是指员工在使用了组织的正式安排的人力资源管理策略后,组织对他们的评价是否会影响到对他们的职业生涯晋升的影响。受民族文化与社会角色预期的影响,员工如果使用了这些策略,但是与组织文化、社会角色预期和民族文化的预期相悖,那么员工可能会受到非正式的惩罚,如绩效评估等级低、影响晋升、奖金减少等。

本研究将弹性工作制和家庭照顾服务,经理支持和职业生涯后果作为自变量,把员工所遭受的两类冲突即工作—家庭冲突和家庭—工作冲突作为中介变量来研究它们对组织行为的作用效果。这样既能证明这些它们否真正有效地减少员工的工作—家庭两类冲突,同时,又能减少由这两类冲突引起的负面组织行为。此外,家庭结构对员工遭受的两类冲突和组织行为都有影响。它是来自家庭的特殊变量。因此,也将它作为自变量考虑入研究框架中。

(二)因变量的选取:组织行为

研究选择工作满意度、离职意向、可感知的工作压力和旷工作为员工的工作—家庭冲突和家庭—工作冲突导致的组织行为后果变量。受时间限制,暂不研究两类冲突引起其他后果变量。

二、研究假设的提出

(一)制度变量与两类冲突

1. 弹性工作制与两类冲突

根据第三章,弹性工作制能够提高组织工作绩效、降低离职率与旷工率、增强员工的组织承诺、降低个体的工作—家庭冲突水平,从而提高员工的工作参与水平。因此,企业必须结合所在的行业特点,制定适合于自己企业的有效的弹性工作制。同时,按个体需要制定作息时间和提供弹性工作时数显然是企业缓解减员工的工作—家庭冲突有价值的被选方案。[11]弹性工作制能够减少旷工率,并且对员工的生产率、工作满意度、旷工率产生积极正面的影响。[12]实证研究表明弹性工作制能减少工作对家庭冲突同时,能帮助员工合理地安排家庭事务,使得家庭干扰工作的冲突也较少。但是西方文献表明企业间提供弹性工作的弹性程度有很大的差异。在中国文化背景下员工是否能够享用弹性工作制、有多大程度的弹性、是否能够有助于他们平衡工作—家庭责任,文献鲜有研究。因此,研究提出:

假设 1a(H_{1a}):弹性工作制与员工的工作—家庭冲突负相关;弹性工作制度越灵活,员工所遭受的工作—家庭冲突的痛苦就越少。

假设 1b(H_{1b}):弹性工作制与员工的家庭—工作冲突负相关;弹性工作制度越灵活,员工所遭受的家庭—工作冲突的痛苦就越少。

2. 家庭照顾福利与两类冲突

根据第三章,家庭照顾福利计划能够提高组织工作绩效、降低离职率与旷工率、增强员工的组织承诺、降低个体的工作—家庭冲突水平,从而提高员工的工作参与水平、提高组织工作绩效、降低离职率和旷工率。因此,企业有必要举办附属托儿所和养老院,开办日常护理中心，为员工及其子女提供医疗保险、医疗费用报销等措施。夫妻双方都有工作的员工对某种形式家庭照顾福利和经理支持满意程度与他们的工作—家庭冲突相关。提供工作场所现场托儿服务的家庭照顾福利与较低的工作—家庭冲突相关，因而能预测较低的旷工率。[13]因此，西方的雇主越来越多为员工提供家庭照顾福利，旨在减少员工的家庭—工作冲突。这些福利包括帮助员工寻找托儿所、照顾老弱病残等家庭成员的服务，或制定请假制度来照顾他们。但是这些家庭照顾福利是否真的能够减少员工的工作—家庭冲突，答案仍然悬而未决。实际上旨在帮助员工承担家庭责任的组织方案并不一定产生预期的效果。[14]并且中国文献没有研究企业为员工提供了多大程度的家庭照顾福利、是否能够真正地减少家庭责任干扰工作的冲突。

假设 2a(H_{2a})：家庭照顾福利与工作—家庭冲突负相关；工作单位提供给员工照顾家庭成员的福利越多，员工所遭受的工作—家庭冲突的程度就越轻。

假设 2b(H_{2b})：家庭照顾福利与家庭—工作冲突负相关；工作单位提供给员工照顾家庭成员的福利越多，员工所遭受的家庭—工作冲突的程度就越轻。

3.经理支持与两类冲突

上文的驱动因素和阻碍因素分析表明，经理如果自己遭受过家庭—工作冲突或工作—家庭冲突就会成为企业实施工作—家庭平衡策略的积极因素。如果他们没有这方面的体验则会成为实施工作—家庭平衡策略的消极阻碍因素。因此，组织必须规范与正式制度相协同的非正式制度，明文规定无论在何种情况下各层经理人必须对员工平衡工作—家庭的需要持积极合作的态度，并且在随后的绩效评估、晋升以及加薪的决策中自觉地排除员工因享用工作—家庭平衡策略而带来的负面影响，做到客观与公正。

尽管组织采用正式的家庭友好策略，但在实际付诸实践时却因人而异，经理有权决定具体由谁来享用该福利。最终的安排却是员工和经理谈判的结果，按需作出安排。因此当组织没有这样的正式制度安排时，经理可以作出一些灵活安排为员工提出非正式的选择方案，这就取决于经理自己的信仰和经历。即使组织有正式的福利政策，在员工要求享用该福利与政策时，他们也可能不支持。因此，经理影响员工对组织的家庭友好福利政策的使用，最终影响员工的留职率。[15]经理支持是工作压力的一个重要来源，也是其重要的调节机制。工作场所的社会支持，尤其是来自经理人的支持，特别是当员工获得情感支持时，个体的工作压力会减轻。个体对经理支持的感知与他们对其工作和家庭事务的控制感呈正相关，并由此与较低的工作—家庭冲突水平、工作压力心理指标相联系。社会支持研究表明，个体与主管、同事和下属的关系好坏与其感知的角色压力相联系。[16]良好的关系和角色冲突、角色模糊、角色超载等角色压力以及较低的工作－压力冲突水平相关。遭受经理过度监督的员工也会产生高水平工作—家庭压力。[17]员工感知到的组织对工作—家庭平衡的支持与低工作—家庭冲突相关。[18]

假设 3(H_3)：经理支持与工作—家庭冲突程度呈负相关关系；经理支持员工来解决工作—家庭冲突问题，会减轻员工所遭受的工作—家庭冲突。

4. 职业生涯发展后果与两类冲突

工作—家庭平衡的组织支持的第三个关键纬度是职业生涯后果，包括可见的“面子时间”、对贡献的判断和组织承诺。员工因为享用了组织制定的正式工作—家庭平衡策略，受传统社会文化角色预期的影响，以及经理人的个人感受影响，会对员工的职业生涯发展造成负面的影响，这样就会造成即使有正式的平衡策略也不会有员工去享用。企业必须控制住这样的负面的职业生涯后果。职业生涯发展后果作为组织文化或组织气氛的一个重要因素，对理解工作—家庭关系问题是至关重要的。当员工利用弹性工作制等福利备选方案时，其他人很可能认为他们对自己的职业生涯发展不太严肃，并因此而得到相应的惩罚。个体因此也能感受到，自己如要享受这些方案，将会以牺牲其晋升的机会或冒承担其他负面的职业生涯后果的风险。[19]即使组织已经制定了一整套激进的人力资源管理政策提供机会让员工选择不同的方法来变更作息时间，但是利用这些政策的人却不能得到业务晋升。[20]高层经理也确实把需要享用弹性工作制的员工看成是缺乏组织忠诚的表象。因此工作—家庭福利的使用与负面的职业生涯后果、较高的工作干预家庭的冲突水平相联系。[21]

假设 4(H_4)：员工因解决家庭问题而使用企业已有的工作—家庭福利计划对自己的职业生涯发展负相关；职业生涯后果的影响越严重，员工所遭受的工作—家庭冲突程度越高。

(二)家庭责任(结构)与两类冲突

家庭成员角色要求个体承担家庭的责任、满足家庭的需要与预期，并最终影响工作角色的承担，从而限制个体投入、参与工作的时间与精力，甚至于会产生行为方式的冲突。[22]与家庭—工作冲突相关的家庭结构包括：配偶、需要照顾的家庭成员。[23]不同的家庭结构对家庭成员有不同的要求和额外的责任，会导致不同程度的家庭干扰工作的冲突。家庭结构的复杂程度和担当家庭责任需要程度能够预测个体有较高程度的家庭—工作冲突水平。[24]

与一般的常识相反，大量文献研究了家庭结构也可以作为工作—家庭冲突的预测变量及其特征。如果员工家中有孩子要照顾、与家庭成员或配偶之间有分歧或关系紧张、照顾家庭的时间较多、家庭成员给予的支持较少，那么员工所遭受的工作—家庭冲突严重程度较高。员工的家庭结构中如果孩子越小、需要照顾的老人、配偶也有工作无法支持，那么其照顾家庭成员的责任与负担越重，员工所遭受的工作—家庭压力也就更严重。[25]家庭结构与家庭责任既能导致家庭—工作冲突又能导致工作—家庭冲突，因此这个变量在两个方向上对两种冲突都产生作用。但是本研究认为，根据家庭—工作冲突与工作—家庭冲突的定义，家庭结构的复杂性首先应该直接影响家庭—工作冲突程度，并通过家庭—工作冲突来影响工作—家庭冲突。因此，本研究提出一个假设：

假设5(H_{5a})：家庭结构与家庭—工作冲突正相关；员工需要承担照顾家庭成员的责任越多，会导致更为严重的家庭—工作冲突。

(三)中介变量：两类冲突及其组织行为后果

1.两类冲突的相互作用

工作—家庭冲突和家庭—工作冲突是两类不同的冲突。较严重的工作—家庭冲突可以导致较高的家庭—工作冲突。同样，较严重的家庭—工作冲突也会导致更严重的工作—家庭冲突。[26]

假设6(H_6)：家庭—工作冲突与工作—家庭冲突正相关；较严重的家庭—工作冲突也会导致更严重的工作—家庭冲突。

假设7(H_7)：工作—家庭冲突与家庭—工作冲突正相关；较严重的工作—家庭冲突可以导致较高的家庭—工作冲突。

2.工作—家庭冲突的组织行为后果

工作—家庭冲突导致工作满意度的降低、离职意愿增强、压力增加和旷工率的提高。[27]工作—家庭冲突与较低的工作满意度相关。工作—家庭冲突也和较强的离职意向相关。工作—家庭冲突与个体的工作压力正相关。[28]医护工作者、教师、银行和信息产业技术行业中员工的工作压力与他们的工作—家庭冲突正相关。[29]工作—家庭冲突和家庭—工作冲突都可以预测员工的离职意向,但程度不同。工作—家庭冲突能解释22%的离职意向而家庭—工作冲突只能解释8%,即如果工作场所产生的冲突影响到家庭,员工就会离职。[30]

假设8a(H_{8a}):工作—家庭冲突和工作满意度负相关;员工的工作—家庭冲突越严重,工作满意度就越低。

假设8b(H_{8b}):工作—家庭冲突程度与离职意向正相关;工作—家庭冲突程度越严重,员工越想离开现职。

假设8c(H_{8c}):工作—家庭冲突与工作压力和工作紧张呈正相关;企业员工的工作干扰家庭的程度越强,就会产生更高的工作压力和工作紧张。

3.家庭—工作冲突的组织行为后果

两类冲突产生了宽泛的结果变量。工作—家庭冲突与工作满意度之间的相关关系要比家庭—工作冲突与工作满意度之间强得多。[31]工作—家庭冲突与离职率相关,而家庭—工作冲突与旷工率相关。这些研究表明当工作要求干扰家庭生活时,最直接的后果是导致员工离职,另找一份工作,来平衡工作和家庭两方面的需要。相反,当履行家庭责任影响到工作时,最直接的后果是导致他们旷工,影响他们的出勤率。此外,家庭—工作冲突与个体的工作满意度和健康状况呈负相关关系,而且还导致更糟糕的工作绩效。[32]

假设9a(H_{9a}):家庭—工作冲突与个体的工作满意度况呈负相关关系;个体所遭受的家庭干扰工作的冲突程度越严重,其工作满意度就越低。

假设 9b(H_{9b}):家庭—工作冲突与离职意向正相关;履行家庭责任影响到工作程度越严重,亦即员工遭受的家庭—工作冲突越严重,并且无法平衡时,员工的离职意向就越强。

假设 9c(H_{9c}):家庭—工作冲突与工作压力正相关;员工所遭受的家庭—工作冲突越严重,就越会面临更严重的工作压力和更高的工作紧张程度。

假设 9d(H_{9d}):家庭—工作冲突与旷工率正相关;履行家庭责任影响到工作程度越严重,他们的旷工就越高。

(四)制度变量对组织行为的直接影响

尽管研究的整体模型本身内化了工作—家庭平衡的制度变量与组织行为间存在着直接的因果逻辑链,但是由于在中国背景下缺少这样的实证研究,因此本研究把这方面的研究作为从属研究,与主体研究框架中的变量同时进行数据处理,因此在实证模型中没有表明本小节中所有假设(即所有假设 11—15)。

1. 弹性工作制影响组织行为

弹性工作制既能减少工作—家庭冲突又能减少家庭—工作冲突,并由此再作用于员工的工作满意度。从逻辑上看,弹性工作制帮助了员工较好地平衡工作与家庭的责任,因此有可能直接作用于员工的工作满意度。实际上,如果减少工作压力的工作安排能成功实施,那么个体就会感觉到更幸福、对工作—家庭的平衡关系更满意,更感身心健康。[33]然而,采用弹性工作制不影响员工的离职率或采用弹性工作制并不能显著地影响员工的离职意图,但是如果组织减少作息时间的弹性,那么员工离职意向增加。它能明显减少旷工,已婚和有孩子的女性的旷工率最低,但当恢复正常作息时间时,旷工率增加。采用交叉但固定的作息工作制与低旷工率相关。采用固定作息制，员工的旷工意向最高；随着工作弹性的增加，旷工意向也随着降低；采用固定作息制，实际浪费的时间最多，采用交叉作息制的企业，浪费的时间最少。[34]

假设 11a(H_{11a})：弹性工作制的实施和采用与员工的工作满意度正相关；弹性工作制度越具有柔性，员工的工作满意度就会越高。

假设 11b(H_{11b})：采用弹性工作制与员工的离职意向负相关；弹性工作制度越具有柔性，员工的离职意图就会越低。

假设 11c(H_{11c})：弹性工作制与员工的工作压力负相关；弹性工作制度越具有柔性，员工的工作压力就会越低。

假设 11d(H_{11d})：弹性工作制与员工的旷工率呈负相关；采用弹性工作制能减少员工的旷工率。

2. 家庭照顾福利影响组织行为

本研究认为由于家庭照顾福利只作用于减轻员工的家庭责任，与工作满意度并不一定相关。但是，它能减轻员工的家庭—工作冲突和工作—家庭冲突，因而能够影响工作压力。家庭照顾福利与员工的离职意向呈负相关。如雇主资助的日常护理中心，那么使用护理中心的人离职的可能性较小。如果大学能在工作场所建现场护理中心，旷工率将较低。[35]

假设 12a(H_{12a})：组织的家庭照顾福利与员工的离职意向负相关；组织提供家庭照顾福利越多，员工的离职意向就越低。

假设 12b(H_{12b})：组织的家庭照顾福利与员工的工作压力负相关；组织的家庭照顾福利越多，员工的工作压力就会减少。

假设 12c(H_{12c})：组织提供的家庭照顾福利与员工的旷工率负相关；组织提供的家庭照顾福利越多，员工的旷工率就越低。

3.经理支持影响组织行为

组织是否提供工作—家庭福利取决于经理层对工作—家庭冲突问题的认知、解释以及不同的个人经历。当高层人力资源管理人员遭受到凸显的工作—家庭冲突,组织更可能提供福利,并且他们认为如果不能充分解决工作—家庭问题会影响组织绩效。组织对工作—家庭问题的不同反应,采取不同工作—家庭平衡策略和经理人对工作—家庭问题所作出的不同解释相联系(见第三章)。尽管组织制定了正式的工作—家庭平衡策略,但是实践中的执行,却依赖于经理的自由裁量权,并且是以个案为基础。经理支持显著地与工作—家庭和家庭—工作冲突负相关,并能够解释对工作满意度和家庭满意度的影响。实际上,可替代的工作安排是个体和经理在需求基础上的谈判结果。来自工作中的社会支持,尤其是来自经理支持能够减轻个体的工作压力,因为他们在情感上获得支持,也获得了工具性的支持来解决自己的困难。这样他们就感到能够灵活地控制自己的工作。经理支持与工作—家庭负相关、与工作满意度正相关、与离职意向、工作压力和旷工负相关。[36]

组织支持的三个截然不同的方面是:暂时性弹性工作制、操作性弹性工作制和支持性监督。[37]对组织支持的感知与较高水平的工作满意度相关,[38]与低离职意向相关。员工对雇主提供的工作—家庭支持计划持支持态度。但是,这种态度对其离职意向并不产生影响。[39]

假设13a(H_{13a}):经理对员工工作—家庭平衡的支持与员工的工作满意度正相关;经理对员工平衡工作—家庭的支持力度越强,员工的工作满意度就越高。

假设13b(H_{13b}):经理对员工工作—家庭平衡的支持与员工的

离职意向负相关；经理对员工平衡工作—家庭的支持力度越强，员工越不愿意离开现职。

假设 13c（H_{13c}）：经理对员工工作—家庭平衡的支持和工作压力负相关；经理对员工平衡工作—家庭的支持力度越强，员工可感知的工作压力就越小。

假设 13d（H_{13d}）：经理对员工工作—家庭平衡的支持和旷工负相关；经理对员工平衡工作—家庭的支持力度越强，员工的旷工率就越低。

4. 职业生涯发展后果导致组织行为

如享用平衡策略与照顾福利的员工有悖于传统文化的角色预期，他们很可能被认为对工作不太严肃、组织承诺水平不高、忠诚度低。不可避免，企业对他们产生负面的评价，进而影响到他们的绩效考核、加薪和晋升。职业生涯发展后果导致负面的工作满意度、与离职意向负相关，与工作压力和旷工不相关。[40]

假设 14a（H_{14a}）：职业生涯发展后果导致负面的工作满意度负相关；个体因使用了组织正式的工作—家庭平衡策略导致的负面的职业生涯后果越严重，工作满意度就越低。

假设 14b（H_{14b}）：职业生涯发展后果导致与离职意向负相关；个体因使用了组织正式的工作—家庭平衡策略导致的负面的职业生涯后果越严重，离开现职的意向越强烈。

对于职业生涯发展后果与工作压力和旷工的关系，由于安德森等的样本来自美国，在中国文化背景下，可能对旷工率有影响，因为个体假如已经预测到其使用组织的正式的工作—家庭平衡计划会导致负面的职业生涯后果，如晋升无望、奖励无望，就可能对自己要求不严，遇到类似的家庭—工作冲突，个体可能会旷工来平衡家庭的需要。因此,职业生涯发展后果与工作压力的关系可能就真的不密切。[41]但是他们的样本来自美国,对中国人来说,如果因为享用了组织已经制定好的工作—家庭平衡策略或制度导致了晋升、加薪无望等负面的后果,他们因为劳动力市场供过于求,工作不好找,不会采取旷工或离职等方式来减轻工作压力,相反他们很可能感到越来越无助而觉得工作压力重,因此,本研究认为:

假设 14c(H_{14c}):职业生涯发展后果与工作压力正相关;个体因使用了组织正式的工作—家庭平衡策略导致的负面的职业生涯后果越严重,个体越感知的工作压力越来越严重。

假设 14d(H_{14d}):职业生涯发展后果与旷工率负相关;个体因使用了组织正式的工作—家庭平衡策略导致的负面的职业生涯后果越严重,个体越可能采取旷工策略来平衡工作—家庭需要。

(五)家庭责任(结构)影响组织行为

家庭责任可以预测旷工意向和实际旷工率。[42]孩子在 6 岁以下以及抚养子女遇到过困难的职工与工作焦虑、旷工之间有很强的显著相关性。[43]由此研究提出:

假设 15b(H_{15b}):家庭结构的复杂性与员工的离职意向正相关;员工家庭结构复杂,需要照顾家庭成员的责任越重,他们的离职可能性就越大。

假设 15c(H_{15c}):家庭结构的复杂性与员工的工作压力正相关;员工需要照顾家庭成员的责任越重,他们的工作压力就越大。

假设 15d(H_{15d}):家庭结构的复杂性与员工的旷工率正相关;员工家庭结构复杂,需要照顾家庭成员的责任越重,他们就越可能旷工。

尽管家庭结构和工作满意度没有相关性,也没有相关的研究。

但是在中国文化背景下,人们一心为工作,常常不顾家庭的要求而把工作放在第一位。工作能为家庭提供稳定的经济收入,并凭借经济收入来尽家庭责任。对大多数中国人来说,工作责任与家庭责任是相互缠绕在一起的。因此,家庭责任的担子重会影响工作,因此本研究认为家庭结构与工作满意度存在负相关性。

假设 15a(H_{15a}):员工的照顾家庭责任(家庭结构)与其工作满意度负相关;家庭中需要照顾的成员越多,其工作满意度就越低。

(六)性别因素的影响

性别以多种方式影响个体平衡工作—家庭关系的能力。它既是冲突源的直接指标,也是影响个体如何看待冲突的调节变量。性别角色—预期理论以传统的社会文化角色预期理论为基础,认为男性首要责任是担当挣钱养家糊口的角色,而女性则首要担当家庭的责任。[44]角色预期女性受到工作干扰家庭的水平应该高于男性,而男性受到的家庭干扰工作的水平应该高于女性。[45]

假设 10(H_{10}):在中国女性比男性要遭受工作干扰家庭和家庭干扰工作的冲突程度高。

三、实证研究模型构建

工作—家庭冲突的基本来源于:竞争性时间投入和行为模式预期差异、基于空间划分的边界控制、基于情绪传递的溢出与补偿和基于性别差异的角色预期(见第二章)。基于此,组织设计合理的来帮助员工有效地处理工作和家庭两方面责任的管理制度主要聚焦于三个方面:第一,时间。提供家庭成员照顾福利,从而减少员工投入到家庭中的时间,间接地减少员工的家庭—工作冲突。第二,对工作与家庭空间边界的控制,如实施在家工作计划,从而减少因边界控制而产生的冲突(另行研究)。第三,资金与服务。组织制定对员工工作—家庭问题的响应策略,从工作场所消除工作—家庭冲突的源头。根据研究假设,实证研究模型构建如图 4—1。

本研究无法涵盖工作—家庭冲突研究领域所有丰富的因变量与自变量,更何况在中国文化背景下还没有类似的研究。所以在变量的选择上,有所取舍,并将其构建入研究模型图 4—1 中。研究模型的左边是工作—家庭平衡的五种制度变量。其中弹性工作制和家庭照顾福利是正式的制度;经理支持和职业生涯发展后果是非正式制度;另外还有一个特殊变量即家庭结构。这五个变量都是自变量。中间是工作—家庭冲突和家庭—工作冲突两个中介变量。右边是两类冲突导致的四种组织行为包括工作满意度、离职意向、工作压力和旷工。这几种组织行为还会受到左边五个变量的影响,是因变量。

图 4－1 家庭伦理的企业管理制度实证研究模型

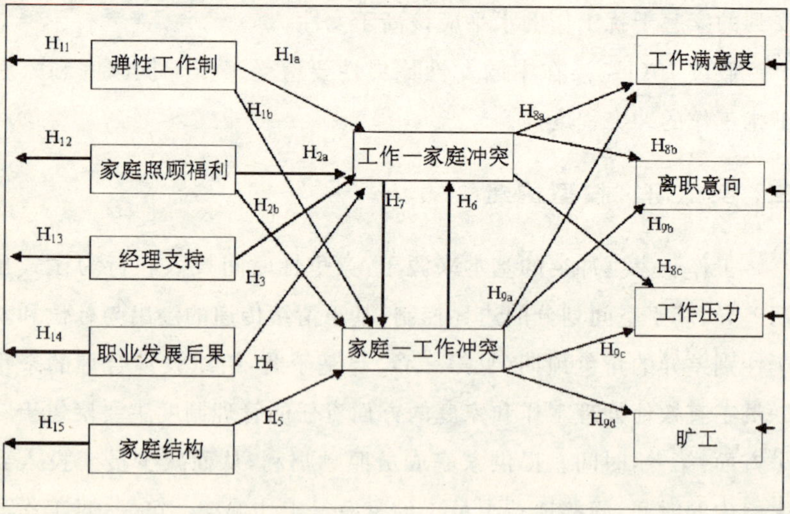

第二节 问卷设计与研究工具

一、问卷的设计

为了进行后续的跨文化比较研究和制度的外生嵌入研究，同时本研究也是国际研究项目，问卷沿用了安德森等[46]研究量表，增加了离职意向量表、弹性工作制量表、旷工量表和家庭结构量表。调查问卷由作者翻译成中文，校对后经独立第三人又回译成英语，确保问卷含义的对等，以避免因翻译因素而导致的概念间的不一致性。

（一）制度变量

1.弹性工作制量表

用四个指标来测量弹性工作制，前两个连续性变量采用李克特式五点量表。1 表示没有灵活性，5 表示完全有灵活性，后两个指标是分类变量。在进行效度与信度分析后，决定取消其余三个，只保留问卷第 36 题（总体上看，在安排您的工作时间时，您有多大程度的灵活性）、第 37 题（在某一时间范围内您能被允许选择自己的上下班时间吗）和第 38 题（您每天能否被允许选择自己的上下班时间吗）是分类变量。

2.家庭照顾福利量表

家庭照顾福利量表让被试回答是否享受过下列四种福利，并用二分变量来表示，1 表示享用过，2 表示没有享用过。这些福利包括：1 如果需要人照顾孩子，公司制订计划或提供服务来帮助员工。2 如果员工有需要，公司制订计划或提供服务来帮助员工获取照顾老人的信息或为员工年迈的亲属寻找服务人员。3 为居住在工作单位或附近的员工开办或赞助一个托儿中心。4 给予直接的财务帮助，为员工凭票报销托儿费用、发放现金或奖学金。

3. 经理支持量表

经理支持通过六个指标来测量，采用四点量表，避免趋中回答。1 表示完全赞同，4 表示完全不赞同。在输入量表后又进行重新编码，这样就保证经理支持量表与前后量表之间保持逻辑顺序上的一致，即都从完全否定到完全肯定，完成了反向题的重编码。这六个指标是：1 在我工作上遇到问题时，我的主管肯帮忙。2 在回应和处理员工的个人和家庭需要时，我的主管公平待人、不偏心。3 在我需要处理个人和家庭事务时，我的主管能批准我去做，比如：应约看门诊、去见孩子的老师等事情。4 在我因谈论个人和家庭问题而影响工作时，主管理解我。5 我能愿意与我的主管谈论我个人和家庭的问题。6 对影响我个人和家庭生活的工作要求，主管真的很关心。

4. 职业生涯后果量表

通过五个指标来测量，采用四点量表，避免趋中回答。1 表示完全赞同，4 表示完全不赞同。我们在输入量表后又进行重新编码，这样就保证职业生涯后果量表与前后量表之间保持逻辑顺序上的一致，即都从完全否定到完全肯定。这五个指标是：1 在您工作的场所，如果员工因为家庭原因而请假，或试图想安排一个不同的作息表或工作时间来处理和满足个人或家庭的需要，他们在工作中或在其职业生涯中就不太可能得到提升。2 在我工作的地方有一个不成文的规定，即你不能在上班时间照顾到家庭的需要。3 在我工作的地方如果员工把个人和家庭需要放在工作之上，人们对他们看法不会太好。4 如果您在处理工作和家庭责任时遇到问题，和您在一起工作的同事的态度是："自己叠铺盖，自己睡！"5 在我工作的地方，员工必须在做好工作和关注个人和家庭生活之间作出抉择 。

5. 家庭结构量表

家庭结构的复杂程度影响家庭—工作冲突的严重程度。家庭结构量表用二分变量来表达，要被试回答六个测量指标，用 1 代表是，2 代表否。这 6 个问题包括：1 婚否？2 您是否有年龄在 18 以下的孩子？3 您的配偶有带薪的工作吗？4 您是否为 55 岁以上的老人提供帮助或特别关照？5 您的孩子是否有残疾？6 您是否为年纪不大的有残疾的人提供过帮助？

为了防止量表中没有包括所有被试认为重要的因素，在量表的最后设计了一道开放型问题来引导被试提出问题以便将来分析之用，即：请您写出工作单位和公司要作哪些变革才能帮助员工更好地平衡工作和家庭的责任？

(二)中介变量——冲突量表

1. 工作—家庭冲突

工作—家庭冲突量表采用李克特式五点量表。而五点量表被认为是最可靠的量表。[47]这五点量表中 1 表示从来不，5 表示很经常。被试需回答五个方面的问题来表达其工作干扰家庭的感受。这 5 个问题是：针对下列每一个问题，请注明您在过去的三个月中该事件经常发生的频率，1 因为工作，您自己没有足够的时间。2 因为工作，您没有足够的时间与家人或在您的生活中比较重要的其他人在一起。3 因为工作，您没有足够的精力和家人或在您的生活中比较重要的其他人一起做事。4 因为工作，您每天无法做完家中的一切事务。5 因为工作，您每天在家中都无法获得自己想要的好心情。

2. 家庭—工作冲突量表

家庭—工作冲突量表采用李克特式五点量表。这五点量表中 1

表示从来不,5 表示很经常。被试需回答五个方面的问题来表达其家庭干扰工作的感知。这 5 个问题是:在过去的三个月中在您的生活中或您的家人中是否经常发生:1 无法按时完成的工作?2 无法承担额外的工作?3 无法把工作做得好?4 耗尽干工作所需的精力?5 无法集中注意力工作?

(三)后果变量量表

1. 工作满意度量表

通过五个指标来测量,采用四点量表,避免趋中回答。1 表示完全赞同,4 表示完全不赞同。我们在输入量表后又对前 4 个指标进行重新编码,这样就保证经理支持量表与前后量表之间保持逻辑顺序上的一致,即都从完全否定(不满意)到完全肯定(或非常满意)。对后面的第 5 个指标保持不变这 5 个指标是:1 我做的工作对我来说很有意义。2 在我工作的公司或组织中,大家尊重我。3 我感到我属于和我一起工作的团体中的一员。4 我每天盼望着与和我一起工作的人待在一起。5 您在工作中能获得学习新技能的机会以便把工作做得更好,或如果现在的工作不太适合您,您能找另一份同样好的工作。您的满意度如何?

2. 离职意向量表

用一个变量指标用三点量表来测量:考虑到各种因素,您是否在下一年度积极努力寻找另一位雇主?1 表示根本不可能,2 表示有点可能,3 表示非常可能。

3. 工作压力量表

工作压力量表用 7 个单项问题作为指标让被试来回答。工作压力量表采用李克特式五点量表。这五点量表中 1 表示从来不,5 表示很经常。这 7 个指标是:过去的三个月里您是否经常:1 工作中已经感到没有情绪？2 每天下班时已经感到精疲力竭？3 每天早晨起床时已经感觉到累但又要不得不面对一天的工作？4 感觉到工作带来的焦虑、紧张和压力？5 您是否受到头痛、失眠和肚子疼等小毛病的困扰？6 您是否感到紧张和压力？7 您是否感到无法对付必须要做的事？

4.旷工量表

旷工的测定主要让被试者回答在过去的三个月中有没有因为某种理由而不上班，不包括预先安排好的休假，然后将这些天数加总。这些理由或原因包括：1 因为孩子病了，需要去照顾，2 因为您的孩子需要照顾，3 因为家庭的原因，而有多少天不去上班？

二、问卷编码与分析工具

本研究量表由美国两学者根据美国家庭和工作研究所开发的、用来调查全国劳动力变异情况调查的调查问卷而设计，还没有在中国文化背景下使用过。因此，在实证分析之前，有必要对工作—家庭平衡量表进行测试。编码完成以后，开始输入有效问卷数据，使用频数统计方法进行了校对，然后还邀请了三位同学对问卷编码结果进行了独立的校验，以保证问卷输入的正确性。在输入完毕所有的数据以后，我们使用统计软件 SPSS13.0 对数据进行项目分析、因子分析、信度分析，进行相关性、回归分析运算。最后，进行结构方程模型分析与运算。

第三节　变量的测量与检验

一、项目分析

项目分析即求出每一个题项的"临界比率"。本研究将所有被预试所填量表的得分总和依高低排列，得分前27％者为高分组，得分后27％者为低分组，利用SPSS13.0检验其显著性。在结果中，我们先看每个题项组别群体变异数相等性的“F值”检验，如果显著(Sig.的值小于0.05)，表示两个组别群体变异数不相等，此时看“假定变异数不相等”所列之t值，如果t值显著(Sig.的值小于0.05)，则此题项具有鉴别度。如果“F值”不显著(Sig.的值大于0.05)，表示两个组别群体变异数相等，即同质，则查表“假定变异数相等”之t值，此时t值如果显著(Sig.的值小于0.05)，表示此题具有鉴别度。

结果中工作压力指标1、经理支持指标1和3、离职意向、弹性工作制指标1和弹性工作制(单指标测量)、旷工、弹性工作制计数2和计数1的t值未达到显著。核对问卷后，发现旷工是客观的旷工天数的累计，而弹性工作制计数2和计数1是分类变量，所以没有鉴别度。因此在后续的因子分析中把它们删除。离职意向是单一指标题项，故不能删除。家庭照顾福利是分类变量，要被试回答是或否，因此没有鉴别度。由于该量表已经在美国文化背景下测试过，因此，个别缺乏鉴别度的题项，可能因为翻译等因素引起，所以本研究在做因子分析时并未把它们删除。总体上说来，预试量表中的40题项基本上都具有鉴别度，所有题项均能鉴别出不同受试者的反应程度。

二、因子分析

在进行独立样本检验后，研究对254个样本进行了探索性因子分析，以便检验量表的结构效度，将上述所有的变量和指标都输入SPSS13.0中获得第一次因子分析报表。工作—家庭平衡策略量表初始题项及编码见表4-1。

表 4-1　量表初始题项及编码

因子	编号	题项内容
工作—家庭冲突		请注明您在过去的三个月中该事件经常发生的频率。
	工冲突 1	因为工作,您自己没有足够的时间。
	工冲突 2	因为工作,您没有足够的时间与家人或在您的生活中比较重要的其他人在一起。
	工冲突 3	因为工作,您没有足够的精力和家人或在您的生活中比较重要的其他人一起做事。
	工冲突 4	因为工作,您每天无法做完家中的一切事务。
	工冲突 5	因为工作,您每天在家中都无法获得自己想要的好心情。
家庭—工作冲突		在过去的三个月中在您的生活中或您的家人中是否经常发生?
	家冲突 1	无法按时完成的工作?
	家冲突 2	无法承担额外的工作?
	家冲突 3	无法把工作做得好?
	家冲突 4	耗尽干工作所需的精力?
	家冲突 5	无法集中注意力工作?
工作压力		过去的三个月里您是否经常:
	压力 1	工作中已经感到没有情绪?
	压力 2	每天下班时已经感到精疲力竭?
	压力 3	每天早晨起床时已经感觉到累但又不得不面对一天的工作?
	压力 4	感觉到工作带来的焦虑、紧张和压力?
	压力 5	您是否受到头痛、失眠和肚疼等小毛病的困扰?
	压力 6	您是否感到紧张和压力?
	压力 7	您是否感到无法对付必须要做的事?

（续表）

因子	编号	题项内容
经理支持	支持 1	在我工作上遇到问题时，我的主管肯帮忙。
	支持 2	在回应和处理员工的个人和家庭需要时，我的主管公平待人、不偏心。
	支持 3	在我需要处理个人和家庭事务时，我的主管能批准我去做，比如：应约看门诊、去见孩子的老师等事情。
	支持 4	在我因谈论个人和家庭问题而影响工作时，我的主管理解我。
	支持 5	我能愿意与我的主管谈论个人和家庭的问题。
	支持 6	对影响个人和家庭生活的工作要求，我的主管真的很关心。
职业生涯后果	后果 1	在您工作的场所，如果员工因为家庭原因而请假，或试图想安排一个不同的作息表或工作时间来处理和满足个人或家庭的需要，他们在工作中或在其职业生涯发展中就不太可能得到提升。
	后果 2	在我工作的地方有一个不成文的规定，即你不能在上班时间照顾到家庭的需要。
	后果 3	在我工作的地方如果员工把个人和家庭需要放在工作之上，人们对他们看法不会太好。
	后果 4	如果您在处理工作和家庭责任时遇到问题，和您在一起工作的同事的态度是："自己叠铺盖，自己睡！"
	后果 5	在我工作的地方，员工必须在做好工作和关注个人和家庭生活之间作出抉择。
工作满意度	满意 1	我做的工作对我来说很有意义。
	满意 2	在我工作的公司或组织中，大家尊重我。
	满意 3	我感到我属于和我一起工作的团体中的一员。
	满意 4	我每天盼望着与和我一起工作的人待在一起。
	满意 5	您在工作中能获得学习新技能的机会以便把工作做得更好，或如果现在的工作不太适合您，您能找另一份同样好的工作。您的满意度如何？

（续表）

因子	编号	题项内容
离职	离职意向	考虑到各种因素，您是否在下一年度积极努力寻找另一位雇主？
弹性工作制	弹性 1	总体看来，您对安排工作时间的控制程度有多大？
	弹性（单项）	总体上看，在安排您的工作时间时，您有多大程度的灵活性？
	弹性计数 1	在某一时间范围内您能被允许选择自己的上下班时间吗？___不允许___允许
	弹性计数 2	您每天能否被允许选择自己上下班时间？___不允许___允许
旷工	旷工	过去的三个月中，您有没有因为某种理由而不上班，不包括预先安排好的休假？___没有___有 如果有，请回答以下三个问题：过去三个月中，因为孩子病了，需要去照顾，您有多少天不去上班？___天数。 过去三个月中，因为您的孩子需要照顾，您有多少天不去上班？___天数。 过去三个月中，因为家庭的原因，您有多少天不去上班？___天数。
家庭照顾福利		您的雇主是否提供下列福利来帮助您？___否___是
	照顾 1	如果需要人照顾孩子，公司制订计划或提供服务来帮助员工。
	照顾 2	如果员工有需要，公司制订计划或提供服务来帮助员工获取照顾老人的信息或为员工年迈的亲属寻找服务人员。
	照顾 3	为居住在工作单位或附近的员工开办或赞助一个托儿中心。
	照顾 4	给予直接的财务帮助，为员工凭票报销托儿费用、发放现金或奖学金。

第一次因子分析发现，工冲突 5 即“因为工作，您每天在家中都无法获得自己想要的好心情”，并没有把因工作影响到在家庭中的情绪状态表达清楚，因此和其他题项间的拟合程度不高，理应删除。工作压力量表中压力 1“工作中已经感到没有情绪”，在中国文化中情绪是负面的，不一定与工作压力有关，与其他题项间拟合度不高，理应删除。在经理支持量表中支持 5“我能愿意与我的主管谈论我个人和家庭的问题”并不能表示主管对下属家庭问题的支持，实际上问卷的本意是要考察经理支持员工并和他们一起沟通家庭问题。问题的提法却是员工主动和经理沟通的愿望，因此与其他题项拟合度不高，理应删除。职业生涯后果量表中的后果 5“在我工作的地方，员工必须在做好工作和关注个人和家庭生活之间作出抉择”表达上欠明确，因为在工作与家庭之间作出抉择是中性的，并不能导致负面的职业生涯后果，所以理应珊除。

第一次因子分析的结果表明特征值大于“1”的因素有 11 个。根据第一次因子分析的结果，同时由于离职意向为单指标变量，旷工率为客观发生旷工天数的累计，不是连续变量，家庭结构是一个客观的变量，弹性工作制的第三(弹性计数 1)和第四个指标(弹性计数 2)也是作出判断的分类变量，因此将它们删除后进行第二次因子分析。

根据第二次因子分析的结果，删除了工作压力的第一个指标压力 1，进行第三次因子分析，根据第三次因子分删除工作家—庭冲突的第五个指标工冲突 5，第四次因子分析删除经理支持第五个题项(支持 5)，第五次删除职业生涯后果第五个题项(后果 5)进行第五次因子分析，因为这是一个探索性的因子分析，题项删除后的因素结构也会改变，因此需再进行一次因子分析以验证量表的结构效度，第五次因子分析的结果见表 4—2。

表4-2 因子分析摘要表

提取因子	题项代码	解释变异量	累积解释变异量	提取因子	共同性
1	压力6	9.634	9.634	0.796	0.708
	压力4			0.776	0.708
	压力7			0.657	0.621
	压力3			0.650	0.658
	压力5			0.615	0.447
	压力2			0.540	0.558
2	家冲突3	9.331	18.965	0.787	0.676
	家冲突1			0.739	0.610
	家冲突2			0.722	0.659
	家冲突5			0.693	0.588
	家冲突4			0.645	0.547
3	支持4	8.577	27.542	0.771	0.657
	支持2			0.768	0.627
	支持1			0.743	0.599
	支持6			0.738	0.600
	支持3			0.633	0.560
4	满意3	8.515	36.057	0.779	0.721
	满意2			0.724	0.607
	满意1			0.705	0.631
	满意4			0.693	0.609
	满意5			0.593	0.383
5	工冲突2	7.983	44.040	0.809	0.694
	工冲突1			0.800	0.724
	工冲突3			0.793	0.733
	工冲突4			0.558	0.536
6	福利2	6.126	50.167	0.749	0.617
	福利1			0.739	0.602
	福利3			0.723	0.543
	福利4			0.599	0.441

（续表）

提取因子	题项代码	解释变异量	累积解释变异量	提取因子	共同性
7	后果 2	6.100	56.266	0.750	0.705
	后果 1			0.748	0.624
	后果 3			0.690	0.548
	后果 4			0.506	0.423
8	弹性单项	4.526	60.793	0.757	0.677
	弹性 1			0.714	0.638

工作—家庭平衡策略量表因子分析指数表见表 4-3。KMO 是 Kaiser-Meyer-Olkin 的取样适当性量数，当 KMO 值越大时，表示变量间的共同因素越多，越适合进行因子分析，根据学者 Kaiser(1974) 的观点，如果 KMO 值小于 0.5 时较不宜进行因子分析，此处的 KMO 值为 0.803，表示适合进行因子分析。此外，从 Bartlett 球形检验的 χ^2 (Chi-Square)3806.878(自由度为 780)Sig. 为 0.000 达显著，代表母群体的相关矩阵间有共同因素存在，适合进行因素分析。[48]

表 4-3 因子分析指数表

模型	Kaiser-Meyer-Olkin Measure	Chi-Square χ^2	df	Sig.
M1(初始模型)	0.803	3806.878	780	0.000
M2(删旷工、离职意向、家庭结构、弹性计数 1 和 2)	0.806	3809.838	741	0.000
M3(删压力 1)	0.803	3634.855	703	0.000
M4(删工冲突 5)	0.801	3553.197	666	0.000
M5(删支持 5)	0.802	3399.853	630	0.000
M6(删后果 5)	0.806	3321.501	595	0.000

三、信度分析

问卷的信度反映的是问卷测量的可靠性。在因子分析完成后，为了进一步了解问卷的可靠性与有效性，本研究对问卷进行了信度检验。分析信度系数检验结果如表 4－4 所示。各个分量表的系数信度系数均在 0.70 以上。在李克特量表法中常用的信度检验方法是“Cronbach α”系数及“折半信度”。如果一个量表的信度越高，代表量表越稳定。信度有内在信度和外在信度两大类。在多选项量表中，内在信度特别重要，即每一个量表是否测量单一概念及组成量表题项的内在一致性程度如何。如果内在信度 α 系数在 0.80 以上，表示量表有高的信度。至于可以接受的最小的信度系数，在社会科学领域，是多数研究者最为关注的问题，不过，看法却不尽一致，有学者定在 0.80 以上，而有些学者则认为在 0.70（除了弹性工作制和家庭照顾福利）以上就是可以接受的。如果内在信度系数在 0.80 以上，表示量表有高的信度。量表的单一条款与总条款的相关系数以及 Cronbach α系数见表 4－4。从表中我们可以发现：首先，每一个子量表的 α 系数均超过 0.60，尽管有关 α 系数高低没有一个统一的可接

表 4－4 信度分析表一

量表	题项	Cronbach's α
工冲突	工冲突 1，工冲突 2，工冲突 3，工冲突 4	0.829
家冲突	家冲突 1，家冲突 2，家冲突 3，家冲突 4、5	0.819
压力	压力 2，压力 3，压力 4，压力 5，压力 6、7	0.842
支持	支持 1，支持 2，支持 3，支持 4，支持 6	0.809
后果	后果 1，后果 2，后果 3 ，后果 4	0.663
满意	满意 1，满意 2，满意 3，满意 4，满意 5	0.790
弹性	弹性 1，弹性单项	0.643
照顾福利	福利 1，福利 2，福利 3，福利 4	0.631

受的标准,但大多数学者认为 α 系数值在 0.75 与 0.95 之间较好。第二,如果研究者编制的研究工具的信度在 0.60 以下,应重新修订研究工具较为适宜。[49] 以上讨论表明量表的内部一致可靠性是令人满意的。研究主要采用内部一致性可靠性来考察问卷的可靠性。我们采用两种广泛接受的决定内部一致可靠性的方法:单一条款与总条款的相关系数以及 Cronbach α 系数。

上述的信度分析是基于因子分析后,对量表作了适当修改,但是,这些 Cronbach's α 有的升高有的降低,降低的较多,未作修改之前的 Cronbach's α 如表 4-5。

表 4-5 信度分析表二

量表	题项	Cronbach's α
工作—家庭冲突	工冲突 1,工冲突 2,工冲突 3,工冲突 4、5	0.785
家庭—工作冲突	家冲突 1,家冲突,家冲突,家冲突 4、5	0.818
压力	压力 1,压力 2,压力 3,压力 4、5、6、7	0.835
经理支持	支持 1,支持 2,支持 3,支持 4	0.823
	支持 6,支持 5	
后果	后果 1,后果 2,后果 3 ,后果 4 ,后果 5	0.689
满意	满意 1,满意 2,满意 3,满意 4,满意 5	0.790
弹性	弹性 1,弹性单项	0.643
家庭照顾福利	福利 1,福利 2,福利 3,福利 4	0.631

比较上述两表发现工作—家庭冲突量表的信度由原来的 0.785 上升到效度修改后的 0.829。工作压力量表的信度由原来的 0.835 上升到效度修改后的 0.842。经理支持量表的信度由原来的 0.823 下降到效度修改后的 0.809。职业生涯后果量表的信度由原来的

0.689下降到效度修改后的 0.663。总体信度由 0.799 下降到0.789。

根据阿巴拉契亚州立大学沃克商学院系主任斯特拉·安德森的建议,本研究对量表的各个构念进行一次因子分析,因为本研究量表测试的并不是对某一个概念的不同构念,而是由不同构念构成的,它们反映不同概念,如工作满意度和工作压力、家庭照顾福利之间是不同的概念,所以不宜对整个量表进行因子分析。最终决定综合第一次和以后的五次因子分析的结果以及后来所作的单独构念的因子分析的结果对量表的题项作了修正如下:

保留工冲突 5、支持 5、后果 5 和压力 1,而删除弹性 1,弹性计数 1、弹性计数 2。其他题项保持不变。最后各个分量表的信度如下:工作—家庭冲突两表的信度是 0.785。家庭—工作冲突量表信度 Cronbach's α 系数是 0.818。工作压力量表信度是 0.835,这说明该量表的五个项目之间具有较高的内在一致性。经理支持量表信度 Cronbach's α 系数为 0.823。职业生涯后果量表的信度 Cronbach's α 系数为 0.689。工作满意度量表的信度 Cronbach's α 系数为0.790。这说明该量表中的几个项目之间具有较高的内在一致性。

另外,我们用一个变量指标用三点量表来测量离职意向量表,即考虑到各种因素,您是否在下一年度积极努力寻找另一位雇主? 1 表示根本不可能,2 表示有点可能,3 表示非常可能。就弹性工作制量表而言,我们用四个指标来测量弹性工作制,前两个连续性变量采用李克特式五点量表。后两个指标是分类变量。最后决定取消其余三个,只保留问卷第 36 题(总体上看,在安排您的工作时间时,您有多大程度的灵活性)。第 37 题(在某一时间范围内您能被允许选择自己的上下班时间吗)和第 38 题(您每天能否被允许选择自己的上下班时间)是分类变量。所以删除35、37、38题项。

总量表信度是:0.799,接近0.80。学者们认为0.70是可以接受的最小信度。所以本研究的量表的信度是可以接受的。

第四节 数据的收集和整理

一、样本收集

中国在转型经济条件下,出现了各种不同的所有制企业。不同所有制企业之间的雇佣关系差异很大。企业间员工的福利待遇千差万别,平衡员工的工作—家庭关系的制度制定取决于企业领导的个人的素质和社会责任感。不同企业的员工所承受的工作—家庭压力也不同。研究和规范组织间的工作—家庭平衡制度,对创造整个社会的和谐和平等的人文关系具有重大的现实意义。研究采取了整群抽样的方法。整体选择了来南京大学商学院和南京理工大学经济管理学院的EMBA、MBA和研究生进修班共8个班级的学员进行问卷调查。

本次调查问卷共发放问卷350份,实际回收问卷255份,回收率为73%。在所有回收的问卷中,有回答不完整问卷4份,经过核查纠正了其明显的不合逻辑的3份。另外删除了一份所有题项都选同一个数值的问卷。有效问卷计254份,有效问卷率为73%。这么高的有效问卷,可能归因于在发放问卷时,研究人员对其作了详细的解释。同时被试对问卷的研究内容也深感兴趣,可能是与自己切身利益有关的原因。

二、样本的描述性统计

在问卷的填写者中，从性别结构来看，男性管理者有 188 人，占总填写人数的 75.8%；女性管理者有 60 人，占总填写人数的 24.2%。从婚姻状况来看，有 67 人未婚，占总样本的 26.4%。

从年龄结构来看，25 岁以下有 2 人，占 8%。25—34 岁之间，有 201 人，占 80.4%。年龄在 35—39 岁之间，有 39 人，占 15.6%。年龄在 40—45 岁之间，有 6 人，占 2.4%。年龄在 45 以上有 1 人，占 4%。样本的年龄绝大多数在 25—34 岁之间，占总样本的 80.4%，其次是 35—39 岁年龄段的人占 15.6%。

从家庭结构来看，没有孩子的样本被试有 150 人，占 59.1%；有孩子的被试有 103 人，占总体样本的 40.7%。配偶没有工作的有 69 人，占 27.2%；配偶有工作的有 183 人，占 72.6%。

有老人需要照顾的家庭，有 158 人，占 62.5%；无老人需要照顾的家庭有 95 人，占 37.5%。有残疾子女需要照顾的家庭基本没有。没有残疾老人的家庭有 153 人，占总体样本的 60.5%。有残疾老人的家庭有 100 人，占总体样本的 39.5%。

从职业分布来看，专业人士有 30 人，占 11.9%；销售员有 18 人，占 7.1%；高级经理人员和行政管理人员以及中层经理占有 124 人，占 49.0%；服务人员有 4 人，占 1.6%；技术人员有 31 人，占 12.3%；生产维修人员有 4 人，占 1.6 %。其他行业包括教师和银行员工共计 42 人，占总体样本的 16.6%。为进一步界定高层管理者和中层管理者，样本在设计时，进一步要求高层管理者和中层管理者填写出向他们报告的人数，问卷填写人向其报告的人数从 2 人到 570 人不等。

从样本所在企业的所有制类型来看，国有企业有106家，占41.9%；私营企业有50家，占19.8%；跨国公司30家，占11.9%；自营业主有4人，占1.6%。其他包括学校、银行有63家，占总体样本的24.9%。但本样本并没有进一步细分到各个不同行业中，如制造业、服务业等。

三、各变量的描述性统计

(一)制度变量

1.弹性工作制量表

我们用四个指标来测量弹性工作制变量。2.0%的人认为总体上看在安排他们的工作时间时，完全没有灵活性。9.8%的人认为没有灵活性。46.9%的人认为有点灵活性。35.8%的人认为有灵活性。5.5%的人认为完全有灵活性。这表明41.3%的人认为其工作作息时间具有一定的灵活性。

2.家庭照顾福利量表

家庭养老抚幼的福利量表让被试回答是否享受过下列四种福利。(1)89.4%的人表示公司并没有制订计划或提供服务来帮助员工。只有10.6%的人认为组织提供过这样的服务。(2)92.1%的人表示公司不会制订计划或提供服务来帮助员工获取照顾老人的信息或为员工年迈的亲属寻找服务人员。7.9%的人表示其所在的组织会制订这样的计划或提供这样的服务。(3)87.4%的人认为组织为居住在工作单位或附近的员工开办或赞助一个托儿中心。12.6%的人认为组织没有这样的中心。(4)60.6%的人表示组织并没有给予直接的财务帮助，为员工凭票报销托儿费用、发放现金或奖学金。39.4%的人表示组织有这样的资助。

总体上看来，有 55.1％的人没有享受过上述任何一种福利。28.7％的人享受过上述一种福利。10.2％的人享受过上述两种福利。2.4％的人享受过上述三种福利。3.5％的人享受过上述四种福利。

3.经理支持

经理支持量表通过6个指标来测量。(1)工作支持。7.1％的被试者认为完全不赞成在工作上遇到问题时，他的主管肯帮忙的观点。23.7％的人不赞成在工作上遇到问题时，他的主管肯帮忙的观点。46.2％的人同意在工作上遇到问题时，他的主管肯帮忙的观点。22.9％的人完全同意在工作上遇到问题时，主管肯帮忙的观点。从统计的数据来看，中国企业主管大多数对员工工作上遇到困难能给予支持。但也有 30.8％的员工工作上遇到困难得不到其经理人的支持。

(2)公平支持。8.3％的人认为在回应和处理员工的个人和家庭需要时，其主管完全不能公平待人、不偏心地待人。31.0％的人则认为在回应和处理员工的个人和家庭需要时，其主管不能公平待人、不偏心地待人。42.9％的人认为在回应和处理员工的个人和家庭需要时，其主管能公平、不偏心地待人。17.9％的人认为在回应和处理员工个人和家庭需要时，其主管完全能够公平、不偏心地待人。

(3)准假态度。3.2％的人认为在他们需要处理个人和家庭事务时，其主管完全不会批准他们去做，比如：应约看门诊、去见孩子的老师等事情。12.3％的认为其主管不会批准他们去做。40.7％的人认为其主管会批准他们去做。43.9％的人认为其主管完全能够批准他们去做这类事情。这说明有 84.6％的中国员工的经理能够批准其员工的请假请求去照顾家庭和自己的身体健康。说明绝大多数的经理对员工的身体状况和子女的教育较为关心。

(4)理解横向沟通。7.1%的人认为本在他们因谈论个人和家庭问题而影响工作时,其主管完全不能理解他们。27.7%的人认为其主管不能理解他们。45.5%的人认为其主管能理解他们。19.8%的人认为其主管完全能理解他们。65.3%的人认为其主管能理解或完全理解他们与同事沟通家庭问题。但也有34.8%的人认为其主管不能理解他们。

(5)直接沟通。19.8%的人认为他们完全不愿意与其主管谈论个人和家庭的问题。38.9%的人认为他们不愿意与其主管谈论个人和家庭的问题。26.2%的人认为他们愿意与其主管谈论个人和家庭的问题。15.1%的人认为他们非常愿意与其主管谈论个人和家庭的问题。有数据表明,58.7%的人不愿意与其主管谈论个人和家庭问题。

(6)关心家庭需要。14.7%的人认为对影响他们个人和家庭生活的工作要求,其主管完全不关心。37.3%的人认为对影响他们个人和家庭生活的工作要求,其主管不很关心。38.1%的人认为对影响他们个人和家庭生活的工作要求,其主管真的比较关心。9.9%的人认为对影响他们个人和家庭生活的工作要求,其主管真的非常关心。这说明有52%的经理并不关心工作要求对员工个人和家庭生活的影响。

4.职业生涯后果

职业生涯后果量表通过5个指标来测量,这5个指标是:(1)晋升影响。16.1%的人认为完全不赞同这样的观点,即如果员工因为家庭原因而请假,或试图想安排一个不同的作息表或工作时间来处理和满足个人或家庭的需要,他们在工作中或在其职业生涯中就不太可能得到提升。32.7%的人持不赞同观点。38.6%的人持比较赞同观点。12.6%的人持完全赞同的观点。这表明有一半的人认为对他们的提升没有影响,有另一半的人认为有影响。这表明对晋升的影响对至少一半的人来说还是很重要的。

(2)工作—家庭兼顾。16.1%的人完全不赞同在他们工作的地方有一个不成文的规定,即员工不能在上班时间照顾到家庭的需要。38.6%的人不赞同。30.7%的人赞同。14.6%的人完全赞同。这表明54.7%的人认为员工能在上班时间照顾到家庭的需要。这恐怕还要具体分析这54.7%的人来自何种企业,即企业性质对工作—家庭兼顾的影响。

(3)家庭优先的影响。4.3%的人完全不赞同在其工作的地方把个人和家庭需要排在工作之前。22.4%的人不赞同。38.2%的人赞同。35.0%的人完全赞同。这表明73.2%的人认为如果他们把个人和家庭需要排在工作之前,组织对他们会持有负面的评价。这说明中国员工普遍认为不应该把家庭放在优先于工作的位置上。

(4)同事的态度。13.4%的人完全不赞同如果他们在处理工作和家庭责任时遇到问题,和他们在一起工作的同事的态度是漠不关心的。48.0%的人不赞同。33.9%的人赞同。4.7%的人完全赞同。这表明61.4%的人认为同事在他们处理工作和家庭责任有困难时能持关心态度。但是有38.6%的人认为其同事对此漠不关心。

(5)工作与家庭的零和博弈关系。10.3%的人完全不认为在他们工作的地方,他们必须在做好工作和关注个人和家庭生活之间作出抉择。40.7%的人并不认为如此。36.4%的人认为他们必须在做好工作和关注个人和家庭生活之间作出抉择。12.6%完全赞成他们必须在做好工作和关注个人和家庭生活之间作出抉择。这表明,有

51.0%的人认为工作和家庭之间的关系并不是零和博弈的关系。

5.家庭结构量表

家庭结构的复杂程度影响家庭—工作冲突的严重程度。家庭结构量表用二分分类变量来表达,要被试回答6个测量指标,这6个问题包括:(1)婚姻状况,26.5%的接受调查的人未婚,73.5%的人已婚。(2)59.0%的调查对象家里没有年龄在18岁以下的孩子。40.7%的调查对象家里有年龄在18岁以下的孩子。(3)27.4%的调查对象配偶没有带薪的工作。72.6%的调查对象配偶有带薪工作。(4)37.5%的调查对象没有为55岁以上的老人提供帮助或特别关照。62.5%的调查对象为55岁以上的老人提供过帮助或特别关照。(5)100.0%的调查对象的孩子没有残疾。(6)60.5%的调查对象没有为年纪不大的有残疾的人提供过帮助。39.5%的调查对象为年纪不大的有残疾的人提供过帮助。

(二)中介变量——两类冲突

1.工作—家庭冲突量表

工作—家庭冲突的5个指标是:(1)独处时间。只有4.3%的人认为在过去的3个月中从来没有过因为工作,自己没有足够的时间。10.2%的人认为在过去的3个月中因为工作,自己没有足够的时间的情况较少发生。51.2%的人认为这种情况有时发生,18.1%的人认为经常发生而有16.1%的人认为很经常发生。这表明绝大多数人受到工作的干扰而没有时间独处的时间。

(2)和家庭成员、朋友相处的时间。4.7%的人认为在过去的3个月中从来没有过因为工作而没有足够的时间与家人或比较重要的其他人在一起。18.5%的人认为这种情况较少发生。32.72%的人认为有时发生,而30.3%的人认为经常发生,13.8%的人认为很经常。认为经常发生和很经常发生的比例明显高于第一个指标。

(3)精力分配。4.4%的人为在过去的3个月内从来不会因为工作而没有足够的精力和家人或在生活中比较重要的其他人一起做事。21.0%的人认为很少,32.5%的人认为有时,29.0%的人认为经常,而有13.1%的人认为很经常。这说明42.1%的人家庭生活经常受到工作干扰。有时受到工作干扰的被试有1/3。这说明,中国人工作超载严重并干扰了大部分人投身于家庭生活的精力。

(4)工作超载。7.2%的人认为在过去的3个月内从来不会因为工作而每天无法做完家中的一切事务。20.4%的人认为很少,31.6%的人认为有时候,22.4%的人认为经常,而18.4%的人认为因为工作而每天无法做完家中的一切事务的情况很经常发生。这说明有40.8%的人因为工作超载而经常影响到家庭责任的履行。

(5)情绪溢出。12.0%的人认为在过去的3个月内从来不会因为工作每天在家中都无法获得自己想要的好心情。34.0%的人认为这种情况很少发生,38.0%的人认为有时发生,12.0%的人为经常发生,只有4.0%的人认为很经常发生。这说明,工作造成的情绪溢出的负面效果不是太明显。

2.家庭—工作冲突

家庭—工作冲突量表采用李克特式五点量表。被试对5个指标的评价,来表达其家庭干扰工作的感知。(1)时间冲突。20.9%的人认为在过去的3个月内他或他的家人中从来没有发生无法按时完成的工作的现象,33.1%的人认为很少发生,36.6%的人认为有时会发生,6.3%的人认为经常发生,3.1%的人认为很经常发生。可以看出中国员工很少发生因家庭原因而完不成工作。

(2)工作超载。14.6%的人认为在过去的3个月内他或他的家人中从来没有发生无法完成的加班工作的现象,34.6%的人认为很少发生,36.2%的人认为有时会发生,12.2%的人认为经常发生,2.4%的人认为很经常发生。可以看出中国员工很少发生因家庭原因而完不成加班工作。表明中国员工的家庭成员对家人的加班工作持积极态度。

(3)工作绩效影响。17.3%的人认为在过去的3个月内他或他的家人中从来没有发生无法把工作做得好的现象,47.6%的人则认为很少发生,27.2%的人认为有时会发生,7.1%的人认为经常发生,0.8%的人认为很经常发生。从统计数据可以看出中国员工很少发生因家庭原因而影响工作绩效。

(4)精力分配,是否耗尽干工作所需的精力?20.9%的人认为在过去的3个月内他或他的家人中从来没有发生无法按时完成的工作的现象,30.7%的人认为很少发生,31.9%的人认为有时会发生,12.2%的人认为经常发生,4.3%的人认为很经常发生。中国员工很少发生因家庭原因而影响干工作的精力。

(5)注意力集中程度。14.6%的人认为在过去的3个月内他或他的家人中从来没有发生无法集中注意力进行工作的现象,43.1%的人则认为很少发生,33.6%的人认为有时会发生,7.1%的人认为经常发生,1.6%的人认为很经常发生。可以看出中国员工很少发生因家庭原因而使工作分神。

(三)后果变量

1.工作满意度

工作满意度量表通过5个指标来测量。(1)工作性质和有用性。9.1%的人认为工作对他们来说完全没有意义,33.5%的人认为工作对他们来说没有意义,36.2%的人认为工作对他们来说有意义,

21.3%的人认为工作对他们来说非常有意义。这说明有42.5%的人认为他们所做的工作对其个人来说没有意义。但是有57.5%的人认为他们所做的工作对他们个人来说有意义。这说明被试对他们的工作性质比较满意。

(2)同事尊重。0.4%的人认为在其工作的公司或组织中,大家尊重完全不尊重他,13.8%的人认为不尊重他,54.3%的人认为大家尊重他,31.5%的人认为大家完全尊重他。85.8%的被试在组织中得到大家的信任。

(3)团体归宿感。5.5%的人认为他完全没有感到自己属于工作团体中的一员。19.7%的人认为他没有感到自己属于工作团体中的一员。47.2%的人认为他感到自己属于工作团体中的一员。27.6%的人认为他完全感到自己属于工作团体中的一员。25.2%的人没有团体归宿感。高达75.8%有团体归宿感。这说明中国人强调团体归属感。

(4)组织吸引力。14.2%的人认为他们每天绝不盼望着与一起工作的人待在一起,43.7%的人认为他们每天不盼望着与一起工作的人待在一起,36.6%的人认为他们每天盼望着与一起工作的人待在一起,5.5%的人认为他们每天非常盼望着与他们一起工作的人待在一起。这说明有57.9%的人认为组织对他们没有吸引力。

(5)工作技能习得。7.1%的人认为他们在工作中完全不能获得学习新技能的机会以便把工作做得更好或如果现在的工作不太适合您,您能找另一份同样好的工作,32.9%的人认为他们不能获得这样的技能,51.2%的人为他们能获得这样的技能,8.7%的人为他们完全能获得这样的技能。这样的数据表明近60%的人能获得令他们满意的工作技能。

2. 离职意向

22.9%的人表示他们完全不可能在下一年度积极努力寻找另一位雇主,56.5%的人表示有点可能,20.6%表示非常可能。这表明员工的离职意向非常高。

3. 工作压力

工作压力量表用下列7个指标来测量。(1)情绪耗竭。6.3%的人认为在过去的3个月内从来没有发生过感到在工作中没有情绪,19.7%的人则认为很少发生,43.3%的人认为有时会发生,22.0%的人认为经常发生,8.7%认为很经常发生。从统计数据可以看出有1/3的中国员工经常感觉到在工作中没有心情,发生情绪耗竭的现象。

(2)工作疲惫程度。5.1%的人认为在过去的3个月内从来没有发生过每天下班时已经感到精疲力竭的现象,17.3%的人则认为很少发生,43.3%的人认为有时会发生,26.0%的人认为经常发生,8.3%认为很经常发生。从统计数据可以看出有1/3的中国员工经常在下班时感觉到精疲力竭。

(3)生活疲惫程度。11.4%的人认为在过去的3个月内从来没有发生过每天早晨起床时已经感觉到累,但又要不得不面对一天的工作情形,21.7%的人则认为很少发生,35.0%的人认为有时会发生,24.8%的人认为经常发生,7.1%认为很经常发生。有1/3的中国员工经常在每天早晨起床时已经感觉到累,但又要不得不面对一天的工作情形,生活中经常处于疲惫状态。

(4)工作焦虑、紧张和压力程度。3.5%的人认为在过去的3个月内从来没有发生过感觉到工作带来的焦虑、紧张和压力,23.6%的人则认为很少发生,36.2%的人认为有时会发生,27.2%的人认为经常发生，9.4%认为很经常发生。这表明多于1/3的中国员工经常感觉到工作带来的焦虑、紧张和压力。

(5)工作影响健康程度。21.7%的人认为在过去的3个月内从来没有受到头痛、失眠和肚疼等小毛病的困扰，33.1%的人则认为很少发生，33.5%的人认为有时会发生，9.1%的人认为经常发生，2.8%认为很经常发生。这表明有54.8%的中国员工很少因为工作压力而影响到身体健康。

(6)生活紧张和压力程度。3.5%的人认为在过去的3个月内从来没有发生过感到紧张和压力，24.0%的人则认为很少感受到，37.8%的人认为有时会感受到，28.3%的人认为经常感受到，6.3%认为很经常感受到。这表明有36.6%的中国员工经常感觉到生活的紧张和压力。

(7)工作强度与压力。9.8%的人认为在过去的3个月内从来没有发生过感到无法对付必须要做的事，42.5%的人则认为很少发生，36.2%的人认为有时会发生，8.7%的人认为经常发生，2.8%认为很经常发生。这表明有53.3%的中国员工很少感觉到无法应付工作。大多数人的工作强度与其能力还是相一致的。

4.旷工量表

统计数据表明46.5%的被试回答在过去的3个月中有因为孩子病了需要去照顾、孩子需要照和家庭的原因而旷工。

四、各层面的描述性统计

从表4-6可以看出，工作—家庭冲突量表的平均数是3.1613，标准差是0.77523，而家庭—工作冲突量表的平均数是2.4032，标准差是0.72891。反映出，工作—家庭冲突的水平要高于家庭—工作冲突的水平。工作压力量表的平均数是2.9046，标准差是0.70436。经理支持量表的平均数是2.7289，标准差是0.63113。工作满意度的量表的平均数是2.7937，标准差是0.64104。职业生涯后果量表的平均数是2.5508，标准差是0.57639。家庭结构量表的平均数是2.8701，标准差是1.53318。组织的家庭照顾福利量表的平均数是0.7047，标准差是0.99177。弹性工作制量表的平均数是3.33，标准差是0.806。旷工的量表的平均数是0.46，标准差是0.500。离职意向量表的平均数是1.98，标准差是0.660，但是，全距是2，最高3，最低1，说明离职意向非常高。

表4-6　描述性统计摘要表

	自由度	最小值	最大值	均值	标准差
工冲突量表	243	1.00	5.00	3.1613	0.77523
家冲突量表	252	1.00	5.00	2.4032	0.72891
压力量表	253	1.00	4.86	2.9046	0.70436
支持量表	249	1.17	4.00	2.7289	0.63113
满意量表	252	1.25	4.00	2.7937	0.64104
职业生涯后果	252	1.00	4.00	2.5508	0.57639
家庭结构	254	0.00	5.00	2.8701	1.53318
照顾福利计数	254	0.00	4.00	0.7047	0.99177
弹性(单项)	254	1	5	3.33	0.806
旷工	254	0	1	0.46	0.500
离职意向	253	1	3	1.98	0.660
有效自由度	235				

第五节 结论

研究抽取两个正式的制度变量，即弹性工作制和家庭照顾福利，并选取家庭领域中的家庭结构作为自变量，选取工作—家庭冲突与家庭—工作冲突作为中介变量，选取组织行为后果，如工作满意度、工作压力、离职意向和旷工作为因变量，提出了相关的假设，并将其构建入研究模型。对设计的问卷和研究模型进行项目分析、因子分析、信度分析后发现，研究工具符合实证研究规范，具有较高的信度与效度。

就弹性工作制和家庭照顾福利而言，41.3%的人认为其工作作息时间具有一定的灵活性和弹性。60.6%的人表示组织并没有给予直接的财务帮助，为员工凭票报销托儿费用、发放现金或奖学金等家庭照顾福利。但有 55.1%的人没有享受过上述任何一种家庭照顾福利。

就经理和同事支持与职业生涯后果来说，有 30.8%的员工工作上遇到困难得不到其经理人的支持。84.6%的中国员工的经理能够批准其员工的请假请求去照顾家庭和自己的身体健康。说明绝大多数的经理对员工的身体状况和子女的教育较为关心。65.3%的人认为其主管能理解或与同事沟通家庭问题。有 58.7%的人不愿意与其主管谈论个人和家庭问题。有 52%的经理并不关心工作要求对员工个人和家庭生活的影响。享用工作—家庭平衡制度的员工有一半的人认为对他们的提升没有影响，有另一半的人认为有影响。61.4%的人认为同事在他们处理工作和家庭责任有困难时能持关心态度。但是有 38.6%的人认为其同事对此漠不关心。

就工作与家庭关系而言，73.2%的人认为如果他们把个人和家庭需要放在工作之上，组织对他们会持有负面的评价。这说明有中国员工普遍认为不应该把家庭放在优先于工作的位置上，中国员工很少发生因家庭原因而完不成工作。也表明员工的家庭成员对家人的加班工作持积极态度，员工很少发生因家庭原因而影响工作绩效，很少发生因家庭原因而影响干工作的精力，也很少发生因家庭原因而使工作分神。

员工绝大多数人受到工作的干扰而没有时间独处的时间。42.1%的人家庭生活经常受到工作干扰。有时受到工作干扰的被试有1/3。中国员工工作超载严重并干扰了大部分人投身于家庭生活的精力。有40.8%的人因为工作超载而经常影响到家庭责任的履行。有57.5%的人认为他们所做的工作对他们个人来说有意义。这说明被试对他们的工作性质比较满意。高达75.8%有团体归宿感。这说明中国人强调团体归属感。但是，有57.9%的人认为企业对他们没有吸引力。

就工作压力与离职意向而言，中国员工离职意向非常高。有1/3的员工经常感觉到在工作中没有心情，发生情绪耗竭的现象。1/3的员工经常在下班时感觉到精疲力竭。有1/3的员工经常在每天早晨起床时已经感觉到累，但又要不得不面对一天的工作情形，生活中经常处于疲惫状态。1/3的员工经常感觉到工作带来的焦虑、紧张和压力，有54.8%的员工很少发生因为工作压力而影响到身体健康，36.6%的员工经常感觉到生活的紧张和压力，有53.3%的员工很少感觉到无法应付工作。

第五章

实证研究结果

本章介绍实证研究的结果与结论，包括相关性分析、回归分析、结构方程模型检验，为后文的分析提供实证研究依据。

第一节　相关性分析与回归分析

为了验证假设 H_1 到 H_9、H_{10} 以及 H_{11} 到 H_{15} 中的前半部分，本研究首先进行相关分析。由于样本中有 67 个被试是未婚，因此在作相关分析时排除了这 67 个个体，对剩余的 184 个被试进行了相关性分析，结果见表 5－1。相关性分析之后，为了确定变量间的影响方向，进行回归分析。研究采用逐步多元回归方法对上述数据进行分析，用来确定影响员工组织行为的关键因素。这是因为逐步多元回归分析法结合了“顺向选择”和“反向剔除法”的优点。为了避免自变量间的相关性太高，造成回归分析的困境，在进行逐步多元回归分析时，进行了共线性检验。根据统计软件 SPSS13.0 的程序，变量选取的顺序，最右边一栏进入与移除的标准，进入模式的标准是 F 的概率值要小于或等于 0.050，而移除的标准是 F 的概率值要大于或等于 0.100。

一、制度变量与两类冲突

(一)相关性分析

1. 弹性工作制与两类冲突

弹性工作制与员工的工作—家庭冲突负相关关系并不显著,因此假设 1a(H_{1a})即:弹性工作制与员工的工作—家庭冲突负相关被拒绝。弹性工作制与员工的家庭—工作冲突呈负相关,皮尔逊相关系数为-0.181 在 0.05 水平上相关。假设 1b(H_{1b})的前半部分即:弹性工作制与员工的家庭—工作冲突负相关被证实。但是,它们间的影响方向即因果关系方向需要作进一步的回归分析。

2. 家庭照顾福利与两类冲突

组织的照顾家庭福利与员工的工作—家庭冲突、家庭—工作冲突、离职意向、工作压力、旷工、工作满意度都没有明显的相关性。所以所有的假设 2 都被拒绝。假设 2a(H_{2a}):家庭照顾福利与工作—家庭冲突负相关,工作单位提供给员工照顾家庭成员的福利越多,员工所遭受的工作—家庭冲突的程度就越轻。假设 2b(H_{2b}):家庭照顾福利与家庭—工作冲突负相关,工作单位提供给员工照顾家庭成员的福利越多,员工所遭受的家庭—工作冲突的程度就越轻,被拒绝。

3. 经理支持与两类冲突

经理支持与员工的工作—家庭冲突负相关,皮尔逊相关系数为 0.178,在 0.05 水平上相关。假设 3(H_3)的前半部分:经理支持与工作—家庭冲突程度呈负相关关系被证实。亦即,经理支持员工来解决工作—家庭冲突问题与员工所遭受工作—家庭冲突减轻有关。

4. 职业生涯发展后果与两类冲突

职业生涯后果与员工的工作—家庭冲突正相关，皮尔逊相关系数为 0.271，在 0.01 水平上正相关。假设 4(H_4)的前半部分：员工因解决家庭问题或享用企业已有的工作—家庭福利计划对自己的职业生涯发展产生的影响与其工作—家庭冲突正相关被证实。

5. 家庭结构与两类冲突

员工的家庭—工作冲突与员工的家庭结构呈正相关，皮尔逊相关系数为 0.217 在 0.01 水平上相关。假设 5(H_5)的前半部分：家庭结构与家庭—工作冲突正相关被证实。

(二)回归分析结果

1. 工作—家庭冲突的预测变量

输入弹性工作制、经理支持、家庭—工作冲突、家庭照顾福利、职业生涯后果 5 个预测变量来预测效标变量(工作—家庭冲突)时，有家庭—工作冲突、弹性工作制、职业生涯后果 3 个预测变量进入回归方程。家庭照顾福利和经理支持没有进入方程。多元相关系数分别为家庭—工作冲突为 0.489。职业生涯后果为 0.526，弹性工作制为 0.542，多元相关系数的平方分别是，家庭—工作冲突为 0.239，职业生涯后果为 0.277，弹性工作制为 0.294。见表 5－1。

标准化回归方程：工作—家庭冲突＝0.486×家庭—工作冲突＋0.216×职业生涯后果＋0.138×弹性工作制。该回归方程证实了以下假设的全部内容：

尽管弹性工作制与员工的工作—家庭冲突负相关关系并不显著，但是回归分析表明弹性工作制能够解释工作—家庭冲突的 13.8％，所以，假设 1a(H_{1a})弹性工作制与员工的工作—家庭冲突负相关；弹性工作制度越灵活，员工所遭受的工作—家庭冲突的痛苦就越少。假设 4(H_4)：员工因解决家庭问题或使用企业已有的工作—家庭福利计划对自己的职业生涯发展产生的影响与其工作—家庭冲突正相关;职业生涯后果的影响越严重,员工所遭受的工作—家庭冲突程度越高。假设 6(H_6)家庭—工作冲突与工作—家庭冲突呈正相关关系;较严重的家庭—工作冲突也会导致更严重的工作—家庭冲突。

以下假设被拒绝:假设 2a(H_{2a}):家庭照顾福利与工作—家庭冲突负相关;工作单位提供给员工照顾家庭成员的福利越多,员工所遭受的工作—家庭冲突的程度就越轻。假设 3(H_3):经理支持与工作—家庭冲突程度呈负相关关系;亦即经理支持员工来解决工作—家庭冲突问题,会减轻员工所遭受工作—家庭冲突,因此能够降低员工的离职意向。

表 5-1 预测工作—家庭冲突之变量多元回归分析摘要表

选出的变量顺序	多元相关系数 R	决定系数 R^2	增加解释量 R 变化值平方	F 值	F 变化净 F 值	标准化回归系数 Beta	显著性检验
1. 家冲突	0.489	0.239	0.239	71.755	71.755	0.486	0.000(a)
2. 后果	0.526	0.277	0.037	43.415	11.706	0.216	0.000(b)
3. 弹性	0.542	0.294	0.017	31.389	5.585	0.138	0.000(c)

a 指标:(常数)家冲突量表

b 指标:(常数)家冲突量表,后果量表

c 指标:(常数)家冲突量表,后果量表,弹性(单项测量指标)

2. 家庭—工作冲突的预测变量

以工作—家庭冲突、弹性工作制、组织的家庭照顾福利和家庭结构作为预测变量,以家庭—工作冲突为效标变量,进行逐步回归分析。进入方程的有工作—家庭冲突和弹性工作制。多元相关系工作—家庭冲突为 0.439,弹性工作制为 0.493。联合解释力达29.3%。见表 5-2。

回归分析证实下列假设的全部内容,假设 7(H_7):工作—家庭冲突与家庭—工作冲突呈正相关关系，较严重的工作—家庭冲突可以导致较高的家庭—工作冲突。假设 1b(H_{1b})：弹性工作制与员工的家庭—工作冲突负相关；弹性工作制度越灵活，员工所遭受的家庭—工作冲突的痛苦就越少。

但是假设 2b(H_{2b})即：家庭照顾福利与家庭—工作冲突负相关；工作单位提供给员工照顾家庭成员的福利越多，员工所遭受的家庭—工作冲突的程度就越轻，被拒绝。假设 5a(H_{5a})被拒绝。

表 5-2　预测家庭—工作冲突之变量多元回归分析摘要表

选出的变量顺序	多元相关系数 R	决定系数 R^2	增加解释量 R	F 值	净 F 值	标准化回归系数 Beta	显著性检验
1. 工冲突	0.439	0.193	0.193	41.761	41.761	0.427	0.000(a)
2. 弹性	0.493	0.243	0.050	27.884	11.502	−0.224	0.000(b)

a　指标：(常数)工冲突量表

b　指标：(常数)工冲突量表，弹性（单项）

c　因变量：家冲突量表

3. 家庭—工作冲突与工作—家庭冲突

员工的家庭—工作冲突与工作—家庭冲突间的相关系数为：0.502在0.01水平上相关。因此假设 6 和假设 7 的前半部分得到证实，即假设 6(H_6)家庭—工作冲突与工作—家庭冲突呈正相关关系；假设 7(H_7)工作—家庭冲突与家庭—工作冲突呈正相关关系得到证实。

但是尽管相关性分析的结果表明员工的工作—家庭冲突与其家庭—工作冲突具有明显的正相关性。皮尔逊相关系数为 0.502，在 0.01 水平上相关，但是并不能判定它们的影响方向。家庭—工作冲突能够解释 48.6%的工作—家庭冲突，工作—家庭冲突能够解释 43.9%的家庭—工作冲突。这一回归结果表明中国员工的工作干扰家庭的程度和家庭干扰工作的程度几乎没有差别，具有同等的影响水平和程度。

二、两类冲突与组织行为后果

(一)工作—家庭冲突与组织行为后果

工作—家庭冲突和工作满意度、离职意向不相关。假设 8a (H_{8a})：工作—家庭冲突和工作满意度负相关，员工的工作—家庭冲突越严重，工作满意度就越低，被拒绝。假设 8b(H_{8b})：工作—家庭冲突程度与离职意向呈正相关，工作—家庭冲突程度越严重，员工越想离开现职，被拒绝。

假设 8c(H_{8c})的前半部分即：工作—家庭冲突与工作压力和工作紧张呈正相关关系被证实。员工的工作—家庭冲突与工作压力呈正相关，皮尔逊相关系数为 0.533，在 0.01 水平上相关。

(二)家庭—工作冲突与组织行为后果

家庭—工作冲突与旷工率、离职意向和工作满意度不相关，假设 9a(H_{9a})：家庭—工作冲突与个体的工作满意度况呈负相关关系，个体所遭受的家庭干扰工作的冲突程度越严重，其工作满意度就越低，被拒绝。假设 9b(H_{9b})履行家庭责任影响到工作程度越严重，亦即员工遭受的家庭—工作冲突越严重，并且无法平衡时，员工的离职意向就越强，被拒绝。假设 9d(H_{9d})家庭—工作冲突与旷工率正相关，履行家庭责任影响到工作程度越严重，他们的旷工率就越高，被拒绝。它们之间不在任何水平上显著。

员工的家庭—工作冲突与工作压力呈正相关，皮尔逊相关系数为0.493在 0.01 水平上相关。假设 9c(H_{9c})的前半部分：员工所遭受的家庭—工作冲突与其遭受的工作压力之间呈正相关关系，被证实。

三、制度变量与员工组织行为

(一)制度变量与组织行为的相关性分析

1.弹性工作制影响组织行为

弹性工作制与工作满意度呈正相关,皮尔逊相关系数为0.296,在0.01水平上相关。假设11a(H_{2a}):弹性工作制的实施和采用与员工的工作满意度呈正相关,被证实。弹性工作制与离职意向呈负相关,皮尔逊相关系数为-0.261,在0.01水平上相关。假设11b(H_{11b})的前半部分,采用弹性工作制与员工的离职意向负相关,被证实。弹性工作制与工作压力呈负相关,皮尔逊相关系数为-0.293,在0.01水平上相关。假设11c(H_{11c})的前半部分:弹性工作制与员工的工作压力负相关,被证实。弹性工作制与旷工率并不显著相关,假设11d(H_{11d})采用弹性工作制能减少员工的旷工率,即弹性工作制与员工的矿工率呈负相关,被拒绝。

2.家庭照顾福利影响组织行为

假设12a(H_{12a}):组织的家庭照顾福利与员工的离职意向负相关,被拒绝。假设12b(H_{12b}):组织的家庭照顾福利与员工的工作压力负相关被拒绝。假设12c(H_{12c}):组织提供的家庭照顾福利越多,员工的旷工率就越低,组织提供的家庭照顾福利与员工的旷工率负相关,被拒绝。这表明在中国文化背景下,组织提供的家庭照顾福利并不能减轻员工的工作压力,并也不能降低员工的旷工率,不能降低员工的离职意向。

3.经理支持导致的组织行为

经理支持与工作满意度呈正相关,皮尔逊相关系数为0.338,在

0.01水平上相关:假设13a(H_{13a})的前半部分:经理对员工工作—家庭平衡的支持与员工的工作满意度正相关,被证实。经理支持与离职意向呈负相关,皮尔逊相关系数为-0.248,在0.01水平上相关。假设13b(H_{13b})的前半部分:经理对员工工作—家庭平衡的支持与员工的离职意向负相关,被证实。经理支持与工作压力呈负相关,皮尔逊相关系数为-0.207,在0.01水平上相关。假设13c(H_{13c})的前半部分:经理对员工工作—家庭平衡的支持和工作压力负相关,被证实。

经理支持与旷工率不相关,假设13d(H_{13d})经理对员工工作—家庭平衡的支持和旷工率负相关,被拒绝。

4.职业生涯发展后果导致组织行为

职业生涯发展后果与工作压力正相关系数是0.245,在0.01水平上显著,假设14d(H_{14c})的前半部分:职业生涯发展后果与工作压力正相关,被证实。职业生涯发展后果与工作满意度、离职意向与旷工率不相关,假设14a(H_{14a})、假设14b(H_{14b})、假设14d(H_{14d})被拒绝。

5.家庭责任(结构)导致的组织行为

工作满意度与员工的家庭结构呈正相关,皮尔逊相关系数为0.218,在0.01水平上相关。假设15a(H_{15a})即员工的照顾家庭责任(家庭结构)与其工作满意度负相关,被证实。家庭结构与离职意向、工作压力和旷工率不相关,假设15b(H_{15b})、假设15c(H_{15c})和假设15d(H_{15d})被拒绝。

(二)组织行为的预测变量——回归分析

为了分析、研究员工的家庭—工作冲突、工作—家庭冲突、经理支持、弹性工作制、职业生涯后果、家庭结构以及照顾家庭福利是否对工作满意度、离职意向、工作压力、旷工率等有显著的预测力以及其作用方向如何，从而确定通过相关分析已经得到验证假设的后半部的因果关系方向，需要对数据进行回归分析。

1. 工作满意度的预测变量

输入家庭—工作冲突、工作—家庭冲突、经理支持、弹性工作制、职业生涯后果以及照家庭结构 6 个预测变量来预测效标变量（工作满意度）时，进入回归方程的显著变量只有经理支持、弹性工作制、家庭结构 3 个变量，见表 5－3。它们的多元相关系数 0.481，多元相关系数的平方是 0.231，调整后的 R 平方 0.218，我们采用调整后的 R 平方 0.218，因为调整后的 R 平方值是回归模型中变量数与样本大小的函数，用调整后的 R 平方值来估计母群性质，才不会有错。因此，这 3 个变量联合解释变异量为 0.218。换言之，这三变量能联合预测工作满意度的 21.8％。

就个别变量来看，经理支持可以解释工作满意度的 12.5％，弹性工作制可以解释工作满意度的 6.8％，家庭结构可以解释工作满意度的 3.9％，联合预测力达 23.2％。方差分析的 F 值，经理支持是 24.555，弹性工作制是 20.373，家庭结构是 17.054，其显著水平都是 0.000。

对自变量间是否存在共线问题，可以从容忍度的大小来判断，经理支持、弹性工作制和家庭结构的容忍度分别是：0.964、0.964 和 0.999。具有较高的容忍度，几乎接近 1。经理支持、弹性工作制和家庭结构的变异数膨胀因素（VIF）分别是：1.037、1.038 和 1.001。比较小，接近于 1。共线性诊断结果表明，条件指针（Condition Index）没有一个超过 15。这说明在它们之间也不存在共线性的可能性。

标准化回归方程为：工作满意度＝0.304×经理支持＋0.259×

弹性工作制＋0.197×家庭结构。该回归方程证实了下列假设的全部内容：

假设 11a(H_{11a})：弹性工作制的实施和采用与员工的工作满意度呈正相关；弹性工作制度越具有柔性，员工的工作满意度就会越高。假设 13a(H_{13a})：经理对员工工作—家庭平衡的支持与员工的工作满意度正相关；经理对员工平衡工作—家庭的支持力度越强，员工的工作满意度就越高。假设 15a(H_{15a})：员工的照顾家庭责任(家庭结构)与其工作满意度负相关；家庭中需要照顾的成员越多，其工作满意度就越低。据此，工作满意度可以由经理支持、弹性工作制和家庭结构来预测。换言之，经理支持、弹性工作制和家庭结构能够导致员工的工作满意度的提高和降低。

以下 3 个假设被拒绝：假设 8a(H_{8a})：工作—家庭冲突和工作满意度负相关；员工的工作—家庭冲突越严重，工作满意度就越低。假设 9a(H_{9a})：家庭—工作冲突与个体的工作满意度呈负相关关系；个体所遭受的家庭干扰工作的冲突程度越严重，其工作满意度就越低。假设 14a(H_{14a})：职业生涯发展后果导致负面的工作满意度负相关；个体因使用了组织正式的工作—家庭平衡策略导致的负面的职业生涯导致后果越严重，工作满意度就越低。

表 5-3　预测工作满意度之变量多元回归分析摘要表

选出的变量顺序	多元相关系数 R	决定系数 R^2	增加解释量 R 变化值平方	F 值	净 F 值	标准化回归系数 Beta	显著性检验
1. 支持	0.353(a)	0.125	0.125	24.555	24.555	0.304	0.000(a)
2. 弹性	0.439(b)	0.192	0.068	20.373	14.294	0.259	0.000(b)
3. 家庭结构	0.481(c)	0.231	0.039	17.054	8.603	0.197	0.000(c)

a　指标：(常数)支持量表

b　指标：(常数)支持量表，弹性(单项指标)

c　指标：(常数)支持量表，弹性(单项指标)，家庭结构

2.离职意向的预测变量

输入弹性工作制、家庭照顾福利、经理支持、家庭结构、职业生涯后果、工作—家庭冲突、和家庭—工作冲突7个预测变量来来预测效标变量(离职意向)时,进入回归方程的显著变量只有经理支持、弹性工作制两个变量,见表5-4。它们的多元相关系数分别是0.253、0.325。多元相关系数的平方分别是0.064、0.105。调整后的R平方分别是0.059、0.095,我们采用调整后的R平方。因此,这两个变量联合解释变异量为0.095。换言之,这两个变量能联合预测离职意向的9.5%。

就个别变量来看,经理支持可以解释离职意向的4.1% ,弹性工作制可以解释离职意向的6.4%。联合预测力达10.5%。方差分析的结果表明,弹性工作制的F值是11.694,其显著水平是0.001。经理支持的F值10.010,其显著水平是0.000。

对自变量间是否存在共线问题,可以从容忍度的大小来判断,经理支持和弹性工作制的容忍度都是0.966。具有较高的容忍度,几乎接近1。经理支持和弹性工作制的变异数膨胀因素都是1.035。比较小接近于1。其共线性诊断结果表明,弹性工作制和经理支持的条件指针分别是8.092,没有一个超过15。这说明在经理支持和弹性工作制之间不存在共线性的可能性。

标准化回归方程为:离职意向=-0.215×弹性工作制-0.207×经理支持。该回归方程证实了下列假设的全部内容:假设11b(H_{11b}):采用弹性工作制与员工的离职意向负相关;弹性工作制度越具有柔性,员工的离职意图就会越低。假设13b(H_{13b}):经理对员工工作—家庭平衡的支持与员工的离职意向负相关;经理对员工平衡工作—家庭的支持力度越强,员工越不愿意离开现职。

表 5-4 预测离职意向之变量元回归分析摘要表

变量顺序	多元相关系数 R	决定系数 R^2	增加解释量 R	F 值	净 F 值	标准化回归系数 Beta	显著性检验
1. 弹性	0.253(a)	0.064	0.064	11.694	11.694	−0.215	0.000
2. 支持	0.325(b)	0.105	0.041	10.010	7.858	−0.207	0.001

a 指标:(常数)弹性(单项指标)

b 指标:(常数)弹性(单项指标),支持量表

以下假设被拒绝:假设 8b(H_{8b}):工作—家庭冲突程度与离职意向正相关;工作—家庭冲突程度越严重,员工越想离开现职。假设 9b(H_{9b}):家庭—工作冲突与离职意向正相关;履行家庭责任影响到工作程度越严重,亦即员工遭受的家庭—工作冲突越严重,并且无法平衡时,员工的离职意向就越强。假设 12a(H_{12a}):组织的家庭照顾福利与员工的离职意向负相关;组织提供家庭照顾福利越多,员工的离职意向就越低;假设 14b(H_{14b}):职业生涯发展后果导致与离职意向负相关;个体因使用了组织正式的工作—家庭平衡策略导致的负面的职业生涯后果越严重,离开现职的意向越强烈。假设 15b(H_{15b}):家庭结构的复杂性与员工的离职意向正相关;员工家庭结构复杂,需要照顾家庭成员的责任越重,离职可能性就越大。

3. 工作压力的预测变量

输入弹性工作制、组织的家庭照顾福利、经理支持、职业生涯后果、家庭结构、工作—家庭冲突、家庭—工作冲突 7 个预测变量来来预测效标变量(工作压力)时,只有工作—家庭冲突、弹性工作制、家庭—工作冲突进入回归方程,见表 5-5。多元相关系数分别为 0.522、0.611 和 0.643,多元相关系数的平方分别是 0.273、0.373 和 0.413,调整后的 R 平方分别是 0.269、0.366 和 0.403,分别能够解释效标变量变异量的 27.3%、10.0%和 4%。联合预测力达 41.3%。

方差分析的结果表明的工作—家庭冲突F值是64.537,其显著水平是0.000,弹性工作制的F值是50.873,其显著水平是0.000,家庭—工作冲突的F值是39.933,其显著水平是0.000。它们的标准系数Beta值分别是0.397、−0.266和0.240。

对它们间是否存在共线问题,可以从容忍度的大小来判断,工作—家庭冲突、弹性工作制和家庭—工作冲突的容忍度分别是0.736、0.939和0.700,具有较高的容忍度。它们的变异数膨胀因素分别是1.359、1.065和1.428,比较小接近于1。其共线性诊断结果表明条件指针工作—家庭冲突是1.000,弹性工作制是7.010,经理支持是12.194,没有一个超过15。这说明在经理支持和弹性工作制之间不存在共线性的可能性。

标准回归方程可表述为:工作压力=0.397×工作—家庭冲突−266×弹性工作制+0.240×家庭—工作冲突。该方程证实了下列假设的全部内容:假设8c(H_{8c}):工作—家庭冲突与工作压力和工作紧张正相关;企业员工的工作干扰家庭的程度越强,就会产生更高的工作压力和工作紧张。假设9c(H_{9c}):家庭—工作冲突与工作压力正相关;员工所遭受的家庭—工作冲突越严重,就越会面临更严重的工作压力和更高的工作紧张程度。假设11c(H_{11c}):弹性工作制与员工的工作压力负相关;弹性工作制度越具有柔性,员工的工作压力就会越低。

以下假设被拒绝:假设12b(H_{12b}):组织的家庭照顾福利与员工的工作压力负相关;组织的家庭照顾福利越多,员工的工作压力就会减少。假设13c(H_{13c}):经理对员工工作—家庭平衡的支持和工作压力负相关;经理对员工平衡工作—家庭的支持力度越强,员工可感知的工作压力就越小。假设14c(H_{14c}):职业生涯发展后果与工作压力正相关;个体因使用了组织正式的工作—家庭平衡策略导致的负面的职业生涯后果越严重,个体越感知的工作压力越来越严重。假设15c(H_{15c}):家庭结构的复杂性与员工的工作压力正相关;员工需要照顾家庭成员的责任越重,他们的工作压力就越大。

表 5-5 预测工作压力之变量多元回归分析摘要表

选出的变量顺序	多元相关系数 R	决定系数 R^2	增加解释量 R	F 值	净 F 值	标准化回归系数 Beta	显著性检验
1.工冲突	0.522(a)	0.273	0.273	64.537	64.537	0.397	0.000(a)
2.弹性	0.611(b)	0.373	0.100	50.873	27.330	−0.266	0.000(b)
3.家冲突	0.643(c)	0.413	0.040	39.933	11.690	0.240	0.000(c)

a 指标:(常数)工冲突量表

b 指标:(常数)工冲突量表,弹性(单项)

c 指标:(常数)工冲突量表,弹性(单项),家冲突量表

4.旷工率的预测变量

对以旷工率为因变量进行逐步回归分析后,无结果输出。于是就改用 enter 回归分析法,输入经理支持、弹性工作制、家庭结构、工作—家庭冲突、家庭—工作冲突、组织的家庭照顾福利、职业生涯后果 7 个预测变量来来预测效标变量(离职意向)。这 7 个变量体调整后的 R 平方是−0.016,其联合解释量为−1.6%,解释力非常弱,并且没有一个变量对因变量得变异的解释力达到显著水平。这一分析结果证实了相关分析结果。

以下假设全部被拒绝:假设 9d(H_{9d}):家庭—工作冲突与旷工率正相关;履行家庭责任影响到工作程度越严重,他们的旷工率就越高。假设 11d(H_{11d}):即弹性工作制与员工的旷工率呈负相关;采用弹性工作制能减少员工的旷工率。假设 12c(H_{12c}):组织提供的家庭照顾福利与员工的旷工率负相关;组织提供的家庭照顾福利越多,员

工的旷工率就越低。假设 13(H_{13d}):经理对员工工作—家庭平衡的支持和旷工率负相关;经理对员工平衡工作—家庭的支持力度越强,员工的旷工率就越低。假设 14d(H_{14d}):职业生涯发展后果与旷工率负相关;个体因使用了组织正式的工作—家庭平衡策略导致的负面的职业生涯后果越严重,个体越可能采取旷工策略来平衡工作—家庭需要。假设 15d(H_{15d}):家庭结构的复杂性与员工的旷工率正相关;员工家庭结构复杂,需要照顾家庭成员的责任越重,他们就越可能旷工。

四、相关性和回归分析小结

(一)相关性分析小结

总结相关分析,结果见表 5-6。弹性工作制与家庭—工作冲突显著负相关,但是与工作—家庭冲突负相关关系并不显著。假设 1 被部分拒绝。弹性工作制可利用程度越高,家庭—工作冲突的程度越低。家庭照顾福利与两类冲突没有明显的相关性,拒绝假设 2。弹性工作制与工作满意度显著正相关,与工作压力和离职意向显著负相关。经理支持与工作—家庭冲突显著负相关,而不与家庭—工作冲突显著负相关,部分验证假设 3。经理支持与工作满意度显著正相关,与工作压力和离职意向呈显著负相关关系。职业生涯后果与两类冲突都显著正相关,假设 4 得到证实。职业生涯后果与工作压力显著正相关。家庭结构与两类冲突都显著正相关,假设 5 被接受,与工作满意度显著负相关,但与工作压力、离职意向和旷工率无显著相关关系。两类冲突都与工作满意度无显著相关关系。假设 6 被拒绝。它们也不与离职意向和旷工率相关,但是与工作压力呈显著正相关关系。两类冲突越严重,中国员工受到的工作压力越大。

假设 7 被部分拒绝。工作满意度与工作压力、离职意向和旷工率呈显著相关关系(见表 5－6)。

表 5－6 均值、标准差和相关系数表

Variable	Mean	SD	1	2	3	4	5	6	7	8	9	10	11
1. 经理支持	2.73	0.63	—										
2. 职业后果	2.55	0.578	-0.295**	—									
3. 弹性工作	3.33	0.81	0.193**	0.199**	—								
4. 家庭结构	2.87	1.53	0.010	0.041	0.009	—							
5. 照顾福利	0.70	0.99	0.091	0.041	-0.065	-0.021	—						
6. 工冲突	3.16	0.77	-0.178*	0.271**	-0.017	0.199**	-0.009	—					
7. 家冲突	2.40	0.73	-0.122	0.192**	-0.181*	0.217**	-0.035	0.502**	—				
8. 满意度	2.79	0.64	0.338**	-0.115	0.296**	-0.218**	-0.028	0.080	-0.042	—			
9. 工作压力	2.90	0.70	-0.207**	0.245**	-0.293**	0.030	0.019	0.533**	0.493**	-0.266**	—		
10. 离职意向	1.98	0.66	-0.248**	0.121	-0.261**	0.006	-0.048	0.012	0.096	-0.245**	191**	—	
11. 旷工	0.46	0.50	-0.019	-0.069	-0.084	0.021	0.035	-0.049	-0.053	-0.164*	0.009	0.073	—

注：** 指在 0.01 水平上显著相关(2-tailed) * 在 0.05 水平上显著相关 (2-tailed)。

(二)回归分析小结

回归分析结果见表 5－7，测量 5 个内生变量，即 5 个指标变量与外生变量，即结果变量之间的关系。以工作满意度为因变量，以弹性工作制、家庭照顾福利、经理支持、职业生涯发展后果、家庭结构、工作—家庭冲突与家庭—工作冲突为自变量，进行逐步回归分析，只有弹性工作制、经理支持和家庭结构进入回归方程。这 3 个变量能够联合解释工作满意度变化的 23.1％。经理支持、弹性工作制和家庭结构能够分别解释工作满意度变化的 12.5％、6.7％和 3.9％。其他结果变量也可以根据表 5－7 进行类似的解释。工作—家庭平衡制度的直接效果概括如下：弹性工作制能够解释工作—家庭冲突变化的 13.8％(R^2＝0.294，Beta＝－0.138)和家庭—工作冲突变化的 5％(R^2＝0.243，Beta＝－0.224)。但是，相关性分析却表明弹性工作制与工作—家庭冲突无显著相关关系。它能解释工作满意度的 6.7％(R^2＝0.192，Beta＝0.259)、离职意向变化的 6.4％(R^2＝

0.064，Beta＝－0.215）、工作压力变化的6.4％（R^2＝0.373，Beta＝－0.266）。弹性工作制对结果变量产生的直接效果可概括为：能够减轻工作—家庭冲突和家庭工作冲突、提高工作满意度、降低离职意向和减轻工作压力。但它不能降低旷工率。家庭照顾福利不能解释所有其他变量的变化。经理支持能够解释工作满意度变化的12.5％（R^2＝0.125，Beta＝0.304）和离职意向变化的4.1％（R^2＝0.105，Beta＝－0.207）。它无法解释两类冲突、工作压力和旷工率的变化。职业生涯后果能解释工作—家庭冲突的3.7％（R^2＝0.277，Beta＝0.216），不能解释家庭—工作冲突、工作压力、工作满意度、离职意向和旷工率的变化。

表5－7　回归分析表：平衡制度的直接效果

	工作满意度		离职意向		工作压力		旷工		工冲突		家冲突	
	R^2	Beta	R^2	Beta	R^2	Beta	R^2	Beta	R^2	Beta	R^2	Beta
弹性工作制	0.192	0.259	0.064	－0.215	0.373	－0.266			0.294	－0.138	0.243	－0.224
照顾福利												
经理支持	0.125	0.304	0.105	－0.207								
生涯后果									0.277	0.216		
家庭结构	0.231	0.197										
工冲突					0.273	0.397					0.193	0.427
家冲突					0.413	0.240			0.239	0.486		

注：第一行是因变量，第一列是自变量。变量进入模型的标准是F≤0.050，移除的标准是F≥0.100。Beta代表标准回归系数。R^2代表多元决定系数。

第二节　平衡制度的间接效果——结构方程模型

研究进一步把所有变量放入模型中进行结构方程模型检验，测量它们在两类冲突作为中介变量干预下对结果变量的间接、协同作用效果。结构方程的路径估值见图 5-1、相关参数见表 5-8。假设的路径估值如下：弹性工作制影响家庭—工作冲突的路径系数是 -0.522(p=0.0001)，但是它影响工作—家庭冲突的路径系数不显著，有别于回归分析，但与相关性分析一致。家庭照顾福利和经理支持对工作—家庭间两类冲突的影响系数并不显著。职业生涯后果与工作—家庭冲突的影响路径系数是 0.848(p=0.0001)，与家庭—工作冲突的影响路径系数是 0.527(p<0.05)。但是，回归分析表明它显著地影响工作—家庭冲突，并不能影响家庭—工作冲突。工作—家庭冲突在 p=0.000 水平上对满意度有显著的影响，系数是 -0.238。但回归分析表明它们影响并不显著；它在 p=0.000 水平上对工作压力有显著的影响，系数是 0.232。它并不能显著地影响离职

图 5-1 平衡制度的间接效果整合模型(* $p<0.05$)[1]

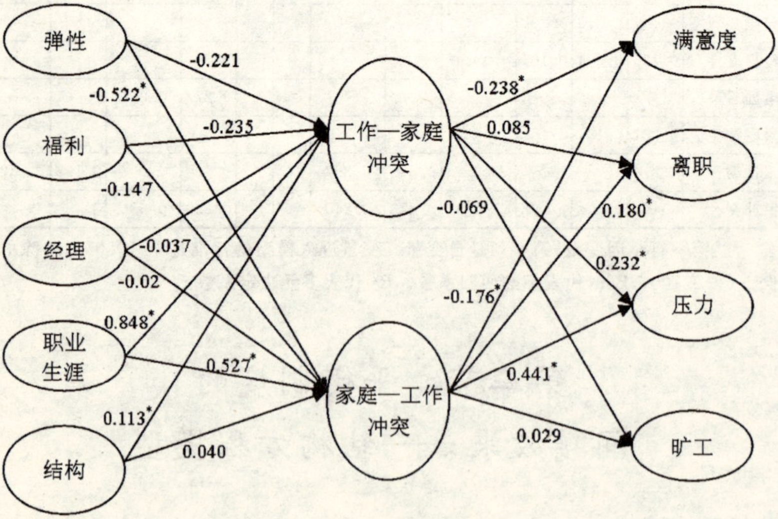

意向和旷工率。家庭—工作冲突在 $p<0.05$ 的水平上显著地影响工作满意度，系数是 -0.176。但回归分析表明它们影响并不显著。家庭—工作冲突在 $p<0.05$ 的水平上显著地影响离职意向，系数是 0.180，但回归分析表明它们影响并不显著；它在 $p=0.000$ 水平上显著地影响工作压力，系数为 0.441。但它并不能显著地影响旷工率。

工作—家庭冲突作为中介干预变量能部分调节工作满意度与职业生涯后果和家庭结构之间的关系，也能部分调节工作压力与职业生涯后果和家庭结构之间的关系。家庭—工作冲突作为中介干预变量，能部分地调节工作满意度与弹性工作制和职业生涯后果间的关系。它也能部分地调节离职意向与弹性工作制和职业生涯后果间的关系。它还能部分地调节工作压力与弹性工作制和职业生涯后果间的关系。两类冲突都不能调节旷工率与因变量间的关系。

表 5-8　平衡制度的间接效果估值表

Regression Weights		Estimate	p	Regression Weights		Estimate	p
自变量	因变量			自变量	因变量		
弹性工作	工冲突	−0.221	0.082	家庭结构	家冲突	0.040	0.163
弹性工作	家冲突	−0.522	0.000	工冲突	满意度	−0.238	0.000
照顾福利	工冲突	−0.235	0.454	工冲突	工作压力	0.232	0.000
照顾福利	家冲突	−0.147	0.578	工冲突	离职意向	−0.085	0.133
经理支持	工冲突	0.037	0.691	工冲突	旷工率	−0.069	0.105
经理支持	家冲突	0.022	0.786	家冲突	满意度	−0.176	0.017
职业后果	工冲突	0.848	0.001	家冲突	工作压力	0.441	0.000
职业后果	家冲突	0.527	0.011	家冲突	离职意向	0.180	0.009
家庭结构	工冲突	0.113	0.001	家冲突	旷工率	0.029	0.578

第三节 性别、年龄、职业和企业类型的影响研究

本节采用独立样本的T检验研究不同性别、不同年龄、不同企业类型和不同职业，在本研究的各个层面即：工作—家庭冲突、家庭—工作冲突、家庭照顾福利、弹性工作制、经理支持、职业生涯后果、工作满意度、离职意向、工作压力和旷工率上是否存在差异。

一、性别影响

研究性别对工作—家庭冲突、家庭—工作冲突、家庭照顾福利、弹性工作制、经理支持、职业生涯后果、工作满意度、离职意向、工作压力和旷工率等各变量的影响是否存在差异，以验证假设10(H_{10})：在中国女性比男性要遭受工作干扰家庭和家庭干扰工作的冲突程度高。在本研究问题中，自变量为员工的性别，属类别变量，有两个"水准"：男生、女生，因变量为连续变量，每个因变量分开检验，可以采用独立样本的T检验，其结果见表5-9、表5-10。

表5-9 性别干预各个研究变量独立样本T检验表之一

	性别	自由度N	均值Mean	标准差	标准误均值
离职意向	女	60	1.90	0.656	0.085
	男	187	2.00	0.664	0.049
弹性(单项指标)	女	60	3.32	0.748	0.097
	男	188	3.34	0.820	0.060
旷工率	女	60	0.47	0.503	0.065
	男	188	0.46	0.500	0.036
工冲突量表	女	57	3.0456	0.80002	0.10596
	男	180	3.2011	0.76385	0.05693

续表

	性别	自由度 N	均值 Mean	标准差	标准误均值
家冲突量表	女	60	2.3167	0.77441	0.09998
	男	186	2.4269	0.70789	0.05191
压力量表	女	60	2.8929	0.75895	0.09798
	男	187	2.8999	0.69175	0.05059
支持量表	女	60	2.6056	0.63703	0.08224
	男	183	2.7705	0.62666	0.04632
满意度量表	女	59	2.7161	0.66543	0.08663
	男	187	2.8142	0.63756	0.04662
后果量表	女	59	2.4881	0.54869	0.07143
	男	187	2.5658	0.58522	0.04280
家庭结构	女	60	2.8167	1.44377	0.18639
	男	188	2.9096	1.53299	0.11181
照顾福利(计数)	女	60	0.6333	0.80183	0.10352
	男	188	0.7394	1.05524	0.07696

表 5-10 性别干预各个研究变量独立样本 T 检验表之二

		LTEV		t—test for Equality of Means						
		F	Sig.	t	df	Sig. (2-tailed)	均值差	标准误差	95% 自信区间差 e	
									低	高
离职意向	EVA	0.333	0.565	−1.018	245	0.310	−0.100	0.098	−0.293	0.093
	EVNA			−1.024	100.693	0.308	−0.100	0.098	−0.294	0.094
弹性	EVA	0.485	0.487	−0.155	246	0.877	−0.018	0.119	−0.253	0.216
	EVNA			−0.162	108.030	0.871	−0.018	0.114	−0.244	0.207
旷工率	EVA	0.054	0.816	0.124	246	0.901	0.009	0.074	−0.137	0.155
	EVNA			0.124	98.877	0.902	0.009	0.074	−0.139	0.157
工冲突	EVA	0.635	0.426	−1.324	235	0.187	−0.15550	0.11743	−0.38684	0.07585
	EVNA			−1.293	90.636	0.199	−0.15550	0.12029	−0.39445	0.08346
家冲突	EVA	2.153	0.144	−1.025	244	0.307	−0.11022	0.10757	−0.32210	0.10167
	EVNA			−0.978	92.939	0.330	−0.11022	0.11265	−0.33391	0.11348
压力	EVA	0.568	0.452	−0.067	245	0.946	−0.00707	0.10512	−0.21413	0.20000
	EVNA			−0.064	92.559	0.949	−0.00707	0.11027	−0.22605	0.21192
支持	EVA	0.019	0.890	−1.762	241	0.079	−0.16494	0.09361	−0.34933	0.01945
	EVNA			−1.747	99.143	0.084	−0.16494	0.09439	−0.35222	0.02235
满意度	EVA	0.025	0.874	−1.019	244	0.309	−0.09807	0.09621	−0.28757	0.09143
	EVNA			−0.997	94.003	0.321	−0.09807	0.09838	−0.29341	0.09727
后果	EVA	0.248	0.619	−0.902	244	0.368	−0.07764	0.08612	−0.24727	0.09199
	EVNA			−0.932	102.969	0.353	−0.07764	0.08327	−0.24279	0.08751
家结构	EVA	0.543	0.462	−0.414	246	0.679	−0.09291	0.22420	−0.53451	0.34870
	EVNA			−0.427	104.815	0.670	−0.09291	0.21735	−0.52388	0.33807

续表

		LTEV		t－test for Equality of Means						
		F	Sig.	t	df	Sig. (2-tailed)	均值差	标准误差	95% 自信区间差 e	
									低	高
照顾	EVA	1.539	0.216	－0.715	246	0.475	－0.10603	0.14832	－0.39818	0.18612
	EVNA			－0.822	129.743	0.413	－0.10603	0.12899	－0.36123	0.14917

注：EVA＝Equal variances assumed，EVAN＝Equal variances not assumed，LTEV＝Levene's Test for Equality of Variances。

从独立样本T检验的结果分析，中国文化背景下男性和女性在工作—家庭冲突和家庭—工作冲突方面没有显著的差别，在各个层面上的T值显著性水平都高于0.05，因此不具有鉴别度。并且工作—家庭冲突平衡策略各个层面上也同样不显著。因此，我们的假设10(H_{10})：在中国女性比男性要遭受工作干扰家庭和家庭干扰工作的冲突程度被拒绝。

二、生命周期不同阶段的比较

因样本量不够，故除去样本中25周岁以下和45岁以上两个年龄阶段，分析表明35—39年龄阶段的员工工作—家庭冲突严重性最高，25—34岁的员工次之，40—45岁的员工最低。家庭—工作冲突方面，35—39年龄阶段的员工家庭—工作冲突严重性最高，依次是40—45岁、25—34岁的员工；工作压力的顺序是随年龄的增长递减，25—34岁的员工最大，依次是35—39年龄阶段的员工，40—45岁的员工；经理支持方面，25—34岁的员工和35—39岁年龄阶段的员工获得的支持水平相当，40—45岁的员工获得的支持水平最高。工作满意度方面，35—39年龄阶段的员工最满意，其次是40—45岁的员工，最不满意的是25—34岁的员工；职业生涯后果方面，基本上没有差别，承担的负面的职业生涯后果随年龄段的增加而逐渐严重；享受的家庭照顾福利最好的是35—39岁年龄阶段的员工，其次是25—

34岁的员工，最差的是40—45岁的员工。弹性工作制随年龄段的增加而越来越具弹性，而离职意向是随年龄段的增加而越来越弱。旷工率最高的是40—45岁的员工，其次是25—34岁的员工，35—39岁年龄阶段的员工最低。详细结果见表5-11。

表5-11　各研究变量在生命周期不同阶段的多重比较表

因变量	(I) 年龄	(J) 年龄	均值差 (I—J)	标准误	Sig.	95%自信区间	
						低	高
工冲突	25—34	35—39	—0.11304	0.14110	0.726	—0.4607	0.2347
		40—45	0.07029	0.32119	0.976	—0.7212	0.8618
	35—39	25—34	0.11304	0.14110	0.726	—0.2347	0.4607
		40—45	0.18333	0.34140	0.866	—0.6580	1.0246
	40—45	25—34	—0.07029	0.32119	0.976	—0.8618	0.7212
		35—39	—0.18333	0.34140	0.866	—1.0246	0.6580
家冲突	25—34	35—39	—0.08527	0.13166	0.811	—0.4097	0.2392
		40—45	—0.01304	0.29970	0.999	—0.7516	0.7255
	35—39	25—34	0.08527	0.13166	0.811	—0.2392	0.4097
		40—45	0.07222	0.31856	0.975	—0.7128	0.8572
	40—45	25—34	0.01304	0.29970	0.999	—0.7255	0.7516
		35—39	—0.07222	0.31856	0.975	—0.8572	0.7128
压力	25—34	35—39	0.17831	0.12787	0.380	—0.1368	0.4934
		40—45	0.39260	0.29108	0.404	—0.3247	1.1099
	35—39	25—34	—0.17831	0.12787	0.380	—0.4934	0.1368
		40—45	0.21429	0.30940	0.787	—0.5482	0.9767
	40—45	25—34	—0.39260	0.29108	0.404	—1.1099	0.3247
		35—39	—0.21429	0.30940	0.787	—0.9767	0.5482
支持	25—34	35—39	0.00996	0.11541	0.996	—0.2744	0.2944
		40—45	—0.36504	0.26272	0.382	—1.0124	0.2824
	35—39	25—34	—0.00996	0.11541	0.996	—0.2944	0.2744
		40—45	—0.37500	0.27925	0.407	—1.0632	0.3132
	40—45	25—34	0.36504	0.26272	0.382	—0.2824	1.0124
		35—39	0.37500	0.27925	0.407	—0.3132	1.0632
满意度	25—34	35—39	—0.33152(*)	0.11630	0.018	—0.6181	—0.0449
		40—45	—0.18569	0.26474	0.782	—0.8381	0.4667
	35—39	25—34	0.33152(*)	0.11630	0.018	0.0449	0.6181
		40—45	0.14583	0.28140	0.874	—0.5476	0.8393
	40—45	25—34	0.18569	0.26474	0.782	—0.4667	0.8381
		35—39	—0.14583	0.28140	0.874	—0.8393	0.5476

续表

因变量	(I) 年龄	(J) 年龄	均值差 (I—J)	标准误	Sig.	95％自信区间	
						低	高
后果	25—34	35—39	—0.00423	0.10528	0.999	—0.2637	0.2552
		40—45	—0.02645	0.23966	0.994	—0.6170	0.5641
	35—39	25—34	0.00423	0.10528	0.999	—0.2552	0.2637
		40—45	—0.02222	0.25474	0.996	—0.6500	0.6055
	40—45	25—34	0.02645	0.23966	0.994	—0.5641	0.6170
		35—39	0.02222	0.25474	0.996	—0.6055	0.6500
照顾福利	25—34	35—39	—0.04348	0.18282	0.972	—0.4940	0.4070
		40—45	0.20652	0.41615	0.884	—0.8190	1.2320
	35—39	25—34	0.04348	0.18282	0.972	—0.4070	0.4940
		40—45	0.25000	0.44234	0.852	—0.8401	1.3401
	40—45	25—34	—0.20652	0.41615	0.884	—1.2320	0.8190
		35—39	—0.25000	0.44234	0.852	—1.3401	0.8401
弹性	25—34	35—39	—0.15700	0.14646	0.564	—0.5179	0.2039
		40—45	—0.35145	0.33339	0.575	—1.1730	0.4701
	35—39	25—34	0.15700	0.14646	0.564	—0.2039	0.5179
		40—45	—0.19444	0.35437	0.860	—1.0677	0.6788
	40—45	25—34	0.35145	0.33339	0.575	—0.4701	1.1730
		35—39	0.19444	0.35437	0.860	—0.6788	1.0677
离职意向	25—34	35—39	0.432(*)	0.116	0.001	0.15	0.72
		40—45	0.543	0.263	0.121	—0.10	1.19
	35—39	25—34	—0.432(*)	0.116	0.001	—0.72	—0.15
		40—45	0.111	0.280	0.924	—0.58	0.80
	40—45	25—34	—0.543	0.263	0.121	—1.19	0.10
		35—39	—0.111	0.280	0.924	—0.80	0.58
旷工率	25—34	35—39	0.095	0.091	0.584	—0.13	0.32
		40—45	—0.016	0.208	0.997	—0.53	0.50
	35—39	25—34	—0.095	0.091	0.584	—0.32	0.13
		40—45	—0.111	0.221	0.881	—0.66	0.43
	40—45	25—34	0.016	0.208	0.997	—0.50	0.53
		35—39	0.111	0.221	0.881	—0.43	0.66

* 表示均差在 0.05 水平上显著。

三、不同职业间的比较

从表 5-10 中可以看出,不同职业的员工在工作—家庭冲突、家庭—工作冲突、工作满意度、工作压力、离职意向、经理支持、职业生涯后果等方面,存在着显著的差异。

(一)工作—家庭两类冲突的职业差异

工作—家庭冲突的不同职业间差异。从事服务行业的员工工作—家庭冲突的程度最强,其次是高层经理或行政人员或经理、专业人士。生产或维修人员的工作—家庭冲突程度最低。家庭—工作冲突的不同职业间差异。服务行业的员工庭家—工作冲突的程度最强,其次是高层经理或行政人员或经理和技术人员,生产或维修人员的家庭—工作冲突程度最低,类似于工作—家庭冲突。

(二)员工所表现的组织行为差异

高层经理或行政人员或经理的工作满意度最高,其次是服务人员,生产、维修人员的工作满意度最低;服务行业的员工的工作压力最高,其次是专业人士,生产、维修人员的工作压力最低,生产、维修人员的旷工率最高,其次是技术人员。旷工率最少的其他职业的员工包括,教师、公务员和银行职员,专业人士也较少旷工;离职意向最高的是销售人员和生产、维修人员,最低的是高层经理、行政人员、经理。

(三)员工所享受的平衡制度差异

从事不同职业员工所享用的工作—家庭平衡策略可能有所不同。见表 5-12、表 5-13。销售人员的工作制度最有弹性,其次是专业人士。其余的工作弹性水平相当;销售人员的经理对其工作—家庭平衡支持力度最强,服务人员得到的支持最弱,其余的职业员工得到的支持水平相当。服务行业的员工因享用工作—家庭平衡策略所遭受的负面职业生涯后果最严重，其次是技术人员，最不受影响的是销售人员；专业人士享用的家庭照顾福利的水平最高，其次是销售人员和技术人员，服务人员享受的家庭照顾福利水平最低。

表 5-12　不同职业员工的平均值之比较(one way,mean)

	N	工冲突	家冲突	满意	压力	旷工	离职	弹性	经理	职业	照顾
专业人士	30	3.3917	2.4200	2.6121	3.1611	0.43	2.07	3.27	2.7750	2.5000	1.0000
销售人员	17	2.9559	2.2667	2.7500	2.5185	0.50	1.94	3.50	3.0694	2.2083	0.8824
中高层经理	121	3.5186	2.4602	2.9234	2.9503	0.46	1.86	3.40	2.9262	2.6048	0.6694
服务人员	4	4.0000	3.0500	2.8750	3.4167	0.50	2.50	3.25	1.6875	3.1875	0.2500
技术人员	30	3.1833	2.4968	2.6129	2.8871	0.52	2.23	3.23	2.8468	2.7823	0.8276
生产、维修	4	2.2500	1.6000	2.3125	2.1667	0.75	2.50	3.25	2.8125	2.4375	0.7500
其他	41	2.7805	2.2000	2.7256	2.5833	0.40	1.95	3.24	2.9702	2.4226	0.5676
总计	247	3.2885	2.3992	2.7938	2.8709	0.46	1.97	3.34	2.8944	2.5623	0.7213

表 5-13　不同职业员工工作—家庭冲突及其平衡策略的方差分析(ANOVA)

		平方和	df	均值平方	F	Sig.
工冲突	组间	25.858	6	4.310	6.394	0.000
	组内	161.777	240	0.674		
	总计	187.635	246			
家冲突	组间	6.957	6	1.160	2.256	0.039
	组内	125.402	244	0.514		
	总计	132.360	250			
满意度	组间	5.233	6	0.872	2.173	0.046
	组内	97.910	244	0.401		
	总计	103.143	250			
压力	组间	12.199	6	2.033	3.990	0.001
	组内	125.361	246	0.510		
	总计	137.560	252			
旷工率	组间	0.617	6	0.103	0.406	0.874
	组内	62.276	246	0.253		
	总计	62.893	252			

续表

		平方和	df	均值平方	F	Sig.
离职意向	组间	6.020	6	1.003	2.392	0.029
	组内	102.786	245	0.420		
	总计	108.806	251			
弹性	组间	1.901	6	0.317	0.485	0.819
	组内	160.542	246	0.653		
	总计	162.443	252			
支持	组间	7.268	6	1.211	3.077	0.006
	组内	96.059	244	0.394		
	总计	103.327	250			
后果	组间	6.541	6	1.090	3.038	0.007
	组内	88.291	246	0.359		
	总计	94.832	252			
照顾福利	组间	5.122	6	0.854	0.843	0.538
	组内	239.927	237	1.012		
	总计	245.049	243			

四、不同所有制企业间的比较

由于自营业主的样本量只有四人，所以在统计时将他们删除。在所有的变量中只有工作—家庭冲突和家庭—工作冲突在组别间存在显著差异。结果见表 5－14、表 5－15。

(一)两类冲突、组织行为以及平衡策略的职业差异

从事服务行业的员工工作—家庭冲突的程度最强，其次是高层经理、行政人员、经理，专业人士，生产、维修人员的工作—家庭冲突程度最低；从事服务行业的员工庭家－工作冲突的程度最强，其次是高层经理、行政人员、经理和技术人员，生产、维修人员的工作—家庭冲突程度最低。所以服务性行业员工的工作—家庭冲突和家庭—工作冲突水平最高。

员工所表现的组织行为差异。高层经理、行政人员、经理的工作满意度最高，其次是服务人员，生产、维修人员的工作满意度最低；服务行业员工的工作压力最高，其次是专业人士，生产、维修人员的工作压力最低；生产、维修人员的旷工率最高，其次是技术人员；旷工率最低的其他职业的员工包括，教师、公务员和银行职员，专业人士也较少旷工；离职意向最高的是销售人员和生产、维修人员，最低的是高层经理、行政人员、经理。

不同职业的员工所享受的平衡策略差异。销售人员的工作制度最有弹性，其次是专业人士，其余的工作弹性水平相当；销售人员的经理对其工作—家庭平衡支持力度最强，服务人员得到的支持最弱，其余的职业员工得到的支持水平相当；服务行业的员工因享用工作—家庭平衡策略所遭受的负面职业生涯后果最严重，其次是技术人员。最不受影响的是销售人员；专业人士享用的家庭照顾福利的水平最高，其次是销售人员和技术人员。服务人员享受的家庭照顾福利水平最低。

（二）不同所有制企业的工作—家庭冲突及其平衡策略的比较

不同所有制企业两类冲突的差异。跨国公司的员工遭受最严重的工作—家庭冲突，和跨国公司的员工所遭受的工作—家庭冲突水平相当的是私营企业中的员工。由教师、银行职员和公务员组成的其他行业的工作—家庭冲突水平较低，但是总体样本工作—家庭冲突的平均水平较高。私营企业的家庭—工作冲突水平最高，国有企业的家庭—工作冲突水平最低。

不同所有制企业员工组织行为差异。私营企业工作满意度最高，其次是跨国公司，由教师、银行职员和公务员组成的其他行业的工作满意度最差；跨国公司的离职意向最高，与此水平相当的是私营企业,国有企业离职意向最低;跨国公司的旷工率最高,最低的是私营企业;私营企业工作压力最高,跨国公司次之,由教师、银行职员和公务员组成的其他行业的工作压力最小。

不同所有制企业所采取的平衡策略差异。私营企业的工作弹性高,其次是国有企业,由教师、银行职员和公务员组成的其他行业的工作弹性最差;国有企业经理支持力度最强,私营企业经理支持力度最弱;私营企业员工因享用工作—家庭平衡策略产生的负面的职业生涯后果最严重,其次是跨国公司,最没有影响的是由教师、银行职员和公务员组成的其他行业;国有企业为员工提供了最好的家庭照顾福利,私营企业次之,跨国公司提供的家庭照顾福利最差。

表 5-14　不同所有制类型企业员工的各研究变量平均值之比较(one way,mean)

	n	工冲突	家冲突	满意度	离职	旷工	压力	弹性	经理	职业	照顾
国有企业	103	3.2670	2.2792	2.7595	1.88	0.46	2.8664	3.37	2.9552	2.5377	0.8431
私营企业	49	3.4796	2.6280	2.9500	2.08	0.38	3.0067	3.42	2.8177	2.7100	0.6531
跨国企业	29	3.4914	2.4467	2.8667	2.10	0.57	2.9222	3.33	2.8833	2.5833	0.5333
其他	62	3.0685	2.3710	2.6613	1.97	0.44	2.7698	3.17	2.8532	2.4802	0.6271
总计	243	3.2860	2.3927	2.7864	1.97	0.45	2.8768	3.33	2.8937	2.5633	0.7125

表 5-15　不同所有制类型企业工作—家庭冲突及其平衡策略的方差分析(ANOVA)

		平方和	df	均值平方	F	Sig.
工冲突	组间	6.029	3	2.010	2.667	0.048
	组内	180.094	239	0.754		
	总计	186.122	242			
家冲突	组间	4.249	3	1.416	2.724	0.045
	组内	126.898	244	0.520		
	总计	131.147	247			

续表

		平方和	df	均值平方	F	Sig.
满意度	组间	2.578	3	0.859	2.120	0.098
	组内	98.469	243	0.405		
	总计	101.047	246			
离职意向	组间	2.026	3	0.675	1.589	0.193
	组内	103.716	244	0.425		
	总计	105.742	247			
旷工率	组间	0.668	3	0.223	0.893	0.445
	组内	61.051	245	0.249		
	总计	61.719	248			
压力	组间	1.637	3	0.546	0.991	0.398
	组内	134.975	245	0.551		
	总计	136.612	248			
弹性	组间	2.074	3	0.691	1.082	0.358
	组内	156.577	245	0.639		
	总计	158.651	248			
支持	组间	0.785	3	0.262	0.632	0.595
	组内	100.488	243	0.414		
	总计	101.273	246			
后果	组间	1.593	3	0.531	1.432	0.234
	组内	90.848	245	0.371		
	总计	92.441	248			
照顾福利	组间	3.307	3	1.102	1.094	0.352
	组内	237.856	236	1.008		
	总计	241.163	239			

第四节 实证研究结论

对问卷中开放性问题的答案进行定性研究表明,在各级政府、企业管理层和员工中间并不存在工作—家庭平衡共享信念,政府没有制定任何规章要求企业照顾和满足员工的家庭需要。企业管理层也没有认识到他们对平衡员工工作—家庭需要负有责任。通常下班后,他们还要到办公室或厂区巡视,看看是否还有人在工作。不管这些加班是否必要,但这些人常常会得到表扬,并认为是对企业更为忠诚的、工作认真的员工。否则如果按时下班,即使上班时工作绩效好,也不会得到表扬,并且会被认为缺乏组织承诺。也没有发现组织制订有正式的家庭照顾福利制度。因此,企业根本没有认识到对员工负有家庭伦理责任。经理支持不持续、不稳定、因人而异、因场合而变。最后,员工对平衡其工作—家庭需要缺乏应得权利感,没有把工作—家庭平衡需要当成自己应该享有的权利。共享信念的缺位使得任何设计良好的制度缺乏思想认识基础。

实证研究表明弹性工作制只能减弱家庭—工作冲突。它对四种结果变量的影响只能通过家庭—工作来调节。这说明员工首先将它认同为方便承担家庭责任的一种制度,其首要作用在于减少家庭—工作冲突。如果没有其他平衡制度存在,它也能或多或少减轻员工的工作—家庭冲突。这是因为它在方便了家庭需要的同时也方便了工作,但人们的感受却认为它并不与工作—家庭冲突相关。弹性工作制能直接提高员工的工作满意度、降低工作压力和减弱离职意向,也能间接地通过中间变量家庭—工作冲突对它们产生影响。但是并不能降低员工的旷工率。因此,弹性工作制是全面有效的正式平衡制度。但是，家庭照顾福利是不具备效率的正式企业制度，因为它与所有的研究变量都没有显著的相关关系。因此，中国的企业并不对员工的家庭照顾福利承担责任。那么作为制度博弈参与人的政府应该为员工的家庭照顾福利担当责任，承担公共制度供给责任。

经理支持并不能显著减轻两类冲突。但是它与工作—家庭冲突显著相关。员工并不指望经理能直接解决他们的工作—家庭冲突，或许他们没有义务这样做。但是，他们的支持或多或少地与工作—家庭冲突相联系，因为他们的支持能提高工作满意度、减弱离职意向，却不能减轻工作压力、减低旷工率。因此，我们推断中国经理支持是不一致的、不稳定的，是有效的非正式制度。职业生涯后果与两类冲突显著正相关，能直接增强工作压力，并通过两类冲突间接地作用于工作满意度、离职意向和工作压力。控制职业生涯后果是有效的非正式制度。

家庭结构作为特殊非制度规则变量，能够预测工作—家庭冲突，却不能预测家庭—工作压力，说明员工认为家庭需要阻碍他们充分地参与工作。家庭结构能直接地导致较低的工作满意度，并通过工作—家庭冲突间接地导致较低的工作满意度和较高的工作压力。这说明他们并没有充分重视家庭需要，证实了定性研究的结论，即员工还没有充分地意识到平衡家庭需要也是他们应得的权利。另外，家庭—工作冲突显著地影响离职意向，但单独的回归分析表明它们的影响并不显著，这表明中国员工的家庭责任严重时会产生离职的想法，但因养家糊口的需要，理性来看，他们还没有采取离职行动。

如果工作—家庭平衡制度安排能够有效地发挥作用，创造出和谐的劳资关系，必须培养基本的制度要素，即对企业的家庭伦理责任的重要性的社会认知，培养出非正式的制度规则，和正式的制度规则匹配、协同，并贯彻正式制度。同时，两种正式制度应由制度博弈的两个主体来实施。作为公共制度供给方，政府应为整个社会提供家庭照顾福利。企业负责实行弹性工作制。最后，在企业文化中必须培养两种非正式的制度，来强化两种正式制度的实施效果。

以工作—家庭平衡为核心的企业家庭伦理哲学并没有成为全社会共享的信念，使得正式的制度安排失去了共识基础；弹性工作制能直接提高员工的工作满意度、降低工作压力和减弱离职意向，也能间接地通过家庭—工作冲突对它们产生影响，是全面有效的正式平衡制度；家庭照顾福利是不具备效率的正式企业制度安排；经理支持并不能显著减轻两类冲突，但与工作—家庭冲突显著相关，能提高工作满意度、减弱离职意向，是有效的非正式制度；职业生涯后果与两类冲突显著正相关，能直接增强工作压力，并通过两类冲突间接地作用于工作满意度、离职意向和工作压力，是有效的非正式制度。具体结论表述如下。

一、制度变量对两类冲突、组织行为的作用效果

(一)弹性工作制

弹性工作制与工作—家庭的两类冲突。企业实施灵活的弹性工作制度能够减轻员工所遭受的家庭—工作冲突和工作—家庭冲突。比较而言，弹性工作制的首要作用在于减少员工的家庭—工作冲突，其次也会减少员工的工作—家庭冲突。所以弹性工作制较好地帮助员工担当家庭责任，是有效的平衡策略。

弹性工作制与组织行为。弹性工作制的实施和采用与员工的工作满意度呈正相关。采用弹性工作制与员工的离职意向负相关，即弹性工作制度越具有柔性，员工的工作满意度越高、离职意图就会越

低。弹性工作制与员工的工作压力负相关，弹性工作制度越具有柔性，员工的工作压力就会越低。采用弹性工作制并不能减少员工的旷工率。弹性工作制在减轻员工的家庭—工作冲突和工作—家庭冲突的同时，能够提高员工的工作满意度、降低工作压力和减弱离职意向。但是并不能减少员工的旷工率。因此，弹性工作制是全面有效的平衡策略。

(二)家庭照顾福利

家庭照顾福利与工作—家庭间的两类冲突。组织的照顾家庭福利与员工的工作—家庭冲突、员工的家庭—工作冲突都没有明显的相关性。单位提供的家庭成员照顾福利与两类冲突关系不显著。说明提供家庭成员照顾计划并不能帮助员工减轻两类冲突。组织的家庭照顾福利并不与员工的工作压力负相关。组织提供的家庭照顾福利越多，并不意味着员工的旷工率就越低，组织提供的家庭照顾福利与员工的旷工率并无负相关关系。这表明组织的家庭照顾福利对员工的离职意向、工作压力和旷工率都没有影响。

因此，各种家庭照顾福利并不与任一种冲突和相关的组织行为后果变量相关。因而它不是好的工作—家庭平衡方案，为员工提供家庭照顾福利是无效的平衡策略。

(三)经理支持

经理支持与工作—家庭的两类冲突。经理支持不能明显地解释员工的工作—家庭冲突，因此对员工来说，经理对解决工作—家庭冲突问题的支持，并不能真正地减轻员工的工作—家庭冲突。经理支持能够提高工作满意度、减弱员工的离职意向。但是经理支持并不能降低工作压力、降低旷工率。相比较而言，组织的正式的家庭照顾福利这一平衡策略就不如经理支持的效果好。因此，作为组织的非正式的人力资源管理策略，经理对员工平衡工作—家庭冲突的支持能够提高员工的工作满意度、减弱离职意向，但是他无法减轻员工的工作—家庭冲突和工作压力。所以，经理支持也是有效的平衡策略。

(四)职业生涯发展后果

职业生涯发展后果与工作—家庭的两类冲突。员工因解决家庭问题或使用企业已有的工作—家庭福利计划对自己的职业生涯发展会产生负面影响。职业生涯后果的影响越严重，员工所遭受的工作—家庭冲突程度越高。职业生涯发展后果与工作满意度、离职意向、工作压力与旷工率不相关。因此，员工因享用组织正式的工作—家庭平衡策略而导致的职业生涯后果，不管是好是坏，都不会影响到员工的工作满意度、离职意向、工作压力和旷工率。职业生涯发展后果作为组织非正式的人力资源干预措施，其主要的作用在于减少员工的工作—家庭的冲突程度。这说明职业生涯后果这一非正式平衡措施是有效的。

经理支持与职业生涯后果是组织的工作—家庭平衡文化的两个核心要素，是影响工作—家庭平衡的一个重要的非正式制度因素。在平衡工作—家庭责任能导致负面职业生涯后果的企业文化中，个体普遍担心自己的职业生涯并遭受更严重的工作—家庭的冲突 。因此，如果个体的晋升机会受到威胁，那么灵活的工作安排和其他平衡员工的工作—家庭关系的策略最好不要使用，也不要把它当成是解决现实问题的一个替代方案。同时，经理对员工平衡工作—家庭需要的支持力度较高，员工的离职意向就越低。

本研究对两种非正式的人力资源管理策略与正式的人力资源管理策略之间的关系也进行了分析，经理支持与职业生涯后果之间呈负相关，经理支持与弹性工作制呈正相关。职业生涯后果与弹性工作制呈负相关关系。这同样说明弹性工作制是减少工作—家庭间两类冲突的最有效的平衡策略。间接地减轻工作压力并进一步提高工作满意度、减弱离职意向、降低旷工率,从而降低工作—家庭冲突。

本研究结论表明,在组织制定平衡职工工作—家庭关系的人力资源管理策略时,要特别注意这些正式管理策略与非正式的管理策略之间的匹配。

(五)特殊变量家庭责任(结构)

家庭责任(结构)与家庭—工作冲突。家庭结构与家庭—工作冲突正相关,员工需要承担照顾家庭成员的责任越多,会导致更为严重的家庭—工作冲突。员工的家庭结构中如果孩子越小、需要照顾的老人、配偶也有工作,那么其照顾家庭成员的责任与负担越重,员工的家庭—工作压力也就更大。家庭结构与家庭—工作冲突有高度的正相关关系,说明家庭责任的担当是影响工作的主要因素。

员工的照顾家庭责任(家庭结构)与其工作满意度负相关,家庭中需要照顾的成员越多,其工作满意度就越低。家庭结构与离职意向、工作压力和旷工率不相关。家庭结构的复杂性会影响到员工的工作满意度。家庭中需要承担的责任重与轻,都不会导致中国员工产生更强的离职意向、产生更严重的工作压力和较高的旷工率。

二、两类冲突导致组织行为后果

家庭—工作冲突与工作—家庭冲突呈正相关关系,较严重的家庭—工作冲突也会导致更严重的工作—家庭冲突,反过来,较严重的工作—家庭冲突可以导致较高的家庭—工作冲突;工作干扰家庭的程度和家庭干扰工作的程度相当,彼此几乎具有相同的影响力。

工作—家庭冲突的组织行为后果。工作—家庭冲突与工作压力呈正相关关系。企业员工的工作干扰家庭的程度越强,就会产生更高的工作压力和工作紧张。但是,工作—家庭冲突和工作满意度、离职意向不相关。员工的工作—家庭冲突越严重,并不能导致工作满意度就越低、离职意向越强,员工越想离开现职。总之,工作—家庭冲突最突出的影响是工作压力的增加,并不会导致工作满意度的降低、出现旷工和产生较高的离职意向。

家庭—工作冲突的组织行为后果。员工所遭受的家庭—工作冲突越严重,就越会面临更严重的工作压力和更高的工作紧张程度。履行家庭责任影响到工作程度越严重,并不能导致他们的旷工率就越高。履行家庭责任影响到工作程度越严重,亦即员工遭受的家庭—工作冲突越严重,并且无法平衡时,员工的离职意向并不变得越强。个体所遭受的家庭干扰工作的冲突程度越严重,对他们的工作满意度并没有影响。

因此,两种冲突都能导致更高的工作压力。但是,两种冲突都不能显著地预测工作满意度、旷工率或离职意向。回归分析的结果进一步确认了相关性分析结果,两种冲突并不能预测工作满意度、旷工率和离职意向。

但是,相关性分析表明工作压力与工作满意度、旷工率和离职意向有明显的相关关系。相关性分析表明:工作满意度与工作压力呈负相关。工作压力与离职意向呈正相关。工作满意度与离职意向呈负相关。工作满意度与旷工率呈负相关。这说明工作、家庭两类冲突虽然不能直接解释工作满意度、旷工率和离职意向,但是它们通过工作压力对它们产生间接的影响。组织行为间的高度相关性使得平衡策略的作用效果及其作用机制更为复杂。

三、性别差异和生命周期不同阶段的影响

本研究的独立样本 T 检验表明，假设 10(H_{10})：在中国女性比男性要遭受较高的工作干扰家庭和家庭干扰工作的冲突程度被拒绝。本研究对男女被试的变量均值差进行了统计，但是在所有的变量上都不存在显著差异，统计结果表明，经理支持和性别都与两种冲突没有相关性。

在中国员工遭受工作—家庭冲突的而产生的组织行为后果中，旷工是他们不愿采取的措施；中国员工中男性和女性遭受同等程度的工作—家庭与家庭—工作冲突，并且组织的正式与非正式人力资源管理策略都不存在性别歧视。就性别差异而言，平衡工作—家庭能力是男女员工共同所面临的突出的问题。工作—家庭问题对他们职业生涯造成的负面影响程度是相同的。实际上，当代中国女性“能顶半边天”，和男性一样从事各种全职工作。这就有别于西方文化背景下做全职太太的女性角色预期。

生命周期的不同年龄阶段，员工所承受的工作和家庭两种冲突、工作压力的程度不同，同时享受的弹性工作制和福利待遇也不同。职业生涯后果和组织行为后果的表现也不一样。在各研究变量上存在差异，这验证了西方的研究成果。

第三篇

家庭伦理的企业管理制度内生、外生嵌入及其演化

——企业市场品与家庭非市场品均衡生产的制度生成

本篇研究企业市场品与家庭非市场品均衡生产的制度生成机制。上一篇的研究是选择两个正式的工作—家庭平衡制度，即弹性工作制和家庭照顾福利制度，以及两个非正式的制度，即经理支持和职业生涯后果控制，来看中国企业中它们在平衡员工工作与家庭关系中的效率。但是，这样的实证研究结果无法在企业中推广开来，因为缺乏制度基础理论研究。实际上，实证研究告诉我们，中国社会缺乏工作—家庭制度作为共享信念的宏观社会文化基础。由此，本篇试图从制度理论角度来探索在中国企业中实行家庭伦理管理制度的基本理论问题，从传统的工作—家庭冲突的个体研究视角，转向了企业层面，从企业和员工作为制度博弈参与人的策略和主观认知结构内生互动角度来探索家庭伦理企业管理制度的内生、外生及其演化，从而探索企业市场品与家庭非市场品均衡生产的制度生成机制。本篇由三章构成，即内生机制、外生嵌入以及研究结论与未来研究模型。

本篇的研究采用方兴未艾的博弈论制度学派的理论框架。首先，要研究中国企业中家庭伦理管理制度的内生状态，探索该制度内生的机制，以及朝着正式制度演化方向上存在哪些制度生成的驱动因素。其次，探索该制度在内生动力不足的情况下，如何从跨制度域中，进行移植与嵌入，以及嵌入后制度演化过程。最后，研究工作—家庭平衡作为制度或作为企业与员工的共享信念的结构与效率。这些制度理论的探索以及所提出的家庭伦理制度体系，将为国家制定相关的企业管理制度以及立法提供理论上的准备，也为将来的实证研究做好基础理论准备。

本篇研究的潜在假设前提是，通过员工个体实现工作与家庭需要的平衡制度设计，来实现企业在市场品生产和非市场品生产的均衡。亦即，家庭伦理的企业管理制度应该在两个层面上发挥作用：塑造员工和谐的工作与家庭关系；企业实现市场经济品与家庭非市场品生产均衡。只有在这两层面上都起作用的家庭伦理管理制度才是有效的。

本研究所指的均衡生产是指企业为实现员工的工作与家庭平衡而对员工的家庭需要

进行投入，提高员工的工作满意度与家庭满意度，保持身体健康、提升企业声誉，亦即获得了丰富的非市场品产出，并同时提高了企业物质产品即市场品产出，达到企业为满足员工家庭需要而进行投资的利益最大化状态，是一种主观均衡状态。这种均衡包括：员工的工作与家庭生产达到最大化的主观均衡状态和企业的市场品与非市场品生产达到最大化的主观均衡状态。

市场品与非市场品均衡生产制度是指企业为了促进市场品产出的最大化，而对员工的家庭需要进行投入，并同时获得非市场品生产最大化而实施的管理员工工作—家庭关系的正式的与非正式的管理制度，以使员工的工作—家庭冲突最小化，工作—家庭平衡最大化。本研究将这样一系列管理制度统称为家庭伦理的企业管理制度，这一理论称为家庭伦理的企业管理制度理论。

本篇研究采用博弈论制度学派的方法作为整体研究思路，以制度博弈与演化理论作为指导，用定性研究方法，推论出制度内生、嵌入及其演化模型，并据此概念模型采用横切面（共时）比较和历时演化分析的方法，在不同制度域中的定性研究中，探讨制度嵌入的效率机制。研究采用跨学科研究方法，将演化经济学、制度经济学与人力资源管理相结合，并以机制设计理论作为指导，来研究家庭作为潜在的工作场所后企业的管理制度系统设计。

制度内生的研究比较复杂和抽象，因为没有可借鉴的资料，研究采用探索性研究方法，对企业员工进行焦点小组访谈，对获取的语篇样本进行分析研究。为探索实现均衡生产的制度体系以及其内生机制，研究分两个阶段。第一个阶段，研究设计两个焦点小组访谈，对纺织品进出口公司和进行贴牌生产的制造业合资企业即两家独立企业进行访谈。其中一组有八人，一组有七人。他们来自两家企业的不同部门，有已婚、单身、有子女与无子女，有男性也有女性，有中层、高层和一线员工。第二阶段，根据第一阶段的深度访谈的结果，和工作—冲突领域中的文献回顾，我们设计开放性问卷调查，要求被试写出其工作单位要作出哪些变革才能帮助员工更好地平衡工作—家庭责任。被试是77名来自南京两所大学的研究生和MBA研究生。

年龄在24—28岁，93%是全日制学生，83%是单身，13人已婚，11人配偶有工作。每一组焦点深度访谈大约持续一个半小时，参加人员有美国安德森和科菲博士，刘永强博士和南京大学商学院的一位博士生。现场由刘永强口译，并和该博士生一起进行整理，采用翻译和回译的方法，确保语义的对等与准确。我们对获得的样本进行内容分析，来探索既能实现员工工作与家庭平衡又能实现企业的市场品与非市场品生产均衡的制度体系及其内生机制。

制度的外生嵌入与嵌入研究，采用共时研究和历时研究相结合的方法。横切面（共时）比较共时嵌入的数据来自安德森等的研究，中方数据来自刘永强等（2008）的研究。该数据在中国调查的时间是2004年12月，因此时间跨度不大。历时嵌入研究的数据是来自美国工作家庭研究所2008年发布的研究报告，从中抽取历经十年演化而有效的制度，并对其嵌入中国管理制度的效率进行分析。在制度的内生机制和外生嵌入机制研究基础上提出了在中国制度环境下企业制度变革方案与国家立法建议，以及研究的概念框架。

为简化研究、便于抽象出理论模型，本研究提出以下几个研究假设前提：第一，假定企业在家庭伦理嵌入到其人力资源管理制度中时，没有财务约束条件。第二，企业规模不受限制。第三，假设每个人都处于相同的生命与家庭周期。第四，性别角色对所研究的问题不产生认知差异。

第六章

内生机制研究

信息与数字化技术使得企业的交易成本与管理成本急剧下降，并且企业的边际收益相对获得了较大的提升。根据科斯原理，企业(工作)的边界将会无限扩大，工作侵入家庭。于是，家庭已经超越了消费功能，成为生产场所的一部分，是健康、声望等非市场商品的积极生产者。由此，工作与家庭成员之间的关系必须平衡。然而，中国社会员工的工作与家庭关系出现危机，产生了严重的工作与家庭间冲突。在工作—家庭平衡作为共享理念缺位的情况下，需要研究家庭伦理企业管理制度内生的机制、方式、结构与途径。因此，本章构建家庭伦理管理的行动策略与共享理念演化模型及其内生的认知结构模型，来探索以工作—家庭平衡为核心的家庭伦理管理的企业制度体系内生演化机制。

第一节　内生机制模型构建

从博弈论制度学派来看，制度是博弈实际进行方式的共享信念，是博弈规则，而博弈规则是由参与人的策略互动内生的，存在于参与人的意识中，并且是可自我实现的制度。因此，可作为共享信念的自我维系系统，有效的制度是博弈均衡，是共享信念。在有限信息下的博弈不仅要求参与人的行动选择(或策略)达到均衡,也要求参与人的信念具有一致性。这一信念指导参与人的实际行动。[1]

董志强对制度界定的各种观点进行比较,指出制度最根本的性质是人类的精神现象。主流范式经济学认为制度产生于人们的理性选择,或是遵循效率制度观来选择最大化社会总剩余,或是遵循寻租观,是由少数即时控制政治权力的集团来选择的,或是遵循有代价的制度观,是为了解决经济问题而构建出来的。[2]然而,人们的理性选择,首先是基于个体在具体现存制度供给不足的情况下,对制度缺位的感觉与知觉,并由此自发选择行动策略,并获取使用该行动策略集的经验。由此开始了新制度选择后的演化过程。

文献提供了多种制度演化思路。青木昌彦抛弃了博弈论关于参与人拥有博弈客观结构的完备知识的假设,认为参与人对他们的博弈拥有一种主观认识,并指出制度变迁机制的(主观)认知要素包括:参与人的策略决策,认知和学习方面发生系统变化的机制,即主观博弈模型,亦指每个博弈参与人对博弈结构的主观认知的概念框架。制度化界定为均衡演化所产生的预期趋同过程。均衡的稳态解释为每个参与人都知道均衡结果,从长期经验中积累的知识出发检测其行为的最优性。同时,制度必须是作为博弈的均衡结果来维持。博弈的均衡过程意味着博弈的内生变量,即策略决策组合与参与人预期互相强化和同步稳定的过程。因此,制度化意味着参与人策略决策的程式化和关于其他参与人决策的不确定性的减少将以一种相互支持的方式同时产生。[3]然而,该模型忽略了认知变化的过程。于是,诺思等提出了制度演化的认知模型。该模型指出,当事人有某些认知能力禀赋,面临不确定环境时将通过预期和意识采取行动,环境的变化通过信息反馈影响当事人的认知,当事人通过心智对这些变化进行评价、精练、接收或拒绝，从而形成新的预期。如此循环，构成当事人认知和环境的互动过程。这既是心智的调整过程，也是一个学习过程。一种心智模式若在环境反馈中被反复认可，那么这种模式就趋于稳定，这种心智模式就是信念。另外，心智模式具有内在的创造力量。当事人启动某种心智模式是针对特定环境问题提出的解决办法，如果成功，就能积累经验；如果失败，则当事人首先寻求替代性解决办法；如果仍不成功，则会尝试新的办法，这就是心智模式内在的创造过程。这一过程使心智模式能够适应环境的变化，促进其本身的演进，产生新的心智模式。参与人的心智模式可能是异质的，但他们之间存在相互模仿、学习和知识交流，则最成功的心智模式就可以稳定下来，成为共同的行为规范，即制度。[4]这样制度演化才能达到制度均衡状态，即参与人的谈判力及构成经济交换总体的一系列契约给定时，没有一个参与人有花费资源进行再谈判的激励。[5]

因此，制度化是博弈参与人在博弈的均衡过程中，其策略决策组合与预期互相强化和同步稳定的过程。制度变迁可界定为参与行动决策规则的策略选择连同相关的共享信念同时发生基本的变化和重构的过程。因此，研究制度演化，既要研究参与人的策略组合，也要研究参与人的认知结构与认知过程。而认知过程包括：感知、语言与思维、问题解决与推理、判断和决策。[6]参与人的主观认知的形成和变化，引发着参与人的行动策略集的修正，修正后成功的策略反馈再次确认和巩固新的认知变异，从而引发制度变迁。

当把这些洞见应用于企业解决员工工作与家庭冲突问题时，首先要研究的是员工、企业对工作与家庭关系危机的认知结构与认知过程。其次，要考虑的是企业在与员工就家庭伦理制度安排的博弈过程中，产生的各种行动策略集演化与实现均衡的过程。最终，各种制度集或者策略集能够成为共享理念，即家庭伦理的企业管理制度取决于各种策略集对制度博弈双方产生的收益。根据贝克尔的观点，家庭通过综合运用市场商品与劳务、家庭成员的时间、教育及其他“环境”变量生产出健康、声望和满意度等精神产品。那么这些产出就是家庭伦理的管理制度或策略集的收益，亦即制度效率。[7]由此，本研究构建出自己的研究框架。见图 6－1。

图 6－1　家庭伦理企业管理制度内生机制模型

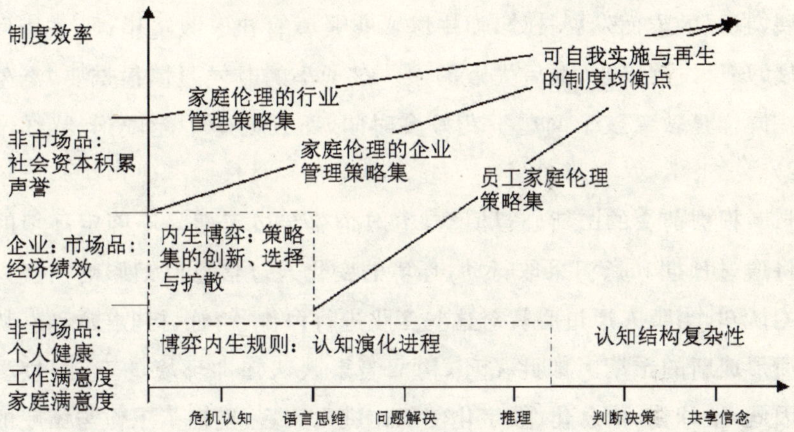

第二节　认知结构以及策略集的内生演化

本节将根据图 6－1 提出的内生演化模型来探讨家庭伦理管理制度的内生状态以及演化成内生制度的可能性，来推论出家庭伦理企业管理制度内生演化的研究命题。

一、环境参数变化启动新制度内生机制

深度访谈中，中国企业员工对工作—家庭冲突的来源也谈了自

己的看法，如："个人觉得工作—家庭矛盾与冲突的原因来自于以下几个方面：第一，信息化社会带来工作压力，如手机和网络产生的电传工作。第二，全球化。公司在世界每个角落都做生意，有时差，因此工作不分昼夜。第三，抚养家庭的责任。我孩子在中考，为了家庭生活得好，只好奋发工作了。第四，为谋取好岗位。中国文化教育子女要获得更多的财富，就要天天干好工作，将来晋升到一个好岗位。"（样本 6）"这还有一个文化差异，西方文化强调孩子潜力与个性的发展，在强的方面发展长处，而中国文化是教育孩子改造错误，平衡发展，孩子发展平平，最后失败的多。孩子小的时候习惯很重要，老外在同样是教育孩子问题上花好多时间，而我们却不能做到。"（样本 2）

根据前文的诺斯心智模型，中国企业与员工面临不确定环境时将通过预期和意识采取行动，环境的变化通过信息反馈影响当事人的认知，当事人通过心智对这些变化进行评价、精练、接收或拒绝，从而形成新的预期。如此循环，构成当事人认知和环境的互动过程。因此，全球化、信息化、数字化使工作进入家庭，模糊了工作与家庭的边界。同时，西方社会存在互补性文化价值观，使得员工感觉到外部制度环境参数的变化，使人们重视生活质量、关心子女的照顾与成长。环境的变化通过企业全球化经营的信息与反馈改变中国员工对家庭以及子女照顾的重要性认知。但是，旧制度在时间资源分配上存在效率差异与不一致的情况，使得中国员工具有实践自发策略的内在驱动，启动了自己新心智模式对这些变化进行评价、精练、接收或拒绝，从而形成对企业采取新制度的预期，给中国企业管理无工作—家庭边界的员工组织行为带来严峻的挑战，构成企业与员工的认知和环境的互动过程。

命题1:全球化、信息化是企业市场品与非市场生产均衡制度,即家庭伦理的企业管理制度的内生萌动与驱动机制引发了员工对工作与家庭关系需要平衡的感知,并开始寻求平衡策略。

二、工作—家庭关系的认知危机与制度危机

1. 非市场品生产率低引发工作与家庭关系危机

认知危机是指理想与现实的差距。[8]目前,企业的管理制度安排并没有考虑员工家庭伦理关系,造成了紧张的工作与家庭间的冲突,远离了和谐的、平衡的工作与家庭关系,员工产生了极强的认知危机。工作—家庭冲突是一种角色冲突。角色冲突研究主导着工作家庭关系的研究,因养育孩子和其他家庭的责任而产生的冲突而企业管理实践会导致较严重的工作—家庭冲突。因此,员工试图对工作和家庭从空间上进行划分,但是常常于事无补。角色预期理论认为,性别以多种方式影响个体平衡工作—家庭关系的能力。个性也影响工作—家庭的关系,如对大五人格理论和A类性格的研究。[9]

在现有的工作—家庭关系制度框架内,雇主实施的种种策略都是着眼于在工作中提高员工的工作效率,来缓减家庭对工作行为的影响。而较少关注如何改善工作条件来缓减工作对家庭生活的影响。工作特征对家庭生活的干扰程度越来越强。工作—家庭冲突负溢出而不是家务活导致了越来越多的员工因病而旷工。[10]员工认识到工作与家庭之间出现了紧张冲突的不良关系,严重影响到员工照顾父母履行孝道义务、陪同配偶和照顾子女的时间,导致了对现行管理制度失望的认知危机,主要体现在:给员工的家庭关系和个人健康带来危机。因为工作—家庭冲突有损个体健康、降低个体的生活满

意度并降低婚姻满意度、工作满意度、个人康乐。[11]许多中年人健康“透支”。北京知识分子平均寿命从10年前的59岁降到调查时期的53岁，比第二次全国人口普查时北京人均寿命75.85岁低了20岁。[12]婚姻满意程度降低导致离婚率上升。无论男女，只要他们工作负担重同时需要与顾客进行情感交流的个体，就会倾向于用不愉快和生气的方式对待配偶。工作有压力的员工，倾向于一些情绪反应，如对家庭成员生气、没有耐心，并且这些情感会产生敌对和争吵的行为。工作压力中的个体和配偶的沟通效果是负面的，因为工作压力，会传递给工作—家庭冲突，并且无法从工作压力中解脱出来，来担当家庭责任。[13]工作压力导致“过劳死”。知识分子的工作压力逐渐加大。知识分子每天比普通人群工作时间多了将近两个小时。在工作压力方面知识分子中感到有工作压力的比例高于普通人群近30%。在体力透支主观感方面，知识分子有体力透支感觉的比例(61.3%)远远大于普通人群(35.7%)。[14]

工作要求高与负面的家庭沟通相关。高工作要求或压力下的员工把工作带回家的可能性大，如把文字工作带回家，或在家思考工作上的事，优先完成工作任务，把家庭责任放在从属地位。结果是家庭责任的不平等分工，从而会导致家庭成员间的不愉快交往。工作—家庭冲突与负面的社会交往过程相关，并间接地导致配偶要承担更多家庭义务；家庭义务通过家庭—工作冲突会导致工作上的精疲力竭。雇主不应该忽视工作—家庭冲突和家庭—工作冲突已经成为有孩子、有工作配偶生活的压力源。下班时丈夫的情绪不好，不回家面对妻子机会越来越多，导致妻子生气，并对丈夫越来越挑剔。[15]不仅如此，工作与家庭间存在着负面的情感溢出。[16]如相互提取时间、注意力和精力资源的一致性关系、通过减少对不重要的角色的参与来融合不同角色间要求的迁就融合关系；同时参与多种工作角色和家庭角色的互益关系与扩张关系；通过参与另外某种角色而寻求满意与满足来抵消某种角色参与带来的不满意与不满足的补偿关系；工作和家庭互相分离彼此互不影响的相互区隔关系；某种角色参与丰富和加强了另外一个角色参与质量的工作—家庭丰富化关系；工作和家庭相互缠绕在一起难以区分的一体化关系。[17]

工作与家庭关系研究最终是要实现工作与家庭互益。现有的互益机制包括三个模型：工作—家庭互益发生机制、工作—家庭互益系统模型和互益的双路径模型，即工具路径和情感路径。[18]

严重的工作与家庭的冲突与对立，使得员工承受着严重的工作压力、影响了员工个人的身心健康，更谈不上去尽孝道、关心配偶和子女的抚养与教育。员工感受到来自工作与家庭间的关系，与理想状态下的和谐与增益存在着差距。因而，他们认识到其工作与家庭关系间存在着危机。在严重的工作与家庭关系危机面前，为解决工作与家庭需要间的冲突，员工自然要寻求企业有没有相关的管理制度来管理员工的家庭伦理关系与工作间的关系。亦即是否存在保障纬度方向上的制度，来解决该危机。为此，他们自发采取措施来暂时解决经常出现的工作与家庭需要间的矛盾与冲突。各种措施在不同的个体间，在不同的场合中实施与反复试验，而企业主管因制度缺位无法提供一致性解释逻辑与方案。[19] 于是，家庭伦理管理制度的演化，进入混乱的制度危机阶段与认知危机阶段。

2. 制度缺位引发制度危机

根据制度变迁机制认知结构模型[20]。当事人启动某种心智模式是针对特定环境问题提出的解决办法，如果成功，经验就被积累；如果失败，则当事人首先寻求替代性解决办法；如果仍不成功则会尝试新的办法，这就是心智模式内在的创造过程。这一过程中，为缓解自身的工作—家庭矛盾，员工求助于企业，然而企业并没有现行的制度可以帮助他们，依靠主管经理的支持取得暂时的解决方案。若员工无法从家庭获得救济，那么员工自然产生对企业制度缺位的不满，于是认识到“制度危机”的存亡。不仅如此，现有企业管理制度的存续及其以经济利益最大化为共享信念系统，在信息技术驱动下实现了无边界扩张与渗透，对员工的家庭成员形成永久性的剥削。同时，中国劳动力市场大量过剩的劳动大军，甚至是大量的待就业的大学毕业生的存在，使得中国企业失去了解决员工的家庭伦理关系问题的内部激励与动力。而家庭伦理的企业管理制度建立的共享信念基础却是员工的家庭是需要照顾的，并进而认为家庭与工作的需要都要兼顾。两种共享信念的系统间的对立导致了企业内部也出现了家庭管理制度缺位的制度危机。

3.危机驱动自发策略集的试验

在整体收入水平提高的情况下，有些员工不再惧怕企业克扣工资，大胆地采取措施，来满足家庭需要。采用新制度策略的实验已经在某一群众中发生(见附录2)，这些新规则与旧制度规则并不一致。在与企业进行制度博弈过程中，重复博弈的累积结果已经在财产分配，即绩效工资、权力配置如晋升和社会分工如职业生涯后果等方面，产生了差异。并且在这样的制度博弈域中，已经达到临界规模的员工认为不考虑员工的家庭需要是不公平和不平等的。[21]然而，在现行的制度规则框架内，重复博弈导致参与人竞争力的积累无法在现存的规则框架内得到有效的应用。例如，为了能及时下班，员工可能提高上班时间内生产力，以完成其他人需要加班的工作量。因此，在日工作中表现出高效和富有竞争力。然而企业的经理人与经营者，把自愿加班当成是对组织忠诚的标志。因此，在绩效工资和晋升安排中，就不会公正地对待这些人。由此，产生了制度危机的认识。由于家庭问题是每个员工都会遇到的问题，因此这样的实践，即使不公平也会引发超过临界规模的参与人产生制度认知危机，最终导致各种变异性决策以一定规模进行着试验。[22]由此，研究得出如下命题：

命题2：严重的工作与家庭冲突导致的家庭关系危机和健康危机构建了均衡制度内生的认知危机。同时企业现行正式与非正式制度无法有效地分配时间、资金与服务来解决该危机，进而产生了制度危机。两者是均衡生产制度萌生的初始主观认知结构基础，也是制度产生的新制度事实。

三、制度事实与制度规则生成与扩散的语言机制

根据图6-1，在环境引发了认知危机后，就需要研究家庭伦理企业管理制度生成的语言机制问题，然后研究其推理思维结构。制度事实的生成机制，即制度事实在人们的言语活动中生成，以语言的形式存在，并归根到底所有规范约束和制度规则均由语言来界定和承担。[23]当员工面对严重的工作与家庭冲突与危机时，个体要想维系和睦的家庭关系，必须采取行动，而这些行动，无论是单个的行动还是一组行动集合，一定是员工深思熟虑的结果。思考的过程发端于语言，因为语言既是思考的工具，又是思考的范式和框架。语言是获取文化信息和进行认知的媒介，也是我们思考过程的重要决定因素。

从制度经济学的角度看，语言是一种“元”制度，也是一种交流的机制，主要规范人们的话语行为，在某种程度上，也能界定、调整人们之间的权利关系或利益，进而有可能影响经济绩效。以纯粹交流为

目的有效率语言制度安排能使人们有一个共同认识。[24]因此，在现有企业管理制度中嵌入家庭伦理关系的企业管理制度的内生与变革，起源于企业的员工与主管经理就解决工作—家庭平衡的制度危机进行沟通时所使用的语言。工作—家庭平衡的制度内生与语言运用存在着互动。“无论是制度理性设计论者，还是制度自发生成论者，均忽略了制度设计或制度生成中语言运用以及语言运用中语言本身的内在问题。大多数研究者更没有想到制度设计和制度生成中的语言运用与制度设计和制度生成过程本身也存在着内在且密切的互动问题……一个理论判断：制度说到底是个语言现象。”[25]

那么现在要研究的是，什么样的语言能够产生制度？或制度内生的语言机制是什么？纬特根斯坦认为：“言出（什么），也就做了（什么）。”因此，言语活动本质上是执行一种动作的。奥斯汀于是根据句子里的动词来划分言语活动的分类：记述话语和施事话语。并进一步分为：以言表意行为、以言施事行为和以言取效行为。界定制度性规则的话语一般是施事话语，必须且必定是以言取效行为语句。只有以言取效行为，才能导致一定的制度事实，才能产生一定的制度规则。任何制度事实都是经由某些人在某些情况下说出某些话以达到以言取效的结果时方能构成制度事实。要达到以言取效的结果不但发话人要有适当的身份、地位和权力，更重要的是他的话语必须符合惯例，并且具有一定的惯例力量，才能导致制度规则和制度事实的生成和确立。[26]施事话语具备以言取效的语力，还必须具备以下 6 个条件才能生成制度规则和制度事实。

A1：必须存在一个有约定俗成效力且有被接受的惯例程序，这一程序包括在一定情境中由一定的人说出一定的话，并且 A2：在一个给定的场合，特定的人和情境必须适合所诉求的特定程序的要求。

B1:这个程序必须为所有参与者所正确地执行,并且B2:完全地执行。

T1:这个程序通常是具有一定思想或情感的人使用所设计,或为任何参与者所发生的某些相应而生的行动而设计的,那么参加并要求用这个程序的人,必须事实上具备这些思想和感情,并且进一步,T2:随后他们自己必须实际以此而行。

A类规则涉及语言本身的内在规则,违反了A类规则会产生误求,或误用;而B类涉及人们言语行为与其他社会生活形式的关系,违反它会产生误施;T类涉及人们的言语行为与社会生活形式关联的内在情境,违反它不仅施事话语本身是不合适的,而且会导致既存的和将要有言语行为所创生的制度事实的无效。除此之外,制度,不管是制度安排,还是制度性规则,对相关的人的行为都有一定的约束力,任何制度的约束都是语言的约束,这个约束就是道德约束。以言创生制度事实还必须蕴涵道德约束机制。[27]

为满足T1条件,还需研究语言与思想,即语言与文化之间的关系。因此,需要研究语言与文化间的关系框架。同时,A类规则涉及语言本身的内在规则,但现有的文献并没有进一步界定这些内在规则的内容。文化与语言行为联系在一起,而语言的内在规则包括萨皮尔—沃夫(Sapir-Whorf)假设和克拉姆什(Kramsch)提出的语言表达现实世界的经验方式。

萨皮尔—沃夫假设认为,我们惯常使用的语言影响我们的思考和行为方式。语言的相对性理论认为,人们说话方式的不同是因为人们思考方式的不同,而思考方式的不同是因为语言给我们提供的不同的表达世界的方式。语言为表达人们在现实世界中的经验提供了两种方式,对经验进行表达和过滤。第一种,编码符号,即语义连贯方式，是指词与词之间的关系。语义连贯是通过编码符号来表达词与词，词与物之间的关系。这种关系有三种：指称关系(denotation)、隐含的含义[(connotation)与读者或听话者脑中许多文化联想相关联，亦即文化内涵]以及对词所指的事物的想象(imagination)。人们是用这三种符号将经验编码进行沟通。编码的语义内涵反映了共同语篇社群观察自己与其周围世界的方式，与社群的经验、情感和思维密切相连，亦即文化。人们说话的目的是要产生一定的语言行为，因此说话者要会解释符号并以此采取相应的行动，同时，对他人的言语行为进行预期。该预期结构由说话者的文化决定。第二种，语用连贯，是指一定语境中的语用行为，是在更宽泛的背景下将说话者联系在一起，是通过语境线索产生的。词语间的语义联系和说话者共同的文化背景一起构建了深刻的语用连贯，并通过说话者的行为体现出来。这是人们使用语言的最终目的。因此，语言产生了共同语篇社群的文化，反映了它的价值观，也是对该社群的过去文化，亦即共享的历史与传统的表现。因此，语言与文化的预期和想象密切关联，规范着人们的决策(思维)和行动(活动)。[28]

总结这些研究实现制度内生的语言机制应该为：第一，言语必须是施以话语，必须且必定是以言取效行为语句，而不是记述话语。第二，必须满足 A、B、T 类六个条件。第三，言语必须反映话语人的思想，即文化价值观。第四，内生道德约束力。第五，发话人要有适当的身份、地位和权力，且话语必须符合惯例。据此，我们分析家庭伦理的企业管理制度内生的语言机制。

第一，对深度访谈的语篇(附录 2)进行分析，发现解决家庭与工作需要间冲突的话语大多是记述话语，很少见到祈使句式的施事话语。因此平衡员工工作与家庭需要的话语就不具备以言取效行为的结果。也可能访谈的对象大多是普通员工。因此，未来研究还应该对企业的经营者作深度访谈。

第二，在处理员工的家庭与工作矛盾过程中，员工自发向自己的主管提出，是随机的并且是取决于主管的价值观和其自己所遭受工作与家庭冲突的经历，问题的解决具有不确定性，由此施事话语的产生也是不确定的。更进一步，没有一个有约定俗成效力且能被接受的惯例程序来表达这样的话语。同时，企业层面处理员工的家庭照顾需要的情境中，并不存在特定的人说出具体特定的话，来积极处理工作—家庭冲突。在这样的场合下，更谈不上按特定程序要求来帮助员工平衡工作与家庭需要。以个案为基础的解决方案，取决于不同主管的思想与价值观，以及他们与员工的个人情感纽带的强度。因此，这样的解决方案以及解决程序并不为所有参与者所正确地、完全地执行。从 T 类条件来看，处理工作与家庭冲突的程序并不存在，如果存在设计这一程序的主管，那么他必须是具有一定思想或情感的人，并以同情心理解并愿意帮助员工来实现工作与家庭间的平衡。更有甚者，这些主管自己也没有实际按工作—家庭平衡而行事。

第三，言语必须反映话语人的思想，即文化价值观。现在的问题是处理工作与家庭矛盾的主管，他们对待工作与家庭的平衡理念还没有树立。在回答企业如何来解决工作—家庭平衡问题时，排在第一位的是体贴、支持性的管理人员以及以人为本的管理哲学，强调企业要将员工看成资源而不是成本，同时关注员工的家庭和工作角色需求。[29]“八小时工作制的执行没有到位，同样加班要付给法定的加班费也没有执行到位。八小时之外不工作没有受到保护。”(样本 6)“几乎所有的经理都加班，通常晚上八九点领导还要到车间转一圈。”(样本 14)“企业老总不能让员工在八小时之外工作。”(样本 6)

第四，中国企业内主管按自己的思想与信念，以个案方式来处理员工的工作—家庭关系，认为是对员工的施舍，对其他的主管并不存在内生道德约束力。但是，满足员工的家庭需要，也会基于主管对自身家庭的情感体验。从主管个体来说，照顾到别人的家庭需要具有内生的家庭伦理道德约束力，符合中华民族的“老吾老以及人之老，幼吾幼以及人之幼”的传统道德规范。

第五，发话人要有适当的身份、地位和权力，且话语必须符合惯例。由于解决员工的家庭与工作矛盾是整个企业层面的制度与政策，因此这一制度的话语权应该归属于企业的最高领导，这样才能有足够的权力来调整资源分配，为家庭伦理制度的实施提供组织制度、人力资源与经济资源的保障。而就目前探索性分析来看，中国企业中没有高层领导来振臂一呼，号召大家关心家庭需要。据此我们得出如下命题：

命题3a：有适当的身份、地位和权力的发话人在内生的文化价值观与道德的约束下，按照特定程序与惯例发出具备以言取效行为的新施事话语，并促使具备相同思想与价值观的所有参与人完全正确地执行该施事话语并对时间、资金和服务进行有效的一致性分配，是制度内生的有效语言机制。

命题3b：中国企业均衡生产制度内生的语言机制中缺乏工作—家庭平衡价值观、没有具备一定身份和地位的话语人发出具备以言取效的施事话语、不存在将处理工作与家庭矛盾的个案进行推广并让所有参与人都正确完全执行的惯例程序。但制度内生的语言机制中存在基于个体家庭情感体验而产生的具有一定的道德约束力。

四、自发策略集与制度生成的推理结构

(一)解决工作—家庭冲突问题的自发策略集

1.员工自发策略集——访谈笔录的语篇解构

(1)孝道纬度上的策略集

在访谈的样本中没有人去照顾家中的老人，相反老人是帮助他们满足工作需要的资源，利用他们来照顾孩子。如："我们经常加班，没有加班费，工作时间长。夫人自主就业。我们平衡的方式，是父母白天帮忙带孩子，自己晚上带。"(样本 9)。"孩子有老人带，老人已经退休，身体好，他们自己不需照顾。最困难时已过，女儿已经两周岁。家庭负担不重。"(样本 10)。但是，即便如此员工对父母的贡献并不满意。如："孩子三周岁，孩子照顾的少，白天父母带，晚上接回，与孩子沟通少，父母识字不多，用老一套办法教孩子，孩子养成了坏脾气，是我担心的。"(样本 12)。另外父母还帮助有工作的子女做家务。如："我的工作—家庭还算平衡，小日子过得不错，没有冲突。有问题和父母直接沟通，家务事由父母承担，基本没有冲突。"(样本 8)

(2)婚姻纬度上的策略集

员工平衡工作—家庭冲突策略首先是配偶间的协调、和配偶在一起的时间较少、配偶承担家务。如果协商不了，就舍弃对孩子的照顾。如："就工作与家庭间的冲突，我们都能感受到。一般说，夫妇俩都有全职工作，那么选择能力强的一方来做职业发展，而较弱的一方多做些家务事。就我们夫妇而言，两人的工作都做得很好，任何一方都不愿放弃。因此，孩子没有人照顾，只好将孩子送到外地好的中学上学，与孩子待在一起的时间就少得多了。"(样本 1)。"同意刚才同事的观点，国内大多数处理方式是两口子协商，达成默契，分配其中

一人为工作,男的工作多干一些,家务事少做一些,孩子请朋友帮忙,或其父母带。组织上很少出面,也很难处理好。”(样本 3)。“我的爱人是教师,在中国教师一般不会下岗的。因此,她承担了很多的家务。”(样本 5)“工作与家庭有冲突、有压力,加班常有,所以和先生在一起的时间就少,但还要开心地去做好工作。”(样本 11)。

(3)子女养育照顾纬度上的策略集

第一种,舍弃照顾孩子的机会,将孩子放在寄宿学校。“因此,孩子没有人照顾,只好将孩子送到外地好的中学上学,与孩子待在一起的时间就少得多了。”(样本 1)第二种,临时工、钟点工与老人策略组合来照顾孩子。但是,忽视孩子教育产生了强烈的后悔心境。“很高兴有外国专家,包括我们国内专家来一起讨论这个社会问题。我是过来人,牵挂的还是孩子,孩子已经高考,成绩不太理想。回想起此事,心里觉得很苦。我们夫妇都很忙,那时我们企业正在搞 ISO 质量认证,我又是从事国际贸易的,工作特别忙,由于时差问题,常常是早出晚归,没有时间带孩子,等于‘放羊’。想起来,我和我爱人都很自私,我们找临时工、钟点工带过孩子,请老人带过孩子。因此,他中考不理想,希望他能上好大学,所以又把他送到外地。现在只能上二本,我很担心孩子,孩子的将来可能很困难。”(样本 2)。第三种,为了工作暂时不要孩子。“我刚毕业,需要攒钱。同时,如果要孩子,就不能工作。最后我为了生孩子,丢了工作。”(样本 7)。“我们不打算要孩子,但是父母给压力要孩子。”(样本 8)。

命题 4a:中国员工自发内生的初始策略集是以牺牲长辈与父母的需要、兼顾协调配偶需要来满足孩子照顾与抚养的需要为核心。均衡制度的内生策略是建立在配偶、父母作为照顾孩子需要资源的可获得性基础上的。

2.企业自发策略集

“解决工作与家庭冲突，更多是个人自己采取措施，组织出面解决的措施少，组织现在仅仅是不鼓励（伤害身体），至于采取的措施，是缺乏的……”（样本1）然而，就企业采取的管理制度的四个纬度上的策略来分析，企业所采取的措施是不足的、不充分的。

（1）时间保障纬度

企业基本上没有为员工照顾家庭需要提供时间保障，不仅如此，还经常加班。“就我而言，我们做外贸的，和国外的进出口商之间存在时差问题，白天我们的对方在公司工作，而我们下班后在家通过因特网进行工作，几乎是不分昼夜……组织应该更加有弹性地安排工作，而员工也要和家庭成员进行沟通。”（样本5）“如果家庭因素需要请假，我们公司没有正式的制度，但可以找一线主管请假或找人事部请假。”（样本10）。“我最痛苦，孩子才五个月，婆婆身体不好，所以自己带。每天都要提早回家一个小时左右，产假只有四个月左右。同事也能理解，毕竟工作上做得少，有失落感。请假时不是理直气壮的。”（样本13）“首先从政府角度而言，八小时工作制的执行没有到位，同样加班要付给法定的加班费也没有执行到位。八小时之外不工作没有受到保护。”（样本6）。“几乎所有的经理都加班，通常晚上八九点领导还要到车间转一圈。”（样本14）。员工因此希望：“企业老总不能让员工在八小时之外工作。”（样本6）。

（2）健康保障纬度

访谈中并没有发现企业有类似保护个人的健康等安排。但是员工显然认识到在工作与身体健康之间，健康重要。“最近报道某学院的教授，有四个得了肺癌，坚持工作得到嘉奖，实际上是树立了反面典型，修身养性要成为常规。最后，个人要主动调节好关系，搞坏身体应是反面的。"(样本 6)。

(3)经济安全纬度

员工为照顾家庭需要得不到企业在经济上的支持。首先,照顾家庭引起的旷工导致企业扣绩效工资。企业更不会为员工照顾老人和孩子提供直接经济支持。影响员工采取工作与家庭平衡策略主要因素还是经济收入与经济保障的问题。如:"工资不曾扣,固定工资,部门经理说了算。但是,绩效低,没有绩效工资,也就不计较了。"(样本 13)。"另外,去回报工人的工资,这很重要的。目前,一切必须以解决经济问题为前提,没有工作时,只能干。"(样本 14)。"完善社会保障体系,西方社会有健康的保障体系,保障工作安全,否则穷人要是没有工作,就会更穷,谈不上工作—家庭平衡问题。"(样本 6)。

(4)执行保障纬度

执行纬度主要指企业培训经理与主管为员工的工作与家庭平衡创造条件,提供经济与道义上的支持。同时,培育家庭照顾支持性的组织文化,提倡同事之间相互支持与帮助、协调工作方式、进行工作分享计划便于自己与同事照顾好家庭需要。但在中国,只存在经理与同事的协调与支持,没有形成制度。"孩子 13 个月,工作与家庭的矛盾,自己尽量与主管协调。也与同事协调,相互帮忙,同事也很支持,总是让路远的人先走,有事电话沟通、处理。"(样本 14)。

命题 4b:均衡生产制度内生的自发策略应由具有正式执行力的主管经理作为执行主体,来落实员工的时间分配与健康保障的需要与预期,并确保有充分资金让内生制度发挥作用,包括主管经理在内的同事支持是内生机制发挥作用的非正式力量。

中国企业均衡生产制度内生的自发策略缺乏具有正式执行力的主管经理作为执行主体,来落实员工的时间分配与健康保障的需要

与预期，为员工照顾家庭需要的资金福利不充分也没有正式出资渠道，但是包括主管经理在内的员工的同事支持是员工实现自己工作—家庭平衡的非正式力量。

（二）制度规则的推理结构与制度事实的内生

员工自发采取的工作—家庭平衡策略集，暂时解决了他们的工作与家庭之间的冲突与矛盾。那么根据认知结构，下一步应该是对这些解决方案进行推理，以便应用到未来可能出现的类似冲突问题上。推理分为归纳推理和演绎推理。先研究演绎推理结构及其所创设的制度事实。制度化推理结构表明，推理的逻辑结构在制度的存续与变革中起着重要的作用。[30]推理所用的修辞塑造着制度，因为修辞塑造着人们对物质状况、外生矛盾和内生冲击的界定和解释。制度化体现在用来证明某一管理实践的逻辑推理的三段论结构中。推理结构中的大前提与小前提的变化引起制度变迁的概念化，引发或限制某种社会行动的发生。因此，这些大前提与小前提的语言修辞表述的变化，是制度植入与嵌入的具体机制。[31]改变用以证明某项物质性生产实践正当性的语言学论点结构，来将制度化实践进行概念化，人们会观察到，个体将积极而富有创造性地参与内生制度的构建。这种信仰系统或制度环境最终也会约束他们自己。如果这一信仰体系对大家有诱惑力，那么这样的语言学论点将成为想当然的制度，并塑造着将来的信仰和论点与主张。

现就所获取的语言样本进行语言文化价值观分析。从而推知出员工与主管就该危机进行沟通过程中，他们思维范式和价值的变化与变异，作为向共享理念迈进的第一步。下面我们利用这些洞见来分析附录 2 的样本。我们无法获取员工因为需要解决其家庭问题而向他们的主管请求支持所使用的语言表达，但是研究小组深度访谈的笔录是我们可以使用的样本。例如:“几乎所有的经理都加班,通常晚上八九点领导还要到车间转一圈。另外,去回报工人的只有用工资,这很重要的。一切在目前必须以解决经济问题为前提,没有工作时(失业),只能干。”(样本 15)。

当暂时解决自己的工作与家庭矛盾后,员工并没有把工作与家庭冲突与自己的工作与家庭满意度联系在一起,更没有把他们与企业的绩效和企业的声誉联系在一起(见附录),因而没有形成有利于新制度内生的大小前提。如员工形成这样的大前提:工作满意度和家庭满意度能够影响自己的工作效率;小前提:工作—家庭冲突影响自己的家庭满意度与工作满意度。那么结论自然是自己的工作—家庭冲突与工作满意度和绩效有关。如果这样的结论成为员工与企业的共同观念,那么员工自然认为企业有解决自己工作与家庭冲突与矛盾的义务,因而就会推动企业承担解决员工家庭需要的责任。如果企业有这种认识,那么企业具备了内在的动力去寻求解决员工工作—家庭冲突的策略,并把这些策略与提高企业的市场品生产和非市场品生产绩效联系在一起。这样的推理规则才是制度内生的有效推理结构。

但是,员工与主管就工作与家庭关系危机进行沟通过程中,他们思维范式和价值观的变化与变异,并没有迈向这个共同的推理结构。中国员工对造成工作与家庭困境的认知主要还停留在对冲突的经验的感知方面。受访者认为造成自己难以平衡工作与家庭生活的主要因素包括:极具挑战的工作岗位与加班,加班是好员工的标志,竞争性的工作环境产生的工作压力与企业的赢利性目标不相容。从家庭角度来说,照顾老人和孩子负担,尤其当孩子生病、老人身体不健康时,单位不能提供这方面的福利,而且又没有健全的社会保障体系来减轻这方面的负担，更没有空去关注孩子的学习与教育。照顾家庭需要耗尽了许多时间和精力。当夫妻俩都有工作时情况更糟，特别是两人都是工作狂，都想在事业上有所建树，这样就会影响到家庭责任的承担。这样的家庭照顾孩子就更困难了，因为现在有许多员工本人就是独生子女，没有兄弟姐妹可以求助的，只能求助于年迈的父母，要是他们身体不好，面对这样严重的家庭负担员工就无法做到工作与家庭平衡。其他因素包括：工资低，有经济压力无法付得起保姆的工资照顾孩子；潜在的家庭不和谐和矛盾；工作单位离家比较远；工作和家庭之间缺乏明确的界限等。这些语篇中，我们无法分析出存在上述的推理结构。

从语义的指称关系看，这些语篇所指是家庭需要与工作需要间的关系，背后隐含的文化逻辑是家庭需要第一还是工作优先的价值观问题，它给出的预期结构是在工作的同时要解决好家庭需要。从语用连贯上看，员工一定会在工作语境下，寻找解决矛盾的行动方案，如：与配偶协调，让配偶承担更多的家务，或与同事协商请他们帮忙。这些语用行为只是个体自发内生的。从样本看，中国员工还没有将家庭照顾责任归因到企业身上，只是一种感知而已。而研究人员的到来，促使他们用语言来表述这样的感知，而这些语言结构又会诱发他们再次面对同样困境时，提供一种新的思考框架，更进一步明确是将家庭优先还是将工作优先作为规则，或两者兼顾作为规则来处理工作与家庭关系。当然其思考框架，一定是有一个大前提，即满意度和谐的家庭关系对自己很重要；小前提应该是，满意工作对自己是不可或缺的。结论应该是，工作与家庭关系应该是平衡的。这实质上是，企业要实现市场品生产和家庭精神产品生产的协调与平衡。这就是能够产生制度事实的新演绎推理结构。

接下来，我们考虑归纳推理结构。中国的企业根本就不存在平衡员工的工作家庭需要的制度，甚至企业经营者本人也存在着严重的工作—家庭冲突感知，却没有认清平衡工作和家庭的需要。因此，企业的主管也没有统一的制度可以援引用来解决员工的工作与家庭冲突的问题。员工和企业在重复使用自发的策略集中，员工使用的大多数成功策略集是利用家庭资源而实现的，而企业成功的策略集是以个案为基础的单个试验。从归纳推理结构来看，会得出这样的结论：工作—家庭关系危机的解决是员工自己的责任，而企业只是起辅助的协助作用而已。这样的推理结构离企业去担当家庭照顾责任的共享信念结构渐行渐远。

命题 5a：均衡制度内生的推理结构是由大小前提构成的。大前提是员工的工作满意度和家庭满意度能影响的工作效率；小前提是工作—家庭冲突影响自己的家庭满意度与工作满意度和结论：员工的工作—家庭冲突与企业绩效有关。当重复出现工作与家庭冲突问题时，企业才能提供有效分配时间、资金和服务来平衡工作与家庭的需要。这样的推理机构就会演化成可重复实施的策略。

但是，以员工自己的努力暂时解决工作与家庭冲突。这些策略积累会归纳推理出这样的规则，即：

命题 5b：中国员工将平衡工作—家庭需要归因于自己的责任。因此，由企业承担家庭照顾责任的内生制度事实缺乏演绎推理的新前提逻辑，即家庭是重要的，工作与家庭需要平衡的大小前提。只有认识到企业对员工家庭伦理管理是负有责任的，才能产生新的推理规则，才能引导企业实施单个的制度事实，从而引致新制度实践的积累。

五、冲突问题判断的认知规则与决策规则

当上述推理规则形成后，面对员工平衡工作与家庭生活的各种需要，企业要进行界定其应该承担责任的问题，是否属于其家庭伦理管理制度范畴。并一步进行决策是否实行某些制度变革来满足该类问题的解决。关于制度问题的判断与决策规则的心智模式由两个规则构成：认知规则和决策规则，采取"如果……就……"的形式。前者是对环境解释性判断；后者是将解释性判断转换成相关行动变量的选择，从而推断环境状态，预测行动结果，为解决问题而作出决策。[32]

（一）个体的认知规则与决策规则

面对信息化和全球化的环境参数变化，中国员工作为个体参与人面对着照顾老人和抚养孩子的家庭需要和随时需要投入时间与精力的工作需要，其暂时的解决方案却是家庭成员的支持，并因而无法形成制度生成的所需大小前提的推理结构即企业应该担当照顾家庭成员责任，因而也无法产生家庭伦理管理的制度事实。前文的这些分析，是基于个体对偶然出现的工作与家庭冲突的认知规则。然而，当普遍存在家庭伦理的企业管理制度危机状态下，面对这一制度环境，员工个体认知规则，只能是，如果再遇到加班、出差等工作需要，那么还是尽量请配偶支持、请父母带孩子。因为，此前如此行动，其结果是工作完成了，孩子老人也能应付过去。这样能够缓和工作与家庭矛盾，帮助他们容易实现工作与家庭间的暂时平衡。所以，中国员工认为实现工作—家庭平衡最常见的要素是配偶的相互理解与支持，家中老人的帮助，或者其中一人换工作，找一份不太忙的工作，夫妻俩要善于平衡工作与家庭责任，要认识到工作—家庭同等重要。同时自己要自律乐观来减轻压力。这些因素按顺序分别是配偶的相

互理解与支持、家庭收入高能雇用帮工、体贴和支持的老板、自己要自律乐观来减轻压力、健全的保障制度或组织与社会服务、弹性工作制或与配偶工作交叉、来自父母和兄弟姐妹的支持、选择职业发展或者选择家庭。[33]基于这些感知认知，主管作为制度博弈的企业代理人缺乏推动企业采取措施来帮助员工平衡工作与家庭需要的内在动力。沿着这一认知逻辑，企业与个人的决策规则是，如果家庭的帮助能够解决员工的家庭问题，那么，员工自己应该在重复出现类似问题时自行解决。基于这一决策规则，无论是企业还是员工其行动方案大都集中在：员工个体亦即家庭提供支持，以个体为基础的解决方案，成为基于个体自发内生的平衡策略。

比如，他们采用的最多的策略是自己和其配偶将工作和家庭的需要的优先次序安排好。夫妻两人其中一人放弃职业生涯发展机会来承担下班后的家庭责任；工作和家庭需要选择紧急问题先处理；个人把工作放在首位；制定仔细安排的时间表，这样工作中能出效率，下班后也能处理家务事；和家里人沟通好工作安排和工作重要性，下班后处理家务事；有些员工牺牲家庭，而有些对工作持否定态度，并且在不同时间和情况下，采取不同的选择方案。第二个用得最多的策略是，雇用钟点工。其次是自己或配偶离职或换工作。根据使用的频率下面依次是：把工作时间和家庭时间分开、好好利用时间或工作休息时间、闲暇时间或假期陪陪家人、企业提供照顾孩子和老人服务。最后，是获得家人和朋友的帮助。此外，性别角色并没有产生一致性影响，90％的受访者都没有明确说明主要承担家务或工作责任的配偶性别。只有三个女性受访者指出女人优先承担家务活，而丈夫是工作优先，男主外女主内是中国员工典型的平衡工作与家庭需要的策略。[34]

所以，他们无法理直气壮地向企业的主管要求得到帮助，只能继续采取这些策略。这些策略在“进化选择压力”的作用下接受进化考验。这些策略经历着基于个体需要的创新、扩散和选择机制及其互动的过程，[35]实现演化与进化。可以预见，在这些策略中，有些在进化过程中逐渐被选择，被用来暂时解决员工的工作与家庭冲突。但是，这些策略是在仅仅动员员工自己的资源，在没有组织参与的情况下实施的。因此，这些策略的运用，为普遍适用的解决工作—家庭危机的规则提供了试验的机会。当越来越多的员工，援用这些措施的时候，照顾家庭的需要成为和工作一样重要的时候，工作与家庭的平衡就被归纳推理为企业的一项重要规则。

命题6a：个人的决策规则是，如果家庭的帮助能够解决员工的家庭需要问题，那么员工自己应该在重复出现类似问题时自行解决。企业和员工的共同行动规则是以孩子需要和健康为中心的自救行动规则。那么这种推理结构使得均衡生产制度在个体层面上仅仅取得暂时的稳态、暂时的均衡。

(二)企业解决员工工作—家庭冲突的认知规则与决策规则

实际上，个体在进行问题判断中动用的是个人的人力资源，即对该问题的认识的信息与知识的构建与积累。他们对环境中出现的工作与家庭冲突问题的认知与企业对类似问题的认知显然存在着差异。即使认知相同，由于要改变现行企业的成本结构、工作分工调整，所以企业的决策规则可能也会不同于员工的预期。因此，我们对企业行动策略进行定性与定量研究。探索性研究的深度访谈表明，员工预期企业解决工作—家庭平衡问题的行动方案包括：排在第一位的是体贴或支持性的管理人员，以及以人为本的管理哲学，强调企业要将员工看成资源而不是成本,同时关注员工的家庭和工作角色需求。排在第二位的是,弹性工作时间安排或改变作息时间,下班后有充足的时间,不要有加班工作,可以提前请假等,其他企业应该采用的策略有:提供假期或放松活动、变革工作设计或减少工作任务或减少工作时间、额外的薪酬激励或福利、为家庭需要提供实际的帮助、不采取措施或坚持工作应放在首位、不加班、为有效地利用时间订计划或设定目标、允许在家工作。

从企业的视角来看,这些行动策略的有效性,是它们演化成制度决策规则的基础。因此,企业对上述员工所预期的策略效率还必须有所认知。作者的定量研究表明:在中国企业中弹性工作制能直接提高员工的工作满意度、降低工作压力并减弱离职意向,也能间接地通过家庭—工作冲突对它们产生影响,是全面有效的正式平衡制度;家庭照顾福利是不具备效率的正式企业制度安排;经理支持并不能显著减轻两类冲突,但与工作—家庭冲突显著相关,能提高工作满意度、减弱离职意向,是有效的非正式制度;职业生涯后果与两类冲突显著正相关,能直接增强工作压力,并通过两类冲突间接地作用于工作满意度、离职意向和工作压力,是有效的非正式制度。

员工与企业如果能内生出家庭伦理管理的制度实施,还必须协同他们对环境的认知与解释,才能产生共同的制度事实。将访谈的原始记录、员工采取的策略和企业采取的策略进行比较就会发现,中国员工重视的是孩子照顾与教育、身体健康。这两者是最重要的要素,照顾孩子是当下冲突的主要来源,如果忽视了孩子家庭与照顾,那么将成为未来后悔的心病。健康是整个社会价值观问题,而在访谈录中也充分体现了受访者变革现行价值观的愿望。各种平衡策略基本上是员工自发内生,动用的是家庭资源,而不是求助于企业。就企业来说，没有一项是企业正式的制度安排，不确定的是主管经理的支持，员工怀孕生孩子会解除他们的工作，没有照顾到员工身体健康的措施，也不会去照顾员工的家人。家庭伦理还没有成为员工关注的对象，也没有成为企业语境，工作优先主导着企业管理制度，工作时间的长短或经常性的加班投入是衡量员工绩效与忠诚度的标准。工作家庭平衡的理念处于萌芽状态，而家庭伦理的企业制度安排在员工中仅仅获得一些负面的情感体验，而企业根本没有这样的初始体验。尽管是一些初始情感体验，如前所述，在员工的频繁的语言沟通中，已经初步形成工作与家庭同样重要的语用行动规则，也是员工在处理类似冲突关系的策略选择规则。从定性与定量研究结果综合来看，企业采取的工作—家庭平衡策略大多数是非正式的，就连弹性工作制在定性的访谈中，依然是一种以个案为基础的策略。

命题 6b：企业解决员工工作—家庭冲突的认知规则与决策规则是：如果工作—家庭冲突严重影响到员工自己的工作满意度和家庭生活满意度，并且员工自己无法解决，那么企业就应该实施家庭伦理的管理制度；如果员工的工作—家庭冲突严重影响到员工的组织行为并进而影响到企业的市场品与非市场品的生产绩效，那么企业实行一系列的均衡生产制度。这就是均衡生产制度内生所需要的内生认知规则与决策规则，是基于解决企业当期绩效危机的短期制度均衡。

命题 6c：中国企业与员工作为制度博弈双方缺乏应由企业来承担解决员工工作与家庭冲突问题的认知规则基础。企业采取的工作—家庭平衡行动策略大多数是非正式的，以个案为基础的策略。企业没有形成工作—家庭平衡行动规则，个案为基础的行动策略无法

重复实施，无法推动单个的制度实事演化、分离成标准的行动规则。

六、共享信念：家庭伦理重要性的价值观形成

员工与企业为解决工作与家庭冲突问题，协同对环境解释而形成的认识规则和采取行动的决策规则是家庭伦理重要性的价值观形成以及相应的家庭伦理的企业管理行动策略集演化前提。家庭伦理重要性价值结构是家庭伦理企业管理制度内生的高级认知阶段，是对所有工作与家庭危机问题进行判断、自发形成看法、得出结论、作出评估、自我实施制度规则的基础。决策是在各种备选策略之间作出选择和拒绝可用选项的过程。[36]这一过程也是家庭伦理的企业管理新制度和员工与企业相应的主观博弈模型的演进过程，在此过程中，员工使用的各种满足家庭需要的策略与企业采取的应对措施相互作用。员工将那些能满足其家庭需要的策略方法植入于记忆与经验中，在下一期的需要产生时会重新启用该策略，因为其有效，从而改善了原有的不能理直气壮的心理结构，巩固了家庭需要对其来说是无比重要的认知。例如，如果错过了孩子的教育，就会产生终身的后悔，"如果让我重新选择，我一定把家庭放在首位"。这样的强烈的认知感受会在员工的相互交往中形成，产生共识，最终构建出自己认知结构。但是，在关键性转折点上，要让员工选择满足家庭需要，然后再满足工作需要，这样具有自发表征和自私以及与团队精神相悖的选择规则，其基本特征会对员工未来的发展机会施加一定的约束（路径依赖）。

关于家庭重要性的社会价值观认知，深度访谈中已经有很多的员工表示了工作与家庭之间应该实现平衡。有以下几种看法：第一，家庭是重要的，应该成为人们生活的中心。"工作—家庭间的矛盾我

们碰到过，也感到遭受到压力，但是很少去系统地思考如何处理。因此感谢你们的研究。如何解决，我是70后，我认为家庭需要应该放在第一位。"(样本3)。"我认为家庭应该成为人们生活的中心。"(样本4)。"这个观点很好。"(样本5)。"我偏重于工作，但是好人应偏重家庭。"(样本14)。第二，社会文化却不认同家庭是重要的，甚至强调为了工作可以牺牲个人健康。"要营造好的社会氛围。最近报道某学院的教授，有四个得了肺癌，坚持工作得到嘉奖，实际上是树立了反面典型，修身养性要成为常规。最后，个人要主动调节好关系，搞坏身体应是反面的。"(样本6)"没有照顾好孩子心里很内疚。"(样本14)。所以要塑造家庭与健康重要于工作的社会文化。第三，企业应该照顾家庭，也应该将工作放在首位。而企业认为工作与经济利益重要："公司的政策是工作越努力，收入越多，就会有更多的钱。"(样本5)。第四，改变思路，认识到工作与家庭都快乐，才会有真正的人生快乐。"如果让我重新选择，我一定不这样生活，一定要工作快乐、家庭快乐、孩子好，才能是真正的人生快乐。而现在，孩子平平，快乐不起来。所以，解决工作—家庭首先是要改变思路(不能一味地工作)。"(样本2)

中国企业的员工对工作家庭平衡措施的责任大部分归因到员工自己的一方，如动员父母带孩子、指望朋友与同事提供帮助，这样的特征无法使企业担当平衡自己员工工作与家庭需要的责任。因此，达成共识要经过漫长的认知演化过程，更不要说达到双方都没有激励去采取新策略的认知均衡。要从目前的认知均衡状态，即以员工为主导解决自己工作家庭冲突的认知均衡达到让企业担当主要责任，并作出安排来解决工作与家庭问题的认知均衡，实际上是一种制度变迁的过程，亦即从一种均衡(序列)到另一种均衡(序列)的移动过程，[37]同时伴随着员工和企业作为制度博弈参与人的行动决策规则和他们对于家庭伦理的企业管理制度共同认知表征(信念)的系统性变化。

中国员工认为企业要解决工作—家庭平衡问题，首要是管理哲学的重构，如培养体贴、支持性的管理人员，实行以人为本的管理哲学，强调企业要将员工看成资源而不是成本，同时关注员工的家庭和工作角色需求。因此，经理必须在确保员工完成工作的情况下，关心体贴员工，鼓励并帮助员工，在分派工作时考虑到员工的工作与家庭平衡的压力。但是，受访者也认为，支持性和体贴性的管理或许太理想化了，并不是一般公司所为。目前，中国很少有经理人认识到员工有工作—家庭平衡的压力，即使碰巧知道了，他们也不会提供帮助。现代中国，愿意考虑员工的工作—家庭平衡压力的老板或经理很少。一个理想的经理会减少工作时间或降低工作评估要求来帮助遭受工作—家庭冲突的员工。事实上，中国的经理不愿提供任何帮助。有时他们会降低工作评估水平，但是他们将会在未来员工晋升时施加不良影响。[38]这说明，企业帮助员工解决家庭伦理问题，从而实现工作与家庭平衡问题是一个管理哲学的问题。

实现均衡变化的方式之一是参与人从既定行动集合中以分散化方式尝试新策略自发发生均衡变化。[39]如前所说，中国企业与员工以分散化方式进行尝试，缺乏宏观社会价值观基础，同时收入水平的低下，也使员工为了保住工作，不得已接受企业的工作加班要求和投入的要求。所以这种自发内生的方法在目前的经济发展水平下缺乏内在的动力，除非等到经济发展达到了西方人均 GDP 水平。

中国企业员工具备对家庭伦理重要性的价值观，但是社会缺乏家庭重要性的价值观基础，企业依然将工作放在员工家庭需要之上，工作—家庭平衡没有成为企业所接受的信念。因此，家庭伦理的企业管理制度要演化成整个社会的共享信念，缺乏信念基础和由行动策略内生的制度事实积累。

命题7a：均衡生产制度博弈所内生的共享信念的核心是家庭与健康重于工作的文化价值观。相应地，工作与家庭平衡必须成为管理哲学才能提升员工的工作与家庭满意度、又能提高企业的市场品与非市场品生产绩效。

命题7b：中国社会缺乏家庭重要性的价值观基础，企业依然将工作放在员工家庭需要之上，工作—家庭平衡没有成为企业所接受的共享信念。它要成为整个社会的共享信念，需要更多的制度事实积累。

七、内生认知结构与行动策略的共同演化

中国企业的员工工作环境参数发生了彻底的变革，数字化与信息化技术革命带来的工作方式的变化，工作越来越主导员工的家庭生活，为应对工作需要，他们动员家庭中老人、社会关系网络中的朋友和工作中的同事。同时，国际制度环境中存在互补性平衡制度，在华合资企业实行母国的政策使得在中国企业环境中出现了工作—家庭平衡的新制度变量。这些外部参数的变化冲击着中国企业目前盛行的比较刚性的经济最大化经营逻辑。现行制度把员工当成是成本中心而不是资源中心，把员工的家庭资源当成企业的资源毫无回馈地加以利用。面对企业对员工家庭资源的无限制占用，员工已经认识到企业必须实行人性化管理、以人为本的管理，照顾到员工的家庭和自身生活的需要。因而启用了应对工作压力的各种策略，包括：产

生离职意向、旷工、降低组织承诺和工作参与水平。启用了这些决策子集后，在和企业管理者与经营者的多重博弈中，员工选择出自己的最佳反应决策规则。员工只动用个人与家庭的资源来平衡自己的需要，现有策略集存在着严重的不足。因此，存在着动力去寻找新策略的内在激励。不仅如此，外部企业包括国外企业通过全球化的网络平台，使得中国员工认识到现有的企业管理制度存在严重的不足，产生认知危机与制度危机。中国员工开始认为企业必须以人为本，实行人性化管理。这些认识使得他们试着采取各种各样策略和措施来平衡自己的工作—家庭需要，解决自己的工作与家庭关系危机，如要求企业提供弹性工作制度、缩短工作时间，实际上都是对以经济理性和经济利益最大化的企业信念系统的挑战。这些观念的启用，导致现有的制度无法有效地分配时间资源和经济福利资源来达到有效完成企业生产的任务，破坏了原有的适应性，也在员工中产生了资源分配的不对称和利益错位，失去了制度的一致性和效率的表征。员工运用这些策略在与企业的博弈过程中符合其利益最优的策略，显然是不能被企业接受的，因为实施这些措施，企业无法暂时获得传统意义上的高经济绩效。因而，那些中性的、次优的策略变异在实施过程中获得成功，在与经理人多次博弈过程中，在员工自发的策略集中积累下来，形成了自己有效的策略集。员工于是重新调整、界定那些成功的工作—家庭平衡策略。这些成功的策略集在反复实施过程中，逐渐导致了主观认识的变化，即企业对员工的家庭应负有责任的，不只是对员工个体实行人本主义的关怀，家庭是重要的，家庭的幸福是一个人乃至社会幸福的终极意义所在。这一认知变化在与经理的博弈过程中会得到他们的同情，因为每个人都有家庭，都有过工作与家庭冲突的经历，他们感同身受，使得企业在接受这种经营理念时有现实的情感体验基础。

从企业层面来说，企业面临着绩效降低、员工旷工率高的不利影响，同时受劳动力市场上对其他企业把家庭照顾福利作为招聘工具压力的影响以及其他国家的政策与法律规制影响，推断出自己企业应对员工工作—家庭冲突的规则。如果有效，那么这样的规则，就会产生自我实施的动力，并内化在企业的管理者理念中，成为其私人的新的管理哲学。同时，他们将改造现有企业的使命、愿景、战略和组织文化，将处理员工的家庭伦理关系有效地策略内化，形成企业自己内生制度变量。由此可以在员工和企业之间形成认知均衡。家庭重要，企业必须考虑员工的家庭伦理关系，才能实现其永续经营。企业应该将解决家庭问题的人文主义关怀发展成为新的共享理念系统，从而将家庭伦理关系嵌入现行的企业管理制度，实现了认知均衡和策略均衡。家庭伦理的企业管理内生的认知结构模型见图 6－2。

图 6－2　家庭伦理的企业管理制度内生的认知结构与行动策略共同演化模型

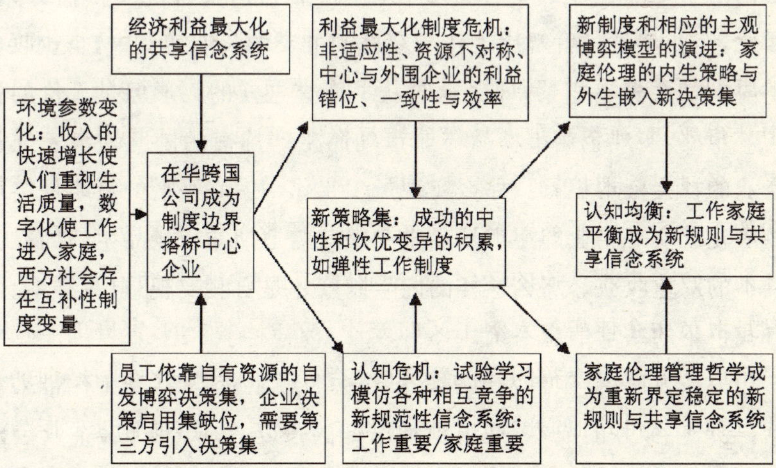

八、内生制度规则的自我实施机制与均衡生产的正式制度结构

(一)内生制度规则自我实施机制

自发策略集与认知结构的共同调整,是企业与员工在工作—家庭冲突中,共同实现的。有些策略有效,既能解决员工的需要又能在企业制度缺位的状况下起到有效的完成工作的作用。在重复的运用这些策略过程中,双方的心智模式在解决工作与家庭冲突带来的危机过程中,在自发的学习过程中,将某些成功的策略进行积累,精练成可以重复使用的制度。而心智模式对成功的界定是与这些自发运用的策略带来的效果相联系,如能够增进员工的工作满意度与家庭满意度、健康,就带来员工的生产绩效的提高。这是在当下产生的积极的结果。长远来看,根据社会资本理论,当员工获得了企业的照顾越多,欠企业的人情债越多,他们的家属和他们自己将会在自己的社会网络中传播企业的种种好处,并在企业与消费者之间传播开来。因此,企业与员工就解决工作与家庭间冲突的长期博弈中,企业收获丰厚的社会资本积累,即企业收获了声誉这样的无形但是无价的资产。至此,实现企业市场品与非市场品生产均衡的制度均衡表征是企业的社会资本积累。那么实现员工工作—家庭平衡的策略最终可以演化成实现企业即期市场品生产绩效与远期非市场品生产的社会资本的双重收获。那么这样的内生制度才是自我实现、自我维系、可自我再生的共享信念系统。

另一方面,员工自发地丢下工作去照顾家庭需要,给工作带来影响,会产生额外的成本,是组织承诺低的重要表现。所以,企业一定会设计出约束使用工作—家庭平衡策略员工的职业生涯发展机会,

甚至变相地扣工资，如取消员工绩效奖、限制晋升机会。然而，扁平的地球村和全球化的经济、数字信息技术带来即时沟通平台，使得员工对国外的企业管理制度的了解和接触速度惊人的迅捷，跨域互补性决策认知会增强其援用国外策略的应得权利感，对自己企业相应制度缺位产生不公平感知。加之，在中国的跨国公司，也会在其中国合资企业内部实行其本国效率良好的家庭友好制度，使得跨国公司成为新制度变革的网络中心企业。这些环境与技术因素、跨域互补性决策、个体参与人的主观设计、学习、模仿和实验之间的复杂互动，终究会促进员工和企业双方就工作—家庭平衡的主观认识、达成认知均衡。

但是，要达成这样的认知均衡需要经过漫长的认知演化过程，要从目前的认知均衡状态，即以员工为主导解决自己工作—家庭冲突的认知均衡达到让企业担当主要责任并作出安排来解决工作—家庭问题的认知均衡，实际上是一种制度变迁的过程，亦即从目前以个体家庭资源为基础维持的暂时均衡（序列）到另一种均衡（序列），即以企业为主体来实现短期的市场品生产最大化和长期的社会资本积累最大化的主观均衡移动过程，同时伴随着员工和企业作为制度博弈参与人的行动决策规则及他们对于家庭伦理的企业管理制度共同认知表征（信念）的系统性变化，即工作与家庭关系的和谐与均衡。而企业实现市场品与非市场品生产均衡的自我再生机制是由文化价值机制、效率机制和合法性机制构成。

（二）生产均衡的正式制度结构

在上述机制作用下，内生的均衡生产制度体系包括：企业为照顾员工的孝道、婚姻和子女纬度上的家庭需要而提供的时间保障、资金福利、健康保障、执行保障纬度上的制度。这一系列制度内生的共享信念是员工的家庭需要与工作任务同样重要。这一共享信念的自我再生机制使这一制度体系能够产生如下制度效率:一方面实现了员工的工作与家庭平衡与均衡,实现了健康、组织承诺、工作满意度和家庭满意度的最大化产出;另一方面,这些制度又实现了企业当期的经济绩效的最大化生产;更为重要的是企业又实现了远期声誉提高与社会资本积累的最大化生产。从而实现市场品与非市场品生产的主观均衡。

第三节　内生制度规则的生成效率

中国企业员工在与主管就家庭问题进行博弈的过程中,还没有形成广泛适用、共享、协同的新内部判断与决策规则。在内部博弈规则和外部参数变化的共同作用下,企业的经营者还没有逐步认识到员工的家庭伦理关系对工作绩效产生非常重要的影响,没有认识到要为员工的家庭伦理关系构建承担责任。而员工自发内生了家庭重要的价值观,企业不具备这一认识共识,所以双方无法构建新的共有信念系统,完成家庭伦理的企业管理制度内生演化机制的认知活动。他们作为制度参与人在面临内部危机、外部冲击或两者兼而有之的情况下,寻求博弈方式及其互动的机制,萌生了新制度策略的自发、自我实施初始认知与实践。经过中国员工和企业主管就协调工作与家庭需要进行自发博弈演化内生规则,以及对外国制度域存在的家庭友好制度认识与比较,相应的家庭伦理经营的共享信念正在孵化、孕育、演化。运用初步的判断规则与行动决策规则,来关心员工家庭伦理关系中的孝道、婚姻和子女教育三个纬度上的需要,并由此引发企业的管理制度中嵌入四个保障纬度,如时间、福利、经济安全与健康，构建出四个方面的有效制度，植入现行的管理制度中。在下一期员工与企业的博弈中，将会自我实施这四个方面的制度，由此节约决策的信息成本，产生预期良好的工作与家庭促进互益的结果，减少企业与员工对博弈规则预期的不确定性，并在重复博弈中能够恰当地分配社会资源与社会资本，如提供时间、经济资源、在组织晋升和职业生涯后果中控制因照顾家庭需要而产生的负面影响。只有这样才能减轻内部员工的工作与家庭的压力，产生内部公平，这样的新制度实践是有效的，是可重复再生的。当这样的制度规则、博弈策略内敛成家庭伦理，企业需要实行实施四个纬度方向上的制度来管理员工家庭伦理关系由此生成了家庭伦理的管理制度的内生规则。但是，还要回答企业为什么要花短期经济成本来帮助员工解决家庭伦理关系的问题。由此，需要对家庭伦理的企业管理制度作为共享信念的制度效率进行学理分析，亦即对图 6－1 模型中纵坐标进行分析，来分析家庭伦理管理制度在没有演化成共享信念的情况下，是否具备制度效率。内生制度规则，即共享信念的结构与效率将在第八章进行详细探讨。

第四节　结论

研究构建了家庭伦理企业管理制度内生机制模型。运用博弈论制度学派作为整体研究思路，来研究中国企业家庭伦理管理制度内生机制与演化状态，提出了由所有命题构成的均衡生产制度的内生机制。研究认为：全球化、信息化、数字化使工作进入家庭，并且西方社会存在互补性制度的制度环境参数的变化，使人们重视生活质量，给中国企业处理员工工作与家庭管理制度带来严峻的挑战，旧制度在资源分配上存在效率差异与不一致的情况。因此,家庭伦理的企业管理制度萌生了内生机制。员工中也存在着对企业现行家庭伦理管理制度的认知危机和制度危机,具备了家庭伦理的企业管理制度初始主观认知结构基础。但是,企业实现制度内生的语言机制不完善,没有适当的身份、地位和权力的人发出要人们平衡工作与家庭需要的施事话语,从而不能产生以言取效的家庭伦理管理制度。不存在一个有约定俗成效力且被接受的惯例程序,也不存在一定的人说出工作与家庭需要必须得到平衡的话语。因此,处理工作与家庭矛盾的个案程序并不能为所有参与者所正确、完全地执行。企业不存在具有工作—家庭平衡信念的人来设计家庭伦理管理制度。但是,主管基于自身的家庭情感体验,对满足员工的家庭需要具有一定的内生的家庭伦理道德约束力。

员工与企业双方都自发进行新制度,即家庭伦理企业管理制度的实验与选择过程。在博弈过程中员工依靠自有资源的自发博弈决策集,企业决策启用集极少,有些缺位。家庭伦理的企业管理制度内生处于员工自发个体实验阶段,企业仅仅处于被动应急,由主管按个案进行处理,在主观上被动接受,策略集严重缺乏。员工凭借自己的努力暂时解决了工作与家庭冲突。这些策略积累归纳出这样的规则:平衡员工工作—家庭冲突是员工自己的事。由企业承担家庭照顾伦理责任的内生制度事实缺乏演绎推理的新前提逻辑,即家庭是重要的,工作与家庭需要平衡的大小前提。前提的变化才能产生新的推理规则,即企业对员工家庭伦理管理负有责任。凭此,才能引导企业实施单个的制度,从而引致新制度实践的积累。

中国企业与员工作为家庭伦理管理制度博弈双方缺乏应由企业来承担解决员工工作与家庭冲突问题的认知规则基础。企业采取的工作—家庭平衡行动策略大多数是非正式的，以个案为基础的策略。企业没有形成工作—家庭平衡行动规则，个案为基础的行动策略无法重复实施，无法推动单个的制度实事演化、分离成标准的行动规则。中国企业员工具备家庭伦理重要性的价值观，但是社会缺乏家庭重要性的价值观基础，企业依然将工作放在员工家庭需要之上，工作—家庭平衡没有成为企业所接受的信念。因此，家庭伦理的企业管理制度成为整个社会的共享信念，缺乏信念基础和由行动策略内生的制度事实。

研究表明，中国企业中家庭伦理管理制度的内生尚处于自发依靠员工个体的萌芽状态，其演变是缓慢的。因此，通过比较，研究认为，中国企业实施家庭伦理管理的内规则缺位，需要由政府作为强有力的组织者强制实施或从国际制度环境中进行跨域制度移植。这是下一章探讨的主题。

第七章

外生嵌入及其演化研究

内生机制研究表明，在中国企业中存在着工作—家庭关系的认知危机和家庭伦理管理的企业制度危机，内生规则缺位。因此，需要研究从跨制度域进行互补性制度的外生嵌入及其演化问题。

根据博弈论制度学派，要产生制度有两种方式：一种是博弈内生，另一种是第三方强制性制度变迁，即外生嵌入。从博弈内生角度看，工作—家庭平衡在中国员工的认知结构中只处于低级的感知状态。中国员工认为企业要解决工作—家庭平衡问题，首要是管理哲学的重构，如培养体贴或支持性的管理人员，实行以人为本的管理哲学，经理必须在确保员工完成工作的情况下，关心体贴员工，鼓励并帮助员工，在分派工作时考虑到员工的工作与家庭平衡的压力。但是支持性和体贴性的管理在中国或许太理想化了。[1]鉴于此，中国员工自发采取许多措施来缓和工作与家庭矛盾，实现工作与家庭间的平衡。[2]这些平衡策略围绕着个体亦即家庭提供的支持，以及主管提供的以个体为基础的解决方案。而中国企业并没有认知到他们有帮助解决员工工作—家庭平衡的需要。不仅如此，严峻的就业形势和大批等待就业的大学生，使得企业更没有投入成本去解决员工的家庭伦理关系的充分激励。中国企业中的家庭伦理管理制度内生还处在萌芽状态，要靠员工和企业通过自我博弈方式去演化生成家庭伦理管理的内生规则，博弈论制度学派认为它是缓慢的、长期的。即使能够演化出来，也是帕累托次优的，因为在员工在和企业就工作和家庭需要进行博弈中，发现、试验、学习、模仿各种相互竞争的新的工作—家庭平衡规范性信念系统，无法找到主导性共享信念，只能积累中性和次优变异的新策略。所以，在中国文化背景下要自发演化生成家庭伦理的企业管理制度内生规则，是缓慢的，也可能是无效的。因此，本章研究的问题是，如何从跨制度域中外生嵌入以工作—家庭平衡为核心的家庭伦理管理制度，以及外生嵌入的被选制度逻辑的选择、嵌入的主体和制度外生嵌入后如何演化成共享信念，亦即制度的系统嵌入和演化。

第一节　外生嵌入演化模型的构建

本节在研究制度与制度化的主观认知结构、外生嵌入制度内化成内规则的创新机制、制度嵌入共时与历时选择机制、外生嵌入的制度规则和认知结构的重新界定、可再生的共享信念形成与扩散机制等问题基础上构建出家庭伦理的企业管理制度外生嵌入及其演化模型。因理论推演的需要，有些内容与第六章雷同，没有删除，以保证逻辑思路的完整性。

一、制度与制度化的主观认知结构

从博弈论制度学派来看，制度是博弈实际进行方式的共享信念，是博弈规则。而博弈规则是由参与人的策略互动内生的，存在于参与人的意识中，并且是可自我实现的。因此，制度可作为共享信念的自我维系的系统。有效的制度是博弈均衡，是共享信念，在有限信息下的博弈不仅要求参与人的行动选择(或策略)达到均衡,也要求参与人的信念具有一致性。[3]主流范式经济学认为制度产生于人们的理性选择。[4]然而,人们的理性选择,首先是基于个体在具体现存制度供给不足的情况下,对制度缺位的感觉与知觉,并由此自发选择行动策略,获取使用该行动策略集的经验。由此开始了新制度选择后的演化过程。

该演化过程首先始于人的认知。制度变迁机制的认知要素包括:参与人的策略决策,认知和学习方面发生系统变化的机制。它构成了每个博弈参与人对博弈结构的主观认知的概念框架。制度化是制度均衡演化所产生的预期趋同过程,而均衡的稳态使每个参与人都知道均衡结果,从长期经验中积累的知识出发检测其行为的最优性。同时,制度必须是作为博弈的均衡结果来维持。博弈的均衡过程意味着博弈的内生变量,即策略决策组合与参与人预期,互相强化和同步稳定的过程。因此,制度化意味着参与人策略决策的程式化和关于其他参与人决策的不确定性的减少将以一种相互支持的方式同时产生。[5]制度演化的认知模型指出:参与人有某些认知能力禀赋,面临不确定环境时将通过预期和意识采取行动,环境的变化通过信息反馈影响参与人的认知,参与人通过心智对这些变化进行评价、精练、接收或拒绝,从而形成新的预期。如此循环,构成参与人认知和环境的互动过程。这既是心智的调整过程,也是一个学习过程。一种心智模式若在环境反馈中被反复认可,那么这种模式就趋于稳定,这种心智模式就是信念。

另外,心智模式具有内在的创造力量。参与人启动某种心智模式是针对特定环境问题提出的解决办法,如果成功,经验就被积累;如果失败,则参与人首先寻求替代性解决办法;如果仍不成功,则会尝试新的办法，这就是心智模式内在的创造过程。这一过程不仅使心智模式能够适应环境的变化，促进其本身的演进，而且能产生新的心智模式。参与人的心智模式可能是异质的，但他们之间存在相互模仿、学习和知识交流，则最成功的心智模式就可以稳定下来，成为共同的行为规范，即制度。[6]

当外部环境和组织内部危机引发重大变革时，不管是自发性还是诱导性制度变迁，它们在变化过程中必须满足一个共同条件：在初始政治域，必须有超过临界规模的参与人修改对于域内部结构和外部环境的认知，并以分散化或相互协调的方式联合采取新策略，并认识到改变策略的新机会来临。[7]新制度的外生嵌入首先是始于博弈参与人的主观认知结构发生变化，认识到环境的危机需要引入制度变革。不仅如此，制度变革的代理人还必须鼓励足够多的人参与新制度的博弈实践。对新制度博弈参与的激励是参与人的认知，来自过去的共同经验。如果在环境再次发生重大变化或认知出现内部危机时，这些认知将会被进一步的修改。这样，新制度的演化才能达到制度的均衡状态，即参与人的谈判力及构成经济交换总体的一系列契约给定时，没有一个参与人有花费资源进行再谈判的激励。[8]

因此，制度化是博弈参与人在博弈的均衡过程中，其策略决策组合与预期互相强化和同步稳定的过程。制度变迁可界定为参与行动决策规则的策略选择连同相关的共享信念同时发生基本的变化和重构的过程。由此，研究制度的外生嵌入演化，既要研究参与人的备选策略组合，也要研究参与人的认知结构与认知过程，亦即参与人共享信念的形成过程。

二、外生嵌入制度演化成内规则的创新机制

关于博弈的内生规则,参与人共享一个公共信念系统,即制度。给定被认知的制度,每个参与人拥有一个主观后果函数,每项决策都被界定为后果空间上的物质结果,取决于参与人的私人剩余信息和对环境的解释。该函数形式称为参与人的主观推断规则,并预计使其效用(报酬)最大化。由此得出的策略选择称为最佳反应决策规则。如果参与人反复运用同样的规则推断环境,预测报酬和选择行动决策,对制度现象的认知得到同样的结果,那么参与人的主观博弈是可再生的,即处于认知均衡状态。[9]那么自发内生演化的制度规则得以创新。但是,就制度的外生嵌入而言,当参与人形成了自己的主观博弈模型后,我们要研究制度化过程,即策略选择如何同相关的共享信念同时发生变异与重构的过程。制度的外生嵌入与演化取决于三个因素:[10]第一,对备选制度逻辑的认识。制度不相容导致博弈参与人对现有制度的失望和对被选择制度逻辑的搜寻与认知。第二,对备选制度逻辑的开放型心态。现行制度与被选制度的非适应性、资源不对称和利益配置错位导致博弈参与人对新制度效率的认知,从而采取积极开放的态度,接受备选制度逻辑。第三,制度备选逻辑的激励,是开放心态、一致性与效率之间的矛盾、利益错位共同作用的结果。这些嵌入制度如果能成功演化成内规则,首先要能解决工作—家庭冲突问题,其次还需要进行权力赋值,使它们具备合法性。两者作用于新制度的实践,淘汰了无效的旧制度,最终导致制度变革。这些外生嵌入的制度必须内含结合子和选择子才能形成文化演变机制。结合子是指把不同的观念结合起来,产生变异,而选择子类似于自然选择机制,主导着文化(共享信念)的选择方式。[11]

三、制度嵌入共时与历时选择机制

制度变迁与创新过程模型[12]，没有进一步阐明博弈参与人如何将其所认知的新制度逻辑嵌入到旧制度域中的。因此，需要研究新制度逻辑，在博弈参与人认识到制度危机、无法在对环境变革与内部危机情况下，将新备选的制度逻辑，亦即新的策略集嵌入到旧制度域。青木昌彦指出有两种嵌入方法，即共时性嵌入与历时性嵌入。共时结构包括：社会嵌入、制度互补和制度化关联。社会嵌入被界定为一种特定的制度化关联，是社会交换域嵌入到其他域，使得某些在关联发生前不可能的策略组合成为可能的一种制度化方式。本研究将制度互补性界定为富有活力的并可以结合在一起的制度安排在不同制度域构成一种连贯的具有互补性效应的整体新制度。这一新制度整体使得在其任何单个制度要素在孤立的情况下都无法轻易被改变或设计。当在某一制度域内处于组织网络中心地位的企业面对着环境和内部危机时，出现了现存的制度逻辑无法应用来有效解决新问题的矛盾，产生了制度无法再生的不一致状态，由此产生了对备选制度逻辑可能性的认知与认识论。这些矛盾产生冲突的强度，影响该企业对新制度或备选制度逻辑的构建能力和从其他域中进行制度移植的激励。在应对外部环境变革和解决内部危机的过程中，旧制度和新出现的制度逻辑在自我实施中，存在着资源分配的不对称性，进一步强化了处于两种制度搭桥位置的中心组织对备选可能的制度逻辑采取接受的开放心态。[13]

在制度搭桥过程中，中心企业寻找与旧制度相关联的新的备用制度逻辑，其方法是采用关联合同、整体性捆绑、中介组织和市场手段[14]将两种制度联系在一起共同使用，进行搭桥。但是，这种关联性搭桥方式导致了新旧制度不相容，边界企业制度错位导致了博弈参与人对旧制度的低效率的认知明晰化，以及新旧制度在分配资源上的不对称性。在这一过程中，旧制度所表现出来的糟糕绩效进一步导致了制度一致性与其功能效率的矛盾，导致企业采用新备选制度逻辑的激励得到了加强。由此，对备选制度逻辑存在可能的认知、对备选逻辑的开放性接受以及对实施备选制度逻辑存在的激励的认知，导致了新制度嵌入到某一制度域中的中心企业，并由此扩散到其他外围组织。[15]

与制度的共时（横切面）关联相平行，存在着制度的历时（时间上）关联，并存在着三种客观的历时演进机制，即重叠嵌入，博弈关联方式的重新组合或重新捆绑，以及历时性制度互补。[16]重新组合或重新捆绑存在着两种类型。第一，随着经济活动在空间上展开，过去地理上相互分割的交易域得以融合，参与人开始跨域选择策略。第二，在制度变迁中介性组织的协助下出现了跨域的新型捆绑方式。相应地，旧的制度必须拆散。就历时性制度互补而言，新启用的决策集形成的决策或某种变异性决策，孤立看来不合算，但如果另外的域已经有了一种互补性制度，或是参数发生了变化，两种域的相互支持会使得新决策获得强大的推动力。通过这种互补性机制，发生在域内的博弈形式的参数变化，比如系统性政策改革，其效果会被放大和强化，有时可能导致一种全新的整体制度安排。

因此，企业作为制度博弈的参与人，在内部危机与外部环境压力下，寻找各种能解决危机和冲突矛盾的各种被选策略集，在与员工的博弈中，企业确定了备选制度集，还需要寻找新策略集嵌入方法，企业或由第三方进行的域捆绑，采用共时与历时嵌入方法，实现新旧制度的关联与嵌入，并且要在新制度域中检验新制度集的效率与效果，重新构建新的认知结构。

四、外生嵌入的制度规则和认知结构的重新界定

当制度博弈的个体参与人构建了自己的主观博弈模型，在制度创新过程模型中，应用各种制度嵌入共时与历时结构后，制度变迁与演化的认知模型就得以构建出来，产生制度变迁认知的机制。参与人对新嵌入的决策集进行系统试错、赋值来判断推理，并与旧制度进行比较、学习，并选择成功的分配经济资本与社会资本的策略，淘汰产生严重不一致和资源配置错位的策略。这些成功的策略集共同指向新的理念，导致了博弈参与人观念上的根本变革。基于此认知和系统的学习，参与人构建了新决策集（新制度的）均衡的认知结构，亦即制度变迁机制的认知结构模型，包括三个阶段。第一，相对短而混乱的制度危机阶段与认知危机。外部环境变化，如技术变革、战争和长期经济萧条，相关领域内发生了大规模制度变迁而两个域存在着很强的制度互补。内部危机包括：采用新制度策略的实验已经在某一群众中发生，这些新规则与旧制度规则并不一致；重复博弈的累积结果已经在财产分配、权力配置和社会分工等方面产生了差别，并且被该域中达到临界规模的参与人认为是不公平和不平等的；根据确定的内外博弈规则，重复博弈导致参与人竞争力的积累无法在现存的规则框架内得到有效的应用。由此，产生了制度危机的认识，并引发了超过临界规模的参与人的认知危机，各种变异性决策以一定规模进行着试验。[17]第二，普遍性制度危机和制度转型。各种决策均在“进化选择压力”的作用下接受进化考验阶段。某些决策在进化过程中逐渐上升为主导地位。第三阶段，新制度和相应的主观博弈模型的演进，产生新的认知结构。在关键性转折点上选择的决策规则基

本特征会对未来机会施加一定的约束(路径依赖)。主观博弈模型最终变成一般认知均衡取决于环境如技术、跨域互补性决策、个体参与人主观设计、学习、模仿和试验之间的复杂互动。[18]

嵌入的新制度能否引发制度变迁、能否引发认知结构的重构,实际上是博弈均衡的移动过程,因为制度变迁可以理解为从一种均衡(序列)到另一种均衡(序列)的移动过程,其中伴随着参与人行动决策规则和他们对于制度共同认知表征(信念)的系统性变化。有两种实现均衡变化的方式:第一,参与人从既定行动集合中以分散化方式尝试新策略自发发生均衡变化。第二,以集体方式设计法规或引入拥有全新的行动策略集合的新型参与人引发均衡变化。但是,引入法规本身以及相关的管制机构仅仅是参与人所认知的博弈形式的数据,即博弈的外生规则的变化。[19]中国企业博弈内生工作—家庭平衡的共享信念是缓慢的,甚至是低效的(见内生制度研究)。因此,我们研究第二种制度变迁的均衡状态,即由企业集体或由政府强制引入新的工作—家庭平衡制度。

在内部规则和外部参数变化的共同作用下,博弈参与人个体形成自己的主观博弈模型,形成了新的共有信念系统,完成了制度演化机制的认知活动。这就是参与人在面临内部危机、外部冲击或两者兼而有之的情况下,寻求博弈方式的机制,以及参与人互动使得新制度变为自我实施的机制。但中国企业以集体方式嵌入跨域策略后,在和员工的重复博弈中实现了自然选择,从而导致对初始策略进行重新调整与重新界定,引发了认知结构发生变化。当重新界定的策略集能自我实现、产生一致性和较高的资源分配效率时,引发初始策略集的主观经验逐步演化成双方都认同和接受的信念系统,从而实现了认知均衡。当制度演化完成了博弈参与人的内在博弈主观认知均衡结构，新的内生的共享信念系统超越了中心组织在企业网络中的外围组织中扩散开来的时候，新制度仅仅具备内生博弈效率（分配社会资源和社会资本效率）是远远不够的。因此，要考虑新的共享信念系统在组织间扩散的效率和机制，亦即效率机制与合法性机制的共同作用。

五、可再生的共享信念形成与扩散机制

在企业以集体方式或被政府强制性嵌入跨域互补制度集后，会引发企业和员工的认知结构的变化，如能自我实施并节约决策的信息成本，产生预期结果，减少对方博弈规则预期的不确定性，并在重复博弈中能够恰当地分配社会资源与社会资本，减轻了内部压力，并按能力赋值产生了内部公平，那么这样的新制度是有效的，才能成为重复博弈再生的新制度，从而形成新规则与新共享信念系统。嵌入的制度集除具备这样的效率机制外，它们还应具备另外一个机制，即合法性机制才能演化成具备演化经济学意义上的扩散机制。

交易成本经济学和制度学派指出，新制度的产生，并作为参与人的共享信念系统，成为自我实施的机制必须具备两个重要机制：效率机制和合法性机制。有效的制度通过影响资源分配或激励方式来影响人的行为。制度是通过激励的机制来影响组织或个人的行为选择，从而塑造了人们的思维方式和行为。合法性机制是指那些诱使或迫使组织采纳具有合法性的组织结构和行为的观念力量，如社会的法律制度、文化期待、观念制度，成为人们广为接受的社会事实，具有强大的约束力量，规范着人们的行为。合法性机制不仅约束组织的行为，而且可以帮助组织提高社会地位，得到社会承认，从而促进组织间的资源交往。合法性机制使得组织不得不接受制度环境里构

建起来的做法,其结果是:第一,组织之间的趋同现象,即为了得到制度环境认同,各个组织都采用了类似的结构和做法。第二,组织之间的相互模仿学习,这些模仿行为减轻了组织的动荡,因为它扎根在制度环境里,得到了合法性,不容易受到环境的冲击。这样,即便这些组织效率不高,它们也能生存,合法性提高了组织的生存能力。[20]斯密德从状态、结构和绩效三个纬度来讨论正式与非正式制度的变迁,并提出制定规则的规则变迁遵循这样的公式:制定规则的规则变迁=f(观点、权力、功能)。[21]由此看来,外生嵌入的制度必须具有合法性,才能在组织间扩散和接受,在均衡认知结构模型中产生的新制度必须由政府进行权力赋值才能正式化。在中心企业内部重复博弈中形成的有效的内制度与规则(新策略集)以及在认知均衡状态下产生的共享信念,具备了制度的效率机制,同时它们必须从中心企业扩散的过程中,形成强有力的观念力量迫使其他外围企业接受。如果政府参与对新共享信念进行宣传,甚至进行立法等权力赋值活动,新共享信念产生了合法性机制,外围组织实施同样的制度,那么新的共享信念具有了自我实施的再生机制与扩散机制,并进入演化阶段。我们遵循演化经济学基本分析结构,即创新、扩散和选择机制,[22]来分析制度外生嵌入过程中的演化机制。

六、研究模型构建

当把这些洞见应用于企业解决员工工作与家庭冲突问题时,将家庭伦理嵌入现行的企业管理制度,首先要参与人要对现行制度危机与其认知危机进行分析,构建出他们的主观认知模型。其次,讨论将家庭伦理嵌入现行管理制度的共时与历时结构。要考虑的是企业在与员工就家庭伦理制度的博弈过程中,产生的各种行动策略集演化与实现均衡的过程。然后，在家庭伦理嵌入管理制度后，家庭伦理管理制度体系的重新界定，会引发员工与企业的认识结构变化，并演化成员工与企业共享信念。最后，各种制度集或者策略集能够成为共享信念。即家庭伦理的企业管理制度，取决于各种策略集对制度博弈双方产生的收益。这些新制度集在资源配置与社会交换构成中，社会资本赋值与分配过程中的效率机制，即是否能有效地生产出健康、声誉、工作满意度和家庭满意度、社会资本积累等非市场品。此外，它还要具备合法性机制，需要讨论如何将这些外生嵌入的规则如何进行权力赋值形成正式的自我实现的新制度，见图 7-1。

图 7-1 制度的外生嵌入及其演化模型

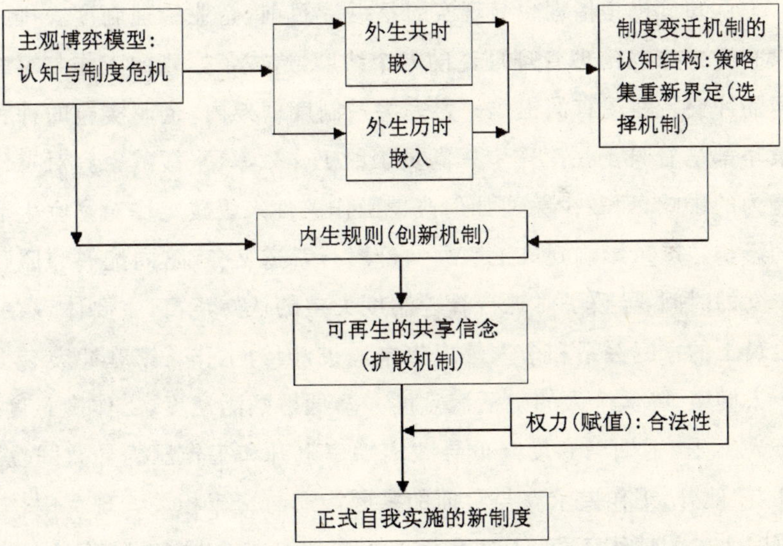

第二节　认知危机与制度危机以及备用制度逻辑的选择

员工对家庭伦理的企业管理制度存在着认知危机，而企业存在着制度危机，由此，引发了员工和企业作为制度博弈参与人对被选制度逻辑的设计与选择。

一、家庭伦理管理的认知危机与制度危机

(一)家庭伦理管理的认知危机

认知危机是指理想与现实的差距。[23]目前，企业管理制度安排并没有考虑家庭伦理管理理论的七个纬度，造成了紧张的工作与家庭间的冲突。在现有的工作—家庭关系制度框架内，企业实施的种种策略都是着眼于在工作中提高员工的工作效率，来缓减家庭对工作行为的影响，而较少关注如何改善工作条件来缓减工作对家庭生活的影响。严重影响到员工照顾父母履行孝道义务、陪同配偶和照顾子女的时间，导致了对现行管理制度失望的认知危机，主要体现在：给员工的家庭关系和个人健康带来危机，因为工作—家庭冲突有损个人健康、降低个人的生活满意度并降低婚姻满意度、工作满意度、个人康乐，婚姻满意度降低导致离婚率上升和工作压力导致“过劳死”。此外，工作要求高与负面的家庭沟通与交流相关。现实中，下班时丈夫的情绪不好，不回家面对妻子机会越来越多，导致妻子生气，并对丈夫越来越挑剔(详见第六章分析)。这些研究表明，现行的工作与家庭关系远离了和谐的、平衡的工作与家庭关系，工作与家庭间的冲突导致了多方面的负面效应，与理想的状态产生极大的反差，

员工产生了极强的认知危机。家庭丧失了健康、满意度等非市场品的生产功能。

(二)家庭伦理管理的企业制度危机

如前文,严重的工作与家庭的冲突与对立,使得员工承受着巨大的工作压力、影响了员工个人的身心健康,更谈不上去尽孝道、关心配偶和子女的抚养与教育。在严重的工作与家庭关系危机面前,中国企业并没有家庭伦理管理的四个保障纬度,无法为解决该危机提供管理制度。于是员工产生了严重的家庭伦理管理制度认知危机。一方面,企业内部出现了危机。在整体收入水平提高的情况下,有些员工不再惧怕企业克扣工资,大胆地采取措施,来满足家庭需要。采用新制度策略的实验已经在群众中发生,这些新规则与旧制度规则并不一致。在与企业进行制度博弈过程中,重复博弈的累积结果已经在财产分配、权力配置和社会分工等方面产生了差别,如晋升等职业生涯后果。并且在这样的制度博弈域中,深度访谈发现,已经达到临界规模的员工认为不考虑员工的家庭需要是不公平和不平等的。根据确定的内外博弈规则,重复博弈导致参与人竞争力的积累无法在现存的规则框架内得到有效的应用。由此,产生了制度危机的认知。

另一方面,工作与家庭冲突给企业的劳资关系、组织行为和组织绩效带来危机。两类冲突产生了宽泛的结果变量。工作—家庭冲突与工作满意度负相关、与离职率正相关,而家庭—工作冲突与旷工率相关。这些研究表明,当工作要求干扰家庭生活时,最直接的后果是导致员工离职,另找一份工作,来平衡工作和家庭两方面的需要。相反,当履行家庭责任影响到工作时,最直接的后果是导致他们旷工,影响他们的出勤率。因此,企业对工作—家庭冲突导致的制度失效与制度危机产生了认知体验。

这些危机的出现使得现存的制度逻辑,以经济理性和效用最大化为核心的企业管理制度遭受到普遍性制度危机,无法用来有效解决员工的工作—家庭冲突带来的各种组织行为问题,产生了制度无法再生的不一致状态。企业意识到现存决策启用的不足,具有制度转型的内在动力。由此产生了对备选制度逻辑可能性的认知与制度搜寻。而工作—家庭冲突危机对旧制度产生冲击的程度,影响企业对新制度或备选制度逻辑的构建能力和从其他域中进行制度移植的激励。企业也在寻求互补性制度和替代性制度。

在应对外部环境变革和解决内部危机的过程中,旧制度和新制度逻辑在自我实施中存在着资源分配的不对称性,进一步强化了处于两种制度搭桥位置的中心组织对备选可能的制度逻辑采取接受的开放心态。[24]为化解这一危机,西方企业实施各种家庭友好策略,包括工作自主、经理支持、职业生涯后果、组织时间要求、工作弹性、家庭照顾福利与支持性服务[25]需要照顾家庭成员的福利可获得性和满意度、工作时间弹性和工作场所弹性、家庭友好策略[26]、弹性工作安排、照顾福利的协助与推荐服务、带薪与非带薪家庭休假、应对工作—家庭冲突的资源包括员工协助计划等。同时,美国企业实施了一系列的工作家庭平衡措施。[27]

现有企业管理制度的存续及其利益最大化的共享信念系统,遭受到信息技术、无边界工作方式的挑战,同时全球范围内的金融危机给员工应对家庭需要提出了严峻的考验。不仅如此,以美国为首的西方国家存在着互补性企业制度安排,在美国等跨制度域中存在着设计良好的备选制度逻辑。这些给中国企业带来了外部制度环境冲击与压力。

二、备选制度的选择

中国企业管理制度不存在以工作—家庭平衡为核心的家庭伦理管理制度,企业是追求经济利益最大化的集体。因此,在员工收入水平大幅度提高,面对技术带来的工作方式的变化,以及经济全球化背景下,一国的管理制度可以迅速扩散,并为全球企业共享的背景下,中国企业员工对美国等西方国家的工作—家庭研究以及制度安排进行跨文化比较后会产生对现有制度缺位的不公平感知,进而增强了他们要求企业实施工作—家庭平衡管理制度的应得权利感与认知。目前,中国员工与企业自发博弈过程中采取的决策集严重不足。据分析,即使企业管理者以个案为基础,照顾部分员工的工作与家庭需要,也会在绩效评估和晋升机会等方面给予负面的评价,使得以家庭为主和以配偶配合的个人启用策略行动效果甚微。[28]需要以集体方式设计法规或引入拥有全新的行动策略集合的新型参与人来引发均衡变化,因为中国企业的博弈外生规则发生了变化,存在着相关法规本身以及相关的管制机构,导致企业与员工作为制度博弈参与人所认知的博弈形式外部参数发生变化。如 2009 年 4 月 23 日联合国国际劳工组织在中国召开协调工作与家庭矛盾的国际研讨会,敦促中国政府签订协调工作与家庭矛盾的第 156 号协定。同时,美国已经制定了家庭医疗照顾请假制度等法律。美国家庭和工作研究所在艾尔弗雷德 · P. 斯隆(Alfred P. Sloan)基金会资助下,于 1998 年、2002 年、2005 年和 2008 年,对美国企业在长达 10 年中重复嵌入工作—家庭平衡策略演化进行系统调查,其中企业自发实施的策略集也可以成为中国企业家庭伦理管理制度跨域嵌入的备选制度逻辑。

为此,要改变中国企业与员工作为内生工作—家庭平衡制度博弈参与人的外部参数,方法只有从这些国家移植现行的企业家庭伦理管理制度和国家法律入手。因为中国企业没有现行的系统制度安排来应对员工的工作和家庭矛盾,如果仅靠员工与企业自发博弈从而内生这些制度,则在短时间内是无法实现的,所以要研究在中国企业管理制度中嵌入其他国家的工作—家庭平衡制度,此处以嵌入美国的工作—家庭平衡策略为例。

第三节 跨域互补性制度共时嵌入的效率差异

家庭伦理企业管理制度的共时性嵌入可被界定为国家作为不属于任何初始域的第三方进行的跨国家制度域的制度引入与捆绑,是与制度的共时(横切面)关联相平行的一种嵌入方式。[29]本研究将当下美国社会交换域中正在实行的工作—家庭平衡的制度嵌入到中国的企业制度域中,以便在嵌入发生前不可能的工作—家庭策略组合在中国企业中成为可能,利用这种现行的制度嵌入来改变中国员工与企业的内生制度博弈的信息和激励结构,从而使得在美国制度域中富有活力的制度嵌入在没有类似制度安排的中国企业管理制度中,目的是在中美不同制度域中构成一种连贯的具有互补性效应的新整体性家庭伦理的企业管理制度。

经济全球化使得在西方发达国家所关注的工作—家庭冲突问题也越来越受到发展中国家的重视。[30]跨国公司和发展中国家的本土企业也正日益认识到处理工作—家庭冲突问题的重要性。在中国政府构建和谐社会和科学发展观的宏观政策引导下,企业构建和谐的工作—家庭关系成为构建和谐劳资关系的重要内容。在华跨国公司和中国本土企业具备了平衡员工工作—家庭需要的内在动力和外部制度压力。但是,工作—家庭关系研究成果主要是在美国文化背景下取得的,不可避免地受制于美国文化价值观的思维范式,无法直接推广应用于中国本土企业。因此,要通过中美跨文化比较研究为在华跨国公司和中国本土企业探索、设计有效的家庭伦理管理制度方案,为构建以工作—家庭平衡关系为核心的和谐社会提供策略建议。

一、共时性比较框架

在对工作与家庭冲突的中美比较研究进行回顾基础上,研究提出自己的比较框架,并就此对中美两国的国家制度进行定性研究,对中美两国的企业制度进行定量比较研究。

(一)工作—家庭冲突的中美比较研究

中美两国文化在冲突的来源、家庭重要性和冲突的后果方面存在认知差异。首先,冲突来源存在差异。中国员工中也同样存在工作—家庭冲突,主要是以时间为基础的冲突。[31] 人际关系也是中国员工的一个重要工作压力源,比美国员工遭受更严重的人际关系压力。中国文化中人际关系既可以产生工作压力又可以减轻工作压力,主要是导致更严重的工作压力。中国社会中人际关系更重要、中国员工对赡养老人的重要义务、社会服务的可获得性的不同、对工作不安全性和工作绩效的忧虑所产生的压力以及由此产生的不同社会影响。美国文化中对工作—家庭平衡的社会支持能更有效地减轻工作压力。

其次,对工作和家庭重要性认知存在差异。美国员工的家庭责任重于中国员工,家庭责任对工作—家庭冲突影响较中国员工严重,而中国员工的工作责任要求重于家庭责任，其工作要求对工作—家庭冲突的影响重于美国员工。中国员工为了工作可以牺牲家庭利益，把这种牺牲看成是为获取长期或短期家庭收益所必须承担的短期成本。而美国员工认为如果为了工作而牺牲陪护家人的时间，是没有照顾好自己生命中重要的人。中国家庭中有工作的成年子女比美国子女要承担更多的家庭责任，要为年长的父母和祖父母提供更多的物质和心理方面的支持。[32]由此，两种文化中工作—家庭冲突和家庭—工作冲突的程度不同。中国员工工作干扰家庭的程度要比美国员工的工作干扰家庭的程度要高，表明集体主义文化中工作干扰家庭的程度比个人主义文化的要高；美国员工的全面工作—家庭冲突要比中国员工严重得多，表明个人主义文化中工作与家庭互不相容的水平要比集体主义文化中的不相容水平高得多。

第三，冲突后果存在差异。大量的工作—家庭角色压力，以及由此产生个体的角色内冲突与分裂和组织行为后果在美国文化中要比在中国文化中更严重、更广泛。两种文化中，工作—家庭冲突都和负面的个人与组织行为后果正相关，如由工作压力引起的紊乱、离职意向和旷工；与正面的后果负相关，如全面工作满意度和工作角色有效性。

第四，文化也影响性别对冲突的认知。美国样本中工作—家庭冲突没有性别差异，而中国男性比女性遭受到更严重的工作—家庭冲突。这些差异源于集体主义—个人主义不同的工作—家庭价值观和两国工业发展水平和物质富裕程度的差异。[33]

(二)工作—家庭平衡制度的中美比较框架

工作—家庭平衡制度首先应该是政府、企业和员工所持有的共享信念，才能成为自我实现和自我维系系统，自动地指导作为参与人的政府、企业和个人关注工作与家庭间的和谐、平衡关系。它是工作—家庭平衡的国家法律和企业正式制度基础。企业正式制度的核心理念是合理均衡地在工作和家庭间分配时间，如实行制定弹性工作制给员工照顾家庭留有时间余地。同时，企业还要制定出正式规则来提供家庭照顾福利，帮助员工处理好家庭责任如照顾老人和年幼的子女，为他们报销医疗费用等福利，减轻家庭负担，使员工既能履行家庭责任又不影响工作。非正式规则，即内规则根植于具体的企业环境并依赖于实施的主体，亦即组织文化和各级管理人员。工作—家庭平衡的非正式规则有三个关键纬度：时间预期、经理支持和职业生涯后果。经理支持是正式制度落实的主体，但是它不是持续和稳定的。非正式制度还包括控制对享用了正式平衡制度的员工产生的负面结果，因为利用这些制度的人却不能得到职业生涯上的晋升，被看成是缺乏组织忠诚。控制职业生涯发展后果作为非正式内规则对正式制度安排的效果产生至关重要的影响。因此，研究对正式的弹性工作制和家庭照顾福利、非正式的经理支持和职业生涯后果和家庭结构对两类冲突的影响，以及通过两类冲突对组织行为如工作满意度、工作压力、离职意向和旷工产生的直接与间接效果差异进行比较。

二、中美国家与企业制度比较分析

（一）国家制度比较

两国为员工照顾家庭成员提供时间保障的现行法律制度规范存在差别。中国法律体系没有相关的法律规定，只有国务院以及劳动部颁发过女员工产假、产假期间待遇相关规定。美国国会于 1993 年通过了《家庭与医疗休假法》（见第三章）。[34] 美国劳工部报告指出：

"家庭与医疗休假有益于工人及其家庭,是一项良好的公益和工作场所的政策,这已成为广泛的共识。"[35]

(二)企业制度安排的定量比较

相关性分析结果比较如表 7-1。中国样本中弹性工作制与家庭—工作冲突显著负相关,但是与工作—家庭冲突负相关关系并不显著;弹性工作制与工作满意度正相关,与工作压力和离职意向负相关。在美国样本中弹性工作制与工作—家庭冲突显著相关,与工作满意度正相关,与工作压力负相关。两种文化中家庭照顾福利与两类冲突都没有明显的相关性。中国样本中家庭照顾福利与四种组织行为都不相关,而美国样本中它与工作满意度显著正相关,与离职意向负相关。在中国样本中经理支持与工作—家庭冲突显著负相关,不与家庭—工作冲突显著相关;经理支持与工作满意度显著正相关,但是与工作压力和离职意向无显著相关关系。在美国样本中经理支持两类冲突都显著负相关,与工作满意度显著正相关,与离职意向和工作压力显著负相关。两种文化中它都与旷工不显著相关。在中国样本中职业生涯后果与两类冲突显著正相关,与工作压力呈显著正相关关系。在美国样本中它与两类冲突都显著正相关,与工作满意度负相关,与工作压力和离职意向正相关。两种文化中它与旷工率没有显著相关关系。在中国样本中家庭结构与两类冲突有显著正相关关系;它与工作满意度呈显著负相关关系,但与工作压力、离职意向和旷工率无显著相关关系。在美国样本中与两类冲突、工作压力和旷工率正相关。中国样本中两类冲突都与工作满意度、离职意向和旷工率无显著相关关系;但它与工作压力呈显著正相关关系、工作满意度与工作压力、离职意向和旷工率呈显著相关关系。在美国样本中工作—家庭冲突与工作满意度负相关,与工作压力和离职意向正相关，与旷工率无显著相关关系；家庭—工作冲突与工作满意度负相关，与工作压力、离职意向和旷工率正相关。

表 7-1　均值、标准差和相关系数对照表

Variable	Mean	SD	1	2	3	4	5	6	7	8	9	10	11	Mean	SD
1. 支持	3.370	0.68	—	0.295**	0.193 **	0.010	0.091	-0.178*	-0.122	0.338**	-0.207**	-0.248**	-0.019	2.73	0.63
2. 后果	2.04	0.73	-0.45*	—	-0.199**	0.041	0.041	0.271**	0.192**	-0.115	0.245**	0.121	-0.069	2.55	0.58
3. 弹性	0.69	0.85	0.15*	-0.23*	—	0.009	-0.065	-0.017	-0.181*	0.296**	-0.293**	0.261**	-0.084	3.33	0.81
4. 家庭结构	1.62	0.75	-0.00	-0.00	-0.01	—	-0.021	0.199**	0.217**	0.218**	0.030**	0.006	0.021	2.87	1.53
5. 福利	0.94	1.25	0.12*	-0.08*	0.10*	0.03	—	-0.009	-0.035	-0.028	0.019	-0.048	0.035	0.70	0.99
6. 工冲突	2.95	0.97	-0.26*	0.27*	-0.08*	0.08*	-0.04	—	0.502**	0.080	0.533**	0.012	-0.049	3.16	0.79
7. 家冲突	1.95	0.70	-0.11*	0.18*	0.02	0.10*	0.00	0.45*	—	-0.042	0.493**	0.096	-0.053	2.40	0.73
8. 满意度	3.40	0.55	0.58*	-0.38*	0.15*	-0.02	0.10*	-0.29*	-0.11*	—	-0.266**	-0.245**	-0.164*	2.79	0.64
9. 压力	2.74	0.89	-0.32*	0.28*	-0.12*	0.09*	-0.04	0.63*	0.40*	-0.38*	—	0.191**	0.009	2.90	0.70
10. 离职	1.50	0.73	-0.28*	0.25*	-0.05	0.04	-0.09*	0.18*	0.10*	-0.35*	0.23*	—	0.073	1.98	0.66
11. 旷工	0.72	2.86	-0.05	0.02	0.01	0.11*	0.03	0.03	0.10*	-0.08*	0.07*	0.04	—	0.46	0.50

注：在左下角美国样本中，自由度从 1974 到 2248 不等，取决于所涉及的变量. * $p<0.01$；在右上角中国样本中，** 表明在 0.01 水平上显著(2-tailed)，* 表明在 0.05 水平上显著(2-tailed)。

资料来源：刘永强，赵曙明，王永贵(2008)和安德森等(2002)。

回归分析结果比较见表 7-2。中国样本中，弹性工作制能够减轻两类冲突、提高工作满意度、减弱离职意向和减轻工作压力，但不能降低旷工率。美国的弹性工作制能预测工作—家庭冲突和工作满意度的显著变化。中国家庭照顾福利不能解释所有其他变量的变化，而美国的家庭照顾福利能预测离职意向的显著变化。中国的经理支持能够解释工作满意度和离职意向的显著变化，但它无法解释两类冲突、工作压力和旷工率的变化。美国样本中它能显著预测工作满意度、离职意向、工作压力、旷工率和工作—家庭冲突。中国样本中职业生涯后果能解释工作—家庭冲突的显著变化，它不能解释家庭—工作冲突、工作压力、工作满意度、离职意向和旷工率的变化。美国样本中它能显著预测工作—家庭冲突、工作满意度和离职意向的变化。中国家庭结构能显著解释工作满意度的变化，而美国样本中它能显著地预测旷工和家庭—工作冲突。

表 7-2　平衡制度安排的直接效果参数对照表

	满意度		离职		压力		旷工		工冲突		家冲突	
	中	美	中	美	中	美	中	美	中	美	中	美
弹性	0.192	0.13*	0.064		0.373				0.294	-0.7*	0.243	
照顾				-0.05*								
支持	0.125	0.53*	0.105	-0.19*		-0.12*		-0.07*		-0.11*		
后果		-0.13*		0.18*					0.277	0.16*		
家结构	0.231							0.10*				0.07*
工冲突		-0.14*		0.10*	0.273	0.65*					0.193	0.43*
家冲突					0.413	0.11*		0.11*	0.239	0.72*		

注:在中国数据中,第一行是因变量,第一列是自变量,变量进入模型的标准是 F≤0.050,排除的标准是 F≥0.100。表中的中国样本数据是 R^2 值(刘永强等,2008)。美国的数据是路径估值(* $p<0.05$)(安德森等,2002)。

以两类冲突为中介变量进行结构方程模型运算来测试制度安排对组织行为的间接效果,见表 7-3。

表 7-3　平衡制度的间接效果估值表

		美国		中国			
自变量	因变量	路径估值	增加路径估值	Estimate	S. E.	C. R.	P
弹性工作制	工冲突	−0.07*		−0.221	0.127	−1.741	0.082
弹性工作制	家冲突			−0.522	0.130	−4.026	0.000
照顾福利	工冲突			−0.235	0.314	−0.749	0.454
家庭照顾福利	家冲突	0.00		−0.147	0.265	−0.556	0.578
经理支持	工冲突	−0.11*		0.037	0.094	0.397	0.691
经理支持	家冲突			0.022	0.079	0.271	0.786
职业后果	工冲突	0.16*		0.848	0.266	3.189	0.001
职业后果	家冲突			0.527	0.207	2.547	0.011
家庭结构	工冲突			0.113	0.034	3.334	0.001
家庭结构	家冲突	0.07*		0.040	0.028	1.395	0.163

续表

自变量	因变量	美国		中国			
		路径估值	增加路径估值	Estimate	S. E.	C. R.	P
工冲突	工作满意度	－0.14*		－0.238	0.063	3.812	0.000
工冲突	工作压力	0.65*		－ 0.232	0.051	4.506	0.000
工冲突	离职意向	0.10*		－0.085	0.056	－1.503	0.133
工冲突	旷工		－0.04	－0.069	0.043	－1.622	0.105
家冲突	工作满意度		0.03	－0.176	0.074	－2.380	0.017
家冲突	工作压力	0.11*		0.441	0.074	5.933	0.000
家冲突	离职意向		0.00	0.180	0.069	2.603	0.009
家冲突	旷工	0.11*		0.029	0.052	0.557	0.578

资料来源：刘永强，赵曙明，王永贵(2008)和安德森等(2002)美国路径系数股指标准是* $p<0.05$。

工作—家庭冲突作为中介干预变量来调节工作满意度和自变量间关系时，它能部分地调节工作满意度与职业生涯后果和家庭结构之间的关系，也能部分地调节工作压力与职业生涯后果和家庭结构之间的关系。家庭—工作冲突作为中介干预变量来调节工作满意度和自变量之间的关系时，能部分地调节工作满意度与弹性工作制和职业生涯后果间的关系，它也能部分地调节离职意向与弹性工作制和职业生涯后果间的关系，它还能部分地调节工作压力与弹性工作制和职业生涯后果间的关系。两类冲突都不能调节旷工率与因变量间的关系。在美国弹性工作制通过工作—家庭冲突，对工作满意度、离职意向和工作压力产生显著影响。家庭照顾福利不能通过两类冲突对组织行为产生间接影响。经理支持与职业生涯后果通过工作—家庭冲突对工作满意度、离职意向和工作压力产生间接影响。家庭结构通过家庭—工作冲突对工作压力和旷工率产生间接影响。这些差异源于两种社会对家庭的社会价值观取向上的差异，因为文化在预测工作—家庭冲突程度方面产生积极的作用：能调节多角色压力、分配时间和精力、影响对冲突源的认知。[36]

三、共时比较的讨论与结论

研究发现中国照顾家庭成员的正式法律缺位，表明该项制度并没有成为中国政府、企业和员工的共享理念。在中国实行类似美国的《家庭与医疗休假法》缺乏非正式社会文化基础，是无效的，因为即使从国外借鉴良好的正式规则，如果本土的非正式规则不变，新借鉴来的正式规则和旧有的非正式规则势必产生冲突，结果借鉴来的制度可能既无法实现又难以奏效。[37]首先，从企业和员工个人角度看，制度是博弈规则，是由参与人的策略互动内生的共享信念。因此，内化该理念的工作—家庭平衡制度必须建立在以员工个人、经理层和组织间的重复博弈为基础，并在他们之间形成纳什均衡，形成博弈的内生规则。这样由相互重复博弈而产生的内生的工作—家庭平衡制度，给员工带来了福祉，提高了经理的管理效率与组织的绩效，才有效率与效果。从外部来讲，如果这些内生的博弈规则具有合法性，在组织间扩散开来，也能促进其他组织采取工作—家庭平衡策略，提高了它们在行业中的美誉度，吸引了优秀的员工和有声望的合作伙伴，从而获得企业长期发展所必需的经济资本、人力资本和社会资本。但是如果没有内生规则作为制度化基础，国家借鉴美国而进行类似的立法、强行实施外在制度，显然不具有效率机制。它会成为组织应付外部制度压力的一种表面制度，得不到充分落实。[38]企业会在效率机制作用下对该制度作表面化处理，内部实际上并不运行该平衡制度。其次，从整个社会文化价值观来看，中国宏观社会文化缺乏工作—家庭平衡的应得权利感,而应得权利感却是工作—家庭平衡成为共享理念的前提。有两个显著因素影响着不同民族文化背景下的应得权利感,即不同国家的社会政策进行比较的能力以及雇主对工作场所工作—家庭经济福利安排的感知。这种感知是社会比较过程,也是社会公平感的重要组成要素。把某一国家已经实施良好的社会政策如子女照顾的法规与家长请假制度与没有这些政策的国家进行社会比较能够增强应得权利感。违背这些应得权利感就会诱发行为的改变。因此,对其他国家的公共政策的认识会导致没有这些政策国家的人要求政府为工作—家庭关系的平衡提供国家支持的运动。[39]研究为中国员工、企业提供了工作—家庭平衡制度的国际社会比较过程,增强了他们对国家进行工作—家庭平衡制度立法进行社会比较的能力,使他们认识到企业负担起员工的家庭责任是他们应该享用的权利而非企业的恩惠,并唤醒了企业的家庭责任感知。这一比较增强了他们对这些政策可行性的感知和应得权利感知,从而诱发他们改变自己的行为,重视家庭的需要与责任,促使企业构建支持性制度与体系。最终,塑造整个社会重视家庭需要与责任的社会文化价值观,推动工作—家庭平衡制度的普遍实施。

中国宏观社会文化中缺乏工作—家庭平衡的文化价值观,企业家庭责任的法律规范缺位,企业经理没有认识到对员工家庭需要负有责任,对员工工作—家庭平衡支持不稳定,也不持久,而员工缺乏工作—家庭平衡的应得权利感。中国员工把工作放在第一位;而在美国,员工把家庭需要放在第一位。由此,企业的制度安排中美文化中产生了不同的影响路径和效果。国家要加大工作—家庭平衡的公共宣传,为立法作宏观社会文化上的准备,唤醒了员工的工作—家庭平衡的应得权利感。在宏观社会文化价值观培育后,再进行立法,这样才会有有效的企业管理制度。

美国企业实施其策略集的驱动。面对员工的新决策集，企业的绩效受到全面的影响，[40] 企业对现存处理员工工作—家庭关系的制度框架产生了认知危机与制度危机，于是采取新对策集，包括弹性工作制、为家庭负担提供福利、经理支持、职业生涯后果控制等。[41] 美国企业其他工作—家庭策略集见下文的历时嵌入的七个纬度。就平衡员工的工作—家庭关系而言，中国企业没有现存的管理制度，而美国企业已经实施了许多的工作—家庭平衡策略。中美的家庭伦理制度化过程中存在互补性制度。如比较选择两个正式的制度变量：企业实施的弹性工作制和家庭照顾福利，和两个非正式制度变量：经理支持和职业生涯后果。

在中国嵌入美国企业的工作—家庭平衡的四种策略集，其效果与效率差异有别于美国企业实施的相同策略集的效率。弹性工作制度能减轻中国员工两类冲突，而相关性分析显示它与工作—家庭冲突的负相关关系并不显著。这说明在中国文化中它的首要作用在于减少员工的家庭—工作冲突，方便了员工承担家庭责任，满足了家庭照顾的需要，其次也会减少员工的工作—家庭冲突。而在美国文化中它能显著地减少员工的工作—家庭冲突，但无法减少家庭—工作冲突，因为它们间的负相关性不显著。其首要作用是方便了员工完成工作，承担工作责任，从而减少了员工的工作—家庭冲突。差异源于员工对工作和家庭的重要性认知的不同。在中国样本中弹性工作制能够减轻两类冲突、提高工作满意度、减弱离职意向和减轻工作压力。美国样本中它能预测工作—家庭冲突和工作满意度的显著变化。它对中国员工的组织行为的正面影响程度要高于对美国员工。它和职业生涯后果通过家庭—工作冲突调节工作满意度、离职意向和工作压力。美国样本中它通过工作—家庭冲突,对工作满意度、离职意向和工作压力产生显著影响。所以,它在中国文化中通过家庭—工作冲突来调节后果变量,而美国文化中是通过工作—家庭冲突来调节后果变量。它无法影响两国员工的旷工率。

中国样本中家庭照顾福利是无效的企业正式制度,应该是国家的宏观社会政策。中国员工并不将家庭责任寄希望于企业,是否提供扶老携幼的便利和资金帮助,都是与工作无关的福利,也不会提高员工的工作满意度。他们把工作考虑在先。在美国为了该福利,员工可以不离开现职,它能减少美国员工的家庭—工作冲突。这说明美国企业可以通过为员工提供较多的家庭照顾福利来留住员工,降低员工的离职率。美国员工至少认为企业应该为员工的家庭负一定责任,寄希望于企业为其解决家庭照顾问题,如果能解决便留在组织继续工作;如没有该福利制度,便会离职,优先考虑家庭的需要,而将工作置于从属地位。

中国经理支持不能显著减轻两类冲突,但它与工作—家庭冲突显著相关。它通过工作—家庭冲突对工作满意度、离职意向和工作压力产生间接影响。员工并不指望经理能直接解决他们的工作—家庭冲突,或许他们没有义务这样做。他们的支持或多或少与工作—家庭冲突相联系,能提高工作满意度、减弱离职意向,却不能减轻工作压力、降低旷工率。因此,中国经理支持是不一致、不稳定的。美国样本中它与两类冲突都显著负相关,能够显著预测工作满意度、离职意向、工作压力、旷工率和工作—家庭冲突。它在美国文化背景下的作用效果比在中国好且全面。两种文化中,它无法解决员工因承担家庭责任而发生的旷工率。这一比较的意义在于中国企业的员工和经理并没有认识到主管经理对平衡员工的工作—家庭负有责任。

中国样本中职业生涯发展后果能直接解释工作—家庭冲突的显著变化，但它不能直接解释家庭—工作冲突、工作压力、工作满意度、离职意向和旷工率的变化。它与两类冲突显著正相关，并通过两类冲突间接地作用于工作满意度、离职意向和工作压力。美国样本中它与两类冲突都显著正相关，能显著预测工作—家庭冲突、工作满意度和离职意向的变化。这说明中国员工认为它直接产生工作—家庭冲突，但是与家庭—工作冲突也有关系，严重时他们也会对工作不满，感到工作压力大，甚至产生离职的念头。这与他们的应得权利感缺位有关。而美国员工在后果严重时便会直接对工作不满而离职，这与美国社会倡导工作—家庭平衡的宏观社会文化价值观有关，因为《家庭与医疗休假法》规定，员工在休假期间要受到法律的保护和不被报复，遇到负面不公平待遇时，有法律救济路径。

无论中国员工的家庭结构复杂程度如何，都不会离职、旷工，不会感到与工作压力有关，它能显著解释工作满意度变化。它与美国员工的旷工率呈显著的正相关关系，能显著地预测旷工和家庭—工作冲突，家庭中需要照顾的人越多，越会采取旷工方式来满足家庭责任要求。

两种社会对家庭的社会价值观取向上存在差异。文化在预测工作—家庭冲突程度方面产生积极的作用：能调节多角色压力、分配时间和精力、影响对冲突源的认知。[42]美国员工把家庭放在第一位，家庭有需要时，员工就会采取旷工手段来满足家庭的需要。而中国员工把工作放在首位，并不会因为工作要求干扰了家庭就会采取旷工的手段来满足家庭的需要。这与杨[43]的研究结论一致。这种差异反映了中国员工的就业压力比美国员工要大，收入水平也较低。但是家庭责任在中国员工中会导致对工作的不满。中国的宏观社会文化也正在发生变化，因为家庭的责任与工作满意度是紧密相联的。这一认识迟早会带来企业对家庭伦理责任的重视。

当美国的四种工作—家庭平衡策略跨域嵌入到中国文化背景下，只有三种是有效的企业制度，但作用路径和效果都不相同。另外，家庭照顾是无效的企业管理制度。这证明了跨域的均衡制度安排可能是次优的。跨域共时嵌入的效果取决于嵌入的社会资本分配和出现捆绑域的集成性参与人（内部的或第三方）的组织能力。[44] 因此，在中国嵌入这些制度取决于社会对实施这些制度企业的社会尊重与社会评价的提高，同时也取决于企业家的组织能力和政府作为第三方的推广力度。否则，这些制度嵌入是帕累托次优的。整体性制度安排的共时性结构是复杂的，因为被嵌入的制度还需要与现行的其他制度进行契合、协同和相互作用，并且在嵌入的过程中参与企业有限的社会资本和经济资源的分配，造成了嵌入后制度自我实施时效率配置上的不一致，因此会产生帕累托低劣的制度安排。为了改变一项帕累托低劣的制度安排，需要同时改变互补性制度，或需要改变某一域的制度，然后通过互补关系引发其他制度的连锁反应。[45] 因此，在中国嵌入美国企业中实施有效的家庭伦理管理制度是要对现行的中国企业管理制度和美国企业的管理制度作适当的调整，然后通过经济全球化和中国的改革开放过程中中美经济发展与企业管理的互补性关系来增强被嵌入制度与现行制度的关联性，从而实现整体性制度嵌入的帕累托最优。

第五节　美国企业家庭友好策略集的历时演化

美国家庭—工作研究所对长达 10 年中美国企业重叠嵌入的工作—家庭平衡策略进行系统演化调查，研究各种决策在时间的考验和“进化选择压力”作用下的演化结果。企业在选择自身的策略集过程中经过反复试验、学习和模仿逐步构建了基本成熟有效的企业工作—家庭平衡的制度集。在美国的制度域中已经自发演化出一系列有效的互补性制度。随着经济全球化在空间上的展开，中美两国过去地理上相互分割的交易域得以融合，这些经过 10 年演化依然在有效实施的互补性制度成为中国企业和员工跨域选择的对象，成为外生嵌入的备选制度逻辑。就中国企业而言，这些变异性制度引发了企业制度博弈的外界参数的变化。两种域的相互支持会使得在中国企业中实施新决策获得强大的推动力。通过这种互补性机制，发生在跨域博弈形式的参数变化，如果能导致中国政府的系统性政策改革，其效果会被放大和强化，有可能导致一种全新的整体制度安排——家庭伦理的企业管理制度。本节简要介绍美国企业实施工作—家庭平衡策略历时演化结果。

一、历时演化概要

过去 10 中，经济发展迅猛，劳动力市场起伏动荡，但今日经济处于严重下滑和危机状态。但是，美国企业在此期间平稳地实施旨在满足员工各种需要的政策、实践、福利和计划，其中超过 80％都没有太大的起伏，其稳定性使人惊讶。提供孩子照顾福利的企业没有变化,但是越来越多的企业(39%)要比过去的(23%,1998)提供家庭中老人照顾信息服务。为妇女提供宽敞喂奶室的企业也从1998年的37%上升到2008年的53%。2008年企业更愿意提供传统的弹性工作时间(从68%上升到79%),而不愿提供非全职工作(从57%下降到47%)。最大的例外是员工要为自己的养老基金和医疗卫生保险费支付更多的费用。但是,2008年的调查也发现,有18%雇员超过1 000人的大企业也没有完全遵守该法律提供所有的福利。总共有18%—21%的大小企业没有落实该项法律。[46]

二、历时演化结果

根据博弈论制度学派的观点,一个策略行动启用集只有在持有认知危机的参与人达到临界点的时候,参与人才能界定新规则,制度演化才能达到一般认知均衡,此时新制度是可再生的。但是,新的主观博弈要达到认知均衡,必须满足三个条件:第一,指导主要参与人学习的预测性和规范性信念系统被认为与相关域的内在状态是相互一致的;第二,在运用新的推理规则预测行动结果是不会出现令几乎所有参与人惊奇的结果;第三,新决策启用集所作的决定产生了令人满意的报酬。根据这三个标准,达到临界规模的美国企业的实施家庭伦理新策略集如下(以达到或接近50%的企业实施该策略作为临界规模)。

第一,孝道纬度。家庭年老成员的信息服务(老人照顾、照顾资源与照顾服务推荐)(23%, *** ,39%,第一个数据是1998年采用此项家庭友好制度的企业占样本企业的百分比, *** 指在 $p<0.001$。水平上显著 ns=not significant 指不显著。下文同)。第二,子女抚养教育纬度的重叠嵌入。孩子照顾协助福利＝ f[提供信息服务将孩

子安排在社区(儿童看护资源与推荐信息)＋在工作场所附近提供儿童护理服务＋凭票据报销儿童照顾福利或其他补贴＋提供家庭老幼照顾协助计划＋帮助员工支付儿童照顾费用＋如果员工加班补偿孩子照顾费用＋出差期间提供儿童照顾费用＋学龄儿童假期的照顾福利＋如果员工享受不到通常儿童照顾福利时提供紧急或支持性照顾福利＋对生病孩子的照顾＋为本地儿童照顾中心提供财务支持或通过基金会捐款＋为哺乳期的妈妈提供场所和设备(37%,**,53%。***指在 $p<0.01$ 水平上显著)＋哺乳期的妈妈提供私人空间(37%,***,53%)]。第三,婚姻纬度。为未婚生活伙伴支付健康保险的企业从14%上升到31%。第四,时间保障纬度。包括弹性工作制和照顾家庭请假制度。工作弹性策略集＝f[在一定时间范围内允许员工定期至少是一些员工,在一定范围内改变下班时间(68%,***,79%)＋在一定时间范围允许员工,至少是一些员工,可以有全职转为非全职,并在岗位水平不变的情况下再转为全职(57%,**,47%)＋在一定时间范围允许员工,至少是一些员工,偶尔在正常上班时间里在家工作(56%,ns,52%)＋在一定时间范围允许员工,至少是一些员工,在生子女或收养子女后回到工作岗位(81%,ns,82%)]。照顾家庭请假制度集＝f[女员工产后有工作保障的平均最长假期(16.1周,ns,15.2周)＋男员工产后有工作保障的平均最长假期(13.1周,ns,12.6周)＋员工收养孩子后有工作保障的平均最长假期(13.4周,ns,13.0周)＋员工为照顾重病家人后有工作保障的最长假期(14%,ns,1%)[47]。第五,健康纬度。健康保障制度集＝f[提供员工帮助计划(56%,**,65%)＋提供协助计划(EAP)以帮助员工应对影响个人工作和生活问题(51%,**,60%)]。第六,经济安全纬度。企业给员工及其及家庭提供的健康福利没有减少,

但是企业要员工承担的健康保险费份额加大，34%的企业提高员工共同支付部分超过12个月的保险费。家庭照顾假期的工资发放福利包括：为大部分员工提供几天的带薪假来照顾生小病的孩子(49%，ns，47%)。女职工在产假期可以从不同途径获取不同数额的工资(53%，ns，56%)。提供临时残疾保险福利(81%，ns，85%)。[48] 提供员工健康计划的企业也从51%上升到60%。健康计划集＝f[全职员工提供健康保险(97%，ns，98%)＋为员工的家庭成员提供健康保险(95%，ns，94%)＋为员工及其家庭成员提供健康计划(51%，**，60%)]。增强经济安全保障福利＝f[提供短期职业残疾保险(70%，ns，75%)＋提供明确的养老金计划(48%，***，29%)＋提供其他退休计划(90%，ns，90%)＋支付员工的退休计划(91%，***，81%)]。第七，执行纬度。包括主管支持制度与培训主管支持制度。主管支持制度＝f[主管受到鼓励支持员工满足家庭需要并寻求对员工和组织都有效的解决方案(很正确/60%：64%/小，**，47%/大)＋主管得到鼓励用员工的成就来评估他们的绩效而不是以他们在工作场所出现的时间来进行绩效评估(很正确/71%：70%/小，ns，71%/大)]。企业培养支持性主管所做制度安排＝f[培训主管要对员工的工作与家庭需要作出反应(50%：46%/小，ns，58%/大)＋培训主管管理多元化员工(68%：62%/小，***，88%/大)＋培训主管管理不同年龄的员工(59%：56%/小，ns，65%/大)＋在进行绩效评估和薪酬决策时是否考虑主管在管理弹性工作安排的好坏方面(62%：65%/小，ns，53%/大)][49]。

第六节 工作—家庭平衡共享信念形成与合法性机制

共享信念作为新制度是认知均衡和策略集的重新界定的结果。它们来自共时嵌入认知结构和策略集的重新界定。跨制度域历时演化结果——备选新制度集效率分析形成了互补性制度嵌入后共享信念形成的效率机制。共享信念的权力赋值与合法性机制分析研究了共享信念的扩散机制。

一、新制度集的重新界定与认知结构变化

(一)共时嵌入认知均衡和策略集的重新界定

上述共时嵌入研究表明,不同的制度效率在跨域嵌入过程中,效率不同。在长期的演化过程中,有些制度渐渐退出企业的策略集。因此,要重新界定可应用于下一期制度博弈的企业行动策略集,以及运用这些策略的新规则,和重新定义的稳定的推断规则,实现了参与人的认知均衡,并最终界定新的共有信念系统,亦即新制度的概念模型及其所包含的纬度。

共时嵌入研究表明,在中国企业中弹性工作制、经理支持和职业生涯后果是有效的。它们构成了企业的新制度策略集。而家庭照顾时无效的制度被排除在外,因为实施家庭照顾福利无法得到人们的认可与尊重,亦即无法对企业的社会资本进行有利的配置。所以作为博弈参与人的企业自然不愿意实施增加经济成本的家庭照顾福利。企业将家庭照顾福利则寄希望于政府提出公共政策安排。因此,中国企业在没有类似家庭伦理管理制度的情况下,如要企业实施

这新策略集首先要改变企业对员工家庭责任的重要性的认知，在重复使用这三种新制度并有效地使用的情况下，对家庭重要性的认知得到了强化，由被动转向重复的自我实施的过程。因而，企业在选择有效的策略集的过程中重新界定了企业的管理哲学与远景，其核心是要认识到企业不仅需要经济理性来生产市场产品，而且需要在非理性逻辑下生产健康、声誉和满意度等非市场产品，并要在市场产品生产和非市场产品生产之间进行有效的平衡。其前提是要认可家庭的重要性，并将满足员工家庭需要当成企业使命的一部分。由此相应地调整经营战略和人力资源管理制度系统的改造，如绩效评估中控制负面的职业生涯后果，在晋升评估中排除员工因满足家庭需要而受到的负面评价。为此，需要经理的支持，需要对经理进行培训。

家庭伦理的战略嵌入，制定商业战略是要考虑其对人的影响，号召人们在工作—家庭之间保持平衡、鼓励经理人员在工作—家庭之间保持平衡、根据商业目标及其商业影响来为工作—家庭关系的讨论制定框架。落实家庭伦理的执行纬度，就目前采用的工作—家庭平衡计划的执行情况提供反馈、庆祝和分享成功、就工作平衡问题测量员工的满意度、坚持要经理人对改善满意度的测量方式负责、提倡为工作安排提供备选方案。执行纬度中的一个指标是培养家庭支持性的企业文化，倾听他人的经历并增强解决该问题敏感程度、支持员工的人生目标设定、鼓励员工采取他们认为是适当的措施，要控制员工享用家庭伦理制度后，经理人在绩效评估和考虑晋升时，对该员工产生负面的影响。

(二)跨制度域历时演化结果——备选新制度集效率分析

第五节中所有已经超过临界规模的工作—家庭友好策略，都可以嵌入到中国企业管理制度中，因为在中国企业中没有发现制定正式的制度来缓解员工的工作—家庭的关系危机。但是，在启用这些策略集前必须对其制度效率进行分析。企业之所以启用这些策略集是因为这些策略能帮助企业实现以下目的：采用灵活的工作地点，照顾老人和孩子福利和准假制的最重要的动机是留住员工占37%，帮助员工管理好工作和生活占18%，招聘和提高士气的需要占9%，是要做的正确的事占7%，遵守法令而做占6%，我们是一家关心人的组织占6%，留住高级技术工占5%，提高员工的承诺和参与水平占5%，提高生产率占4%，家族企业的做事方式占4%，支持社区占3%，企业性质决定的占3%，满足企业对弹性工作制的需要占2%，和其他企业竞争占2%，提供更好的工作环境占2%，提高工作满意度占2%，招聘高技术员工占2%，满足员工的要求和迫于压力占1%，帮助员工占1%，使员工愉快与高兴占1%，确保明日有高素质的员工占1%，战略计划需要占1%，公司政策占1%。[50]

然而，这些备选的制度逻辑在美国的制度域中存在着以下制度失效与实施困境。排在首位的是成本占30%，第二位是生产率可能下降占11%，排在第三位的是7%的企业认为没有企业与商业上的障碍。实施工作—家庭平衡的其他阻碍因素包括：考虑到产业性质不实际占7%，难以监督员工占6%，缺少落实人手占5%，行政管理人员间的争论占5%，滥用的可能（旷工）占5%，时间限制占5%，工作需要与负担不允许实施占4%，非成本有效的投资占4%，企业规模小占3%，还没有听说有需要占3%，平等对待所有员工的需要占3%，非弹性工作安排占3%，员工不想享用这类政策占2%，对这次项目和政策缺乏信息占2%，确保完成工作以满足顾客需要占2%，不确信会否提高生产率占1%，其他棘手的企业问题占1%，导致员工的抱怨占1%，经理人的抵制占1%，法律的规定占1%，公平对待所有员工的需要占1%。这些数据显示了美国社会中新制度经历演化后,其效率机制的构成。

二、互补性制度嵌入与共享信念的形成机制

尽管上述新策略在分配资源上的不对称性,既有效又失效,但旧制度所表现出来的糟糕绩效进一步导致了制度一致性与其功能效率的矛盾,导致企业采用新备选制度逻辑的激励得到了加强。尽管备选制度逻辑存在失效的情况,但是相对于工作—家庭关系危机造成的结果显得轻微得多。中国企业与员工对美国企业中实施的这些制度的认知、对备选逻辑的开放性接受以及实施备选制度逻辑存在的激励(能提高员工的工作与家庭生活满意度),导致了新制度被嵌入到中国制度域中的中心企业,如在华跨国公司,并由此扩散到中国本地化组织中,为中国企业嵌入家庭伦理关系提供了互补性新制度集。如果嵌入到中国企业中,要历经以下四个步骤,即演化分析框架中的制度分离与标准化的四个步骤,即识别、分化、合理化和合法化步骤。[51]

目前,中国企业以及员工认识到企业工作—家庭平衡制度缺位,并识别到美国制度域中存在互补性并经历了十多年演化的规则。这些学者的研究是制度博弈的企业和员工个人可观察到的。中国企业要做的是将观察到的规则视为制度,将直接针对制度作出反应,而不是针对员工个人,按个案作出反应,从而将观察到的规则从个案实施中分化出来。同时,中国企业要认识到这些策略具有合理化机制,将制度改造为由参与人的互惠预期来维持的家庭伦理道德约束(精神约束),从而使制度变成是自我实施的。最后,中国企业要将这些制度在企业内部强制执行,激励那些为员工工作—家庭平衡作出努力

的员工和经理人，制裁那些只顾企业经济绩效，而制造紧张的工作—家庭关系的经理人与员工，从而将该制度赋予合法化的约束。通过这些努力，使得在企业内部内生的非正式规则从个体状态下分离出来，塑造工作—家庭平衡的制度合理性和合法性的正确判断，从而实现制度标准化。最终使得以工作—家庭平衡为核心的家庭伦理企业管理制度在企业的管理制度中升为主导地位，从而具有预测性、约束性、规范性、规制性、稳定性和自我实施的功能，形成了工作—家庭平衡这一规范性共享信念系统。

不仅如此，国际组织和相关国家制定的公约和法律，给中国企业实施家庭伦理管理产生了极强的制度环境压力。在内部博弈规则和外部参数变化的共同作用下，员工和企业的经营者逐步认识到员工的家庭伦理关系对工作绩效产生非常重要的影响。企业应该为员工的家庭伦理关系构建承担责任，形成了新的共有信念系统，完成了制度演化机制的认知活动。这就是参与人在面临内部危机、外部冲击寻求博弈方式的机制，以及参与人互动使得新制度，即共享信念，变为自我实施的机制。经过中国员工和企业主管就协调工作与家庭需要进行自发博弈演化内生规则和从外国制度域引进嵌入的方式，相应的家庭伦理经营的共享信念就演化出来，在认知结构模型中产生新规则与共享信念系统。关心员工家庭伦理关系中的孝道、婚姻和子女教育三个纬度上的需要，认识其重要性，并由此引发企业的管理制度中嵌入四个保障纬度，如时间、福利、经济安全与健康，构建出四个方面的有效的制度，植入现行的管理制度中。在下一期员工与企业的博弈中，将会自我实施这四个方面的制度，并节约决策的信息成本，产生预期良好的工作—家庭促进互益的结果，减少企业与员工对博弈规则预期的不确定性，并在重复博弈中能够恰当地分配社会资源与社会资本，如提供时间、经济资源和在组织晋升和职业生涯后果中控制因照顾家庭需要而产生的负面影响。此外，经理提供支持等各种服务减轻了内部员工的工作与家庭的压力，产生了内部公平，那么这样的新制度是有效的，可重复再生。

如果将这些制度规则和博弈策略内敛成这样的信念，即家庭伦理是重要的，企业需要实施四个纬度方向上的制度来管理员工家庭伦理关系，从而实现工作与家庭平衡。那么要回答企业为什么要花短期经济成本来帮助员工解决家庭伦理关系。企业家要实行家庭伦理经营，关心自己幸福家庭伦理关系构建。企业关心员工的健康是可接受，对于为什么要关心他们的家庭成员，家庭伦理管理制度实际上提供的是一种企业价值观与管理哲学。为此，要分析家庭伦理的企业管理制度作为共享信念的哲学意义与内容结构，以及制度效率。

三、共享信念的权力赋值与合法性机制

工作—家庭平衡的共享信念系统要求企业将员工的家庭伦理关系嵌入到企业的管理制度中，影响了企业的社会资本与资源分配并激励着企业采取“仁”道与利他主义行为方式，从而塑造了企业的思维方式和行为。“仁”文主义与利他主义成为诱使或迫使组织实施家庭伦理管理制度的观念力量，具有强大的约束力量，规范着企业的行为。不实行家庭伦理管理的企业将会被认为是不“仁”道的、不道德的。企业如果要提高企业的社会地位，得到社会承认，增进与其他组织间的资源交往，根据组织趋同原理，就必须采用类似的家庭伦理管理制度。合法性机制使得组织不得不接受制度环境里构建起来的做法。因此，家庭伦理管理制度具有内生的合法性机制。然而，外生嵌入的制度要具备正式的合法性机制，才能在组织间扩散和接受，在均

衡认知结构模型中产生的新制度还必须由政府进行权力赋值才能正式化。因此,政府作为制度博弈具有强大组织力的第三方必须对工作—家庭平衡新共享信念进行宣传,甚至进行立法等权力赋值活动。这样它们才具备正式的合法性机制。

第七节　结论

中国企业与员工对工作与家庭冲突关系产生认知危机,而企业解决工作与家庭关系危机的制度缺位导致了制度危机,企业与员工从而构建了自己的主观认知模型。共时性嵌入研究表明,在企业内生制度缺位,同时又存在对家庭伦理管理制度需求认知的情况下,在中国企业引入弹性工作制、经理支持和职业生涯后果控制是有效的,但是家庭照顾福利是无效的。为此,本章研究了跨制度域存在的互补性制度在美国制度域的历时演化,得出美国制度域中存在已被达临界规模企业实施效果良好的家庭照顾福利策略集。由此,家庭伦理管理制度体系=f[孝道×(时间+健康+经济安全+执行)+婚姻×(时间+健康+经济安全+执行)+子女×(时间+健康+经济安全+执行)]是可执行的可重新界定的制度集。外生嵌入制度集的选择机制导致了企业与员工的对工作与家庭关系判断的内规则发生变异,产生了由外生嵌入引致的内规则创新,从而实现了认知结构和制度策略的共同演化,产生了工作—家庭平衡的共享信念。这一共享信念在文化资本和制度资本的共同作用下,产生了"仁"文主义与利他主义的社会资本效率悖论,从而形成了家庭伦理管理制度这一精神现象与心智模式的自我再生机制。

基于此,研究认为政府作为制度博弈的第三方需要以集体方式在企业管理制度中强制嵌入上述制度体系，要在全社会加大对家庭与工作关系的认知危机与制度危机的公共宣传，引发企业与员工对家庭伦理管理制度的认知结构重构，同时选择本研究提出共时与历时嵌入制度集进行本土化改造，从而进行立法实践，来构建整个社会的正式家庭伦理企业管理制度。

第八章

可自我实施共享信念的结构与效率

如前文，员工遭受到严重的工作—家庭冲突，导致严重的工作压力、身体健康恶化甚至过劳死、工作与家庭满意度低严重影响企业的工作绩效。但是，以工作—家庭平衡为核心的家庭伦理哲学并没有成为中国全社会的共享信念，使得正式的制度安排失去了共享信念基础。由此，本章研究工作—家庭平衡作为制度博弈参与人的企业经营者和员工个人的共享信念的结构和效率，以及它作为制度的自我实施的机制，从而探索在中国制度域自发内生和外生嵌入演化而形成企业家庭伦理管理制度的路径，并凭此回答企业为什么要投入时间成本和经济成本来解决与企业生产经营没有必然联系的员工家庭成员间伦理关系问题。

第一节　共享信念的界定

工作—家庭平衡演化成可再生的制度必须首先成为员工与企业作为制度博弈参与人的共享信念，因此首先要对共享信念进行界定。同时需要探讨工作—家庭平衡共享信念的结构。

一、工作—家庭平衡共享信念的界定

共享信念是博弈论制度学派的术语。青木昌彦认为制度是博弈实际进行方式的共享信念，也是博弈规则。因此，从制度博弈角度来看，共享信念是“由行动者对世界的看法构成的信仰体系，其发展方式将成为制度矩阵的最后决定因素”。[1]诺斯等开发的“共享心智模型”用来说明共享信念的形成过程。该模型指出：每个行为选择人都有某种认知禀赋，当他面临不确定性环境时，通过预期和意识采取行动，行动的结果反馈回行为人，行为人据此修正其认知；如果行为人与环境之间反复互动，就会形成一套对环境的看法以及环境所决定的行为选择集，这构成了行为人的信仰体系，以此信仰体系进行决策的模式就是其心智模型。而行为人又处在一个相互交往的社会网络中心。正是在这种相互交往中，异质心智模型的参与人经过交流与交易，不仅能够间接汲取他人的认知成果，而且把自己的认知成果传递出去。因此，相互交往的过程就是一个集体学习过程。通过集体学习，不仅形成了共享心智模型，而且在相互认同过程中，这一共享心智模型会稳定下来，并构成共同的行动选择集，这就是制度。制度其实是内生于心智模型的一套针对环境中出现的问题的解决办法。制度内生于信仰体系。[2]

博弈论制度学派对共享信念的形成机制提供了详细的解释。环境的变化通过信息反馈影响当事人的认知，当事人通过心智对这些变化进行评价、精练、接收或拒绝，从而形成新的预期。如此循环，构成当事人认知和环境的互动过程。这既是心智的调整过程，也是一个学习过程。一种心智模式若在环境反馈中被反复认可，那么这种模式就趋于稳定，这种心智模式就是信念。另外，心智模式具有内在的创造力量。当事人启动某种心智模式是针对特定环境问题提出的解决办法，如果成功，经验就被积累；如果失败，则当事人首先寻求替代性解决办法；如果仍不成功，则会尝试新的办法，这就是心智模式内在的创造过程。这一过程不仅使心智模式能够适应环境变化，促进其本身演进，而且能产生新的心智模式。参与人的心智模式可能是异质的，但他们之间存在相互模仿、学习和知识交流，则最成功的心智模式就可以稳定下来，成为共同的行为规范，即制度。[3]从而形成了共享信念。

共享信念是制度博弈均衡的产物，而制度均衡状态是指参与人的谈判力及构成经济交换总体的一系列契约给定时，没有一个参与人有花费资源进行再谈判的激励。[4]青木昌彦将制度化界定为均衡演化所产生的预期趋同过程，并且他把均衡的稳态解释为每个参与人都知道均衡结果，从长期经验中积累的知识出发检测其行为的最优性。同时，制度必须是作为博弈的均衡结果来维持。博弈的均衡过程意味着博弈的内生变量，即策略决策组合与参与人预期，互相强化和同步稳定的过程。因此，制度化意味着参与人策略决策的程式化和关于其他参与人决策的不确定性的减少将以一种相互支持的方式同时产生。[5]

由此，工作—家庭平衡共享信念可以被界定为企业经营者和员工作为解决工作与家庭冲突问题的制度博弈参与人，在安排工作需要与家庭需要的过程中共同形成的对家庭需要重要性的认知结构，并且自发地在工作中考虑到员工家庭的需要，从而塑造工作与家庭间的和谐关系，并把这种和谐关系认知为是任何人的生活终极意义所在。工作—家庭平衡共享信念是稳定的，因此可以减少员工与企业经营者采用平衡家庭需要策略时后果的不确定性，并且可增强各方的收益。广义地讲,工作—家庭平衡共享信念是员工与企业在关于工作需要与家庭需要孰为重要的博弈均衡状态下的企业家庭伦理管理制度。

二、工作—家庭平衡共享信念的结构

中国企业员工在与主管就家庭问题进行博弈的过程中,还没有形成广泛适用的新内部规则,但是员工间自发采用某些策略来平衡家庭需要的制度博弈实践已经开始。同时,美国社会作为互补制度域,普遍存在企业实施家庭友好管理策略,并且有美国的《家庭与医疗休假法》。不仅如此,国际劳工组织制定了协调工作与家庭矛盾的第 156 号协定与 165 号推荐书。这些国际协定、推荐书以及相关国家的法律,给中国企业实施家庭伦理管理产生了极强的制度环境压力。在这些内部博弈实践和外部参数变化的共同作用下,员工和企业的经营者逐步认识到员工的家庭伦理关系对工作绩效产生非常重要的影响。企业应该为员工的家庭伦理关系构建承担责任,产生了工作必须考虑其对家庭影响、要照顾家庭成员需要的认知,最终形成工作与家庭必须平衡的共享信念系统,并嵌入现行的企业管制度中,从而完成新制度演化机制的认知活动。这就是企业与员工作为参与人在面临内部员工工作与家庭关系和制度缺位的危机和外部制度压力与冲击的情况下,寻求家庭伦理的企业管理制度博弈方式的机制,他们间的互动会使得家庭伦理的企业管理新制度变为自我实施的机制。中国员工和企业主管就协调工作与家庭需要进行互动博弈并自发演化,从而生成工作与家庭需要应该兼顾的内生规则,或从美国制度域引进嵌入的方式,相应的家庭伦理经营的共享信念就演化出来,在认知结构模型中产生照顾家庭需要的新规则与工作—家庭平衡的共享信念系统。博弈双方参与人就会进一步界定需要关心的员工家庭伦理关系：孝道、婚姻和子女教育三个纬度，认识其重要性；同时，双方需要明确界定企业为照顾员工这三个纬度的伦理关系的管理制度，在现行的管理制度中嵌入四个保障纬度，如时间、福利、经济安全与健康，构建出四个方面有效的制度，植入现行的管理制度中。在下一期员工与企业的博弈中，将会自我实施这四个方面的制度，并节约决策的信息成本，产生预期良好的工作—家庭促进互益的结果，减少企业与员工对博弈规则预期的不确定性，并在重复博弈中能够恰当地分配社会资源与社会资本，如提供时间和经济资源和在组织晋升和职业生涯后果中控制因照顾家庭需要而产生的负面影响。这样减轻了内部员工的工作与家庭的压力，产生了内部公平，那么这样的新制度是有效的，可重复再生。如果将这样制度博弈策略内敛成家庭伦理是重要的，企业需要实施四个纬度方向上的制度来管理员工家庭伦理关系，那么要回答企业为什么要花短期经济成本来帮助员工解决家庭伦理关系的问题。由此，需要分析家庭伦理的企业管理制度作为共享信念的哲学意义与内容结构，然后分析共享信念的制度效率。

既然工作—家庭平衡的共享信念就是在处理工作与家庭关系中员工与企业的博弈的认知均衡状态下的制度。那么我们就要分析，工作—家庭平衡信念的制度资本结构。林南认为：制度资本反映了制度市场域中有关规则的社会文化知识和技能，组织需要行动者在履行代理人职责时运用这些知识和技能。[6]制度资本包括文化资本与社会资本。文化资本包括居于统治地位的制度场域所认可的价值、规则和规范。社会资本反映了社会联系的范围，社会联系中的嵌入性资源可以用来维持或获得制度领域中的有价值资源——包括财富、权力和名声。工作—家庭平衡共享信念作为一种可自我实施的制度，是因为它内生了制度资本。分析工作—家庭平衡的共享信念结构也就是要分析它的制度资本。工作—家庭平衡的共享信念结构包含文化资本与社会资本。

下文分析以工作—家庭平衡为核心的家庭伦理管理的共享信念的文化资本结构与效率，包括在儒家和西方利他主义文化语境下，共享信念的结构要素。首先分析每种要素的效率；其次分析制度的社会资本结构及其效率；最后分析工作—家庭平衡信念的自我实施的机制。

第二节　共享信念的文化资本结构与效率

工作—家庭平衡共享信念的文化资本结构包括中国文化中"仁"文主义的文化资本和西方的利他主义的文化资本。两者在工作—家庭平衡的制度演化过程中产生不同的结构及其效率，并存在效率悖论。

一、"仁"文主义的文化资本结构及其效率悖论

工作—家庭平衡共享信念的文化资本涉及关于家庭成员关系的文化价值观。在中国它的内涵结构是儒家的"仁"，进一步是"忠"和"恕"。而在西方是家庭成员间的利他主义。"仁"文主义和利他主义其出发点是帮助他人，而实际的效率，从社会资本角度来看，却是利己，由此产生"仁"文主义与利他主义效率悖论。工作—家庭平衡的共享信念是家庭重要性认知，每个人都有家庭，家庭给我们每个人带来幸福、愉快与欢乐、健康与归宿。企业家要实行家庭伦理经营，关

心自己幸福家庭伦理关系构建。企业关心员工的健康是可接受,但是为什么要关心他们的家庭成员,这个理念实际上是一种企业价值观与管理哲学。这需要分析"仁"文主义精神和利他主义作为家庭伦理的企业管理制度的共享信念的哲学逻辑。

中国员工认为企业要解决工作—家庭平衡问题,首要是管理哲学的重构,实行以人为本的管理哲学。但是,在中国支持性和体贴性的管理或许太理想化了,因为中国很少有经理人认识到员工有工作—家庭平衡的压力,也不会提供帮助。[7]

然而,中国管理人员当下的这些管理思想与管理理念,与中国传统文化就家庭和社会实践的关系提出了先安排家庭生活后进行社会治理实践的观念相背。"所谓治国,必先齐其家者,其家不可教而能教人者,无之"。[8]因此,企业家应该先安排好自己的家庭生活、管理者应该先安排好自己与员工的家庭生活,首先是让自己和员工"心安",其次才是安身于工作。因为企业的经济伦理和管理伦理研究强调现代的企业经营正是伦理经营的时代,最终决定经营成败的是经营者自身的人性或者说是他的伦理观念。[9]

此外,企业家将员工的家庭伦理关系嵌入到自己企业的管理制度中,源于中国社会伦理要求,亦即儒家伦理价值要求。儒家传统的"仁"有两个纬度,即两个价值。第一,"忠",是尽己之心,先发展他人后发展自己。忠的原理是通过"达人","实现终极的自我转化"。第二,"恕",是推己之心。实行家庭伦理管理就是"老吾老以及人之老,幼吾幼以及人之幼"。恕是人道的卓越体现,它把个人同人类群体联系在一起,恕的原理表明体谅别人并不是利他的,它对我们自己的修身是必不可少的。[10]忠恕之道合体体现的就是儒家基本价值——仁爱。"仁者,人也,亲亲为大"[11]。一个不知道关心自己亲近的人几乎不能指望他能真实体验并普遍的爱。"亲亲"被看做"仁"最伟大的原用，是人的内在德行的直接扩展，因为人是一种道德的存在。[12]企业家要关爱员工的人性，要以关怀、关心、珍惜、真情、爱心来塑造和感化员工的人性。[13]杜维明说："仁爱是中国的核心价值，与同情、公正、责任等相连。"[14]企业家担当家庭伦理责任的基础正是这种同情和将心比心的心理过程与心理资源。"己欲立而立人，己欲达而达人"是指要发展自己的人格，但不能把自己作为关系网络的中心，自私自利地发展自己，而是要发展自己就一定要发展周围的人，发展和自己有关系的人，把圆圈逐渐扩大。所以，应当在帮助他人构建和发展的同时实现自我构建和自我发展。他人包容与自我修养，这不仅是利他主义，也是自我发展的需要。[15]"仁"作为人的最高德行，既是个人的，又存在于家庭和社会关系中，因此在组织社会关系中要关注家庭伦理关系构建。以"忠恕"为核心的"仁"文主义精神价值是将员工的家庭伦理关系结构化于企业管理制度的社会价值观基础。实际上，实施"仁"爱的管理，最终却是实现了自我发展。企业关心员工的家庭生活问题的解决会带来员工本人的社会评价水平的提高、获得社会的尊重亦即社会资本的提升，同时也会提升员工对企业的忠诚度。这就是"仁"文主义效率悖论，因为"仁"的出发点是关心他人，最终实现自我的终极转化，实现企业的繁荣与永续经营。

二、利他主义的文化资本结构及其效率悖论

企业关心员工的家庭成员，表面上看是关心与企业无关的人，从西方社会文化角度来看，是利他主义式的关心。但是，利他主义内化着腐化机制，即当利己主义者从另外的利他主义者那里受益时，利己主义者具有只好仿效利他主义行为的动机；更一般地说，每当利他主

义者通过他的行为对其他人的行为的影响来增加其自身消费，利己主义者具有试图仿效利他主义行为的动机。这就是腐化原理。在家庭内部而言，研究发现，如果存在户主那么即使其他成员的福利依赖于他们自身消费，他们也会有使家庭收入与消费达到最大的动机。当一个成员充分关心其他成员而成为户主时，所有其他成员均有与户主相同的动机使家庭机会达到最大，并使所有家庭范围内的“外部因素”内部化，而不管这些成员如何自私（或者说，实际上如何地妒忌），甚至一个接受父母资源转移的自私子女也会有自动考虑他的行为对父母及同胞的影响。那就是，某一个成员的充分爱护为所有成员也爱护其他成员（像爱自己一样）提供了保障，可以说，一个家庭所要求的“爱护”总量得到节省：受一个成员的爱护通过“看不见的手”导致了其他成员似乎也爱护每一个人。[16]

尽管利他主义者放弃某些自身消费以增加其他人的消费，并且放弃某些可以增加自身收入的机会以免降低其他人的收入，但是由于他的利他主义行为的受益者不会损害他的利益，所以他的自身消费可能超出具有同等能力的利己主义者的自身消费。[17]循着同一思路，从有关遗传适应性的利他主义可以得出相同的结论：虽然利他主义放弃某些自身适应性以增加其他人的适应性，但是由于他的利他主义行为的收益者不会损害他的利益，所以他的自身适应性可能高于具有相同能力的利己主义者的适应性。总的说来，如果利他主义提高遗传的自身适应性，那么，自然选择就对它有利。利他主义者的适应性同受益者的适应性之间的交换可能比交换的表面形式更有利于利他主义的选择。由于经济模型要求相互作用而不要求共同基因，所以经济模型还可以解释某些对于非亲非故的邻里同事的利他主义行为的存在。在一个组群内部，利他者的确比非利他者赢利水平要低，但利他者的存在会提高整个组群的平均赢利，从而利他者频率越高的组群将获得竞争优势，而非利他频率低的组群将失败而瓦解。[18]

但是西方的利他主义忽略了接受利他主义关怀者对施予者的反应模式。消极看来，接受者不会损害施予者的利益，施予者收获到了社会资本与资源，减轻了组织在组织网络中的压力，增强了合法性和利他主义行为的效率，即使为此承担了一定的经济成本，但是“财散则人聚”[19]。这样的少量的经济资本投入获取了大量的员工心理资本并产生了良好的社会美誉并由此获得了社会的尊重，获得了丰厚的社会资本。从时间的经济学分析来看，贝克尔指出：依据报酬判断，照顾子女是一项非生产时间密集型活动，利用虚度本可以用于工作的时间，因而照顾子女是一项报酬密集型活动。[20]

企业实行工作—家庭平衡，帮助员工解决家庭伦理的文化资本动因是为了利他，然而如果企业代替其员工去关怀家庭成员，在腐化原理的作用下，却又利了自己，提高了自己的适应性和竞争优势，最终成为利己，由此产生了利他主义悖论。

实际上，实施“仁”爱的管理，最终却是实现了自我发展，实施利他主义的管理最终却“腐化”成利己，放弃生产市场商品的时间价值却生产出报酬密集型的子女，即新的劳动者。因此，内化“仁”文和利他主义的家庭伦理企业管理新制度拥有强大的社会资本和非市场商品生产力，具备自我实现与再生博弈效果，具备再生的效率机制。

第三节 共享信念的社会资本结构与效率

在企业内部员工与企业经营者之间就满足家庭需要还是满足工

作需要的社会交换过程中，企业的动机显然是要维护、增进其资源来提高企业绩效和降低企业成本。林南认为：行动者的目的性行动在社会行动中的动机是维持或获取资源。维持资源的行动可以称为表达性行动，是首要动机。因此，表达性行动是行动的首要形式。表达性的行动目的是具有情感性的。获取资源行动称为工具性行动，是工具性的。因此，企业的这种动机和行为是工具性。然而，社会资本理论认为，工具性和情感性的社会行动通过嵌入性资源的最高可达性、异质性和广泛性来获取社会资本，最终获取财富、权力和声望的回报。工具性行动的回报类型包括：经济回报、政治回报和社会回报。经济回报即收入、财产等财富。政治回报由集体中的等级位置来表示。名声作为社会回报指标，可以定义为集体对一个人的评价。[21]

企业在工作与家庭平衡的博弈中关注的主要是其工具理性的财富收入，而忽视了社会交换行动中还存在着情感性社会交换，因为家庭是人类情感的归宿和生活满意的来源，是人类幸福的终极意义所在。因此，工作与家庭博弈，无论是员工还是企业经营者，都无法将对家庭的情感从工作的经济理性中割舍出去。在要求员工全身心地投入到工作中的同时，一定要照顾到员工的情感和自己的内心感受，因为人类在互动与交换中要考虑彼此的利益。为此需要维持与员工的和谐劳资关系。在这一过程中企业明显吃亏，需要投入经济资本为员工照顾家庭成员提供资金，需要重新设计工作分享计划，实行弹性工作制。然而，在交易明显不均衡的交换中，对“吃亏”一方的回报可能是另一方的赞同、尊敬、喜爱或吸引。这些符号性的报酬而不是物质性报酬成为有意义的报酬。[22]企业关心员工的家庭伦理关系为家庭成员和自己的健康作出经济保障、时间安排、有效的支持性的组织文化等系统的管理制度安排，赢得了员工的赞同、尊敬、喜爱或吸引，获得了较高的组织承诺水平和忠诚度。增进了员工与企业间的团结与信任。人类需要信任，信任可以定义为对他人在交换中会考虑到自我的利益的信心或期待。信任履行着三个功能，它促进了社会稳定（作为习惯）、社会凝聚（友谊）与合作。换言之，它的目的是维持一个群体或社区的存在与持续。因此，家庭伦理管理制度能够增强企业的凝聚力，增强企业在危机时的适应性。同时，义务与利他主义的情感以及约束自我行动的道德压力是团结的基础。信任是为集体目标与社会整合的实现提供合法化权利的基础。[23]

企业实施家庭伦理管理制度会带来两类报酬，即经济地位和社会地位，因为在社会结构中，存在着两类最终报酬：经济地位和社会地位。经济地位是建立在财富的积累和分配基础上的。社会地位是建立在名声（由社会网络和集体的认可度来表示）的积累和分配基础上的。[24]企业关心员工的家庭需要带来较高的忠诚度和组织承诺水平，一方面，提高了组织绩效，企业收获了较高的经济利润，从而提高了企业的经济地位；另一方面，企业还收获着较高的社会名声，名声代表着社会资本，因为社会网络和它们的价值表现物也可以被动员起来产生某种回报。行动者在工具性和表达性行动中可以通过名声来动员他人的支持。名声是得到认可的总和。它是一个人在一个社会群体中得到认可程度的函数。就群体而言，一个群体的集体声望可以定义为：群体中有名声的行动者的数量和他们被其他群体所熟悉的程度。因此，行动者在社会网络与社会群体中的名声促进了社会群体的集体声望。[25]员工受惠于企业，家庭和睦、幸福，除了努力为企业工作，他们还会在自己的社会关系网络中，传播对企业的正面的赞赏，对企业的尊敬。由此，给其营造丰富的社会正面评价，构建了企业在产业组织中的名声。例如，星巴克咖啡关心员工的发展，每年为员工提供到社区大学进行再培训的资金，并且为员工提供有非常吸引人力的养老金和退休金计划。所以，尽管其咖啡非常贵，可是消费者还是愿意去星巴克咖啡店喝一杯价格贵三到五倍的咖啡，因为它是一家关心员工的企业。所以，维持社会关系被视为对他人的道德、伦理和义务的高级法则的表达和实践。一个行动者的社会地位和社会名声是最重要的。相反，为了交易收益而牺牲关系的做法被视为一种低级理性——被认为是不道德的、无人性的、没有伦理的甚或兽性的。[26]

随着企业的经济地位和社会地位的提高，个人在结构中的权力和影响（对其他成员而言）也就提高了，个人的心理和身体健康也向良性发展。[27]实施家庭伦理管理的企业在产业组织中对其他企业有较强的影响力，而企业员工提高了自身的工作满意度和家庭满意度，增强了自身的身体健康水平。

企业不仅仅单独收获较高的经济资本和社会资本，并因此提高了企业的社会地位和经济地位。这些收获的经济地位与社会地位彼此还相互作用、彼此互补和相互增强。因为经济地位与社会地位都是有意义的生存标准。关系交换与交易交换在某种条件下是互补性的和相互增强的。在一个理想的情况下，某一关系可能既有利于实现关系目的，又有利于实现交易目的。两个行动者都会获得交易收益，两个行动者可能都会宣传对方对于他们的收益的贡献，从而提高了彼此的社会资本。在这种情况下，可以说存在一个对关系和交易都适应的同构效用函数。同构效用函数促进了两个行动者之间的交换，因为每一个个体与互动群体的生存能力都得到了提高。在这个理想的情况下，这两种类型的理性是共存的、互补的和相互作用的。[28]企业关心员工的家庭生活问题的解决会带来员工本人的社会评价水平的提高、获得社会的尊重亦即社会资本的提升，同时也会提升员工对企业的忠诚度，降低离职率，从而提高经济绩效，提高企业的经济地位。

进行社会资本交易的社会交换存在着一个重要问题——交易可能是非对称的。例如自我可能受到他人的恩惠，这样自我得到了便利，但是给予自我恩惠的他人会得到什么回报？参加经济交换的行动者期待着短期或长期内实现互惠性与对称性交易。与此不同的是，行动者在社会交换中不需要这样的期待。在社会交换中，自我与他人期待的双方都能够承认这个非对称性交易，也即他人获得社会信任，而自我要承担社会债务。自我继续维持与他人的关系，必须在公众场合公开承认自己欠下的社会债务。网络会传播人的名誉。债务越多，网络越大，自我与他人维持关系的欲望越强烈，网络“传话”的倾向越明显，他人获得的声誉越高。在这个过程中，他人通过获得声誉而得到了满足。因此，名声与物资资源（财富）和等级位置（权力）一道构成了工具性行动的三种基本回报。[29]

政治回报由集体中的等级位置来表示。在中国实行家庭伦理管理制度与中国政府的科学发展观和构建和谐社会的战略一致，会极大提升企业在产业行业中的等级地位。名誉作为社会回报指标，提升了员工作为消费者对企业的评价。

对于表达性行动而言，其回报具体化为三种类型：身体健康、心理健康和生活满意。身体健康包括正常身体机能的维持与抵御疾病、伤害的能力。心理健康反映了承受压力与维持认知、情绪平衡的能力。强关系与同质性关系的获取和使用会促进心理健康。企业不仅关心员工而且关心员工的家人，这样牢固的强劳资关系，增强了员工的归属感，从而提高生活的满意度。生活满意度指行动者对家庭、婚姻、工作、社区和邻里环境等生活领域的乐观情绪与满足。[30]

工具性回报与表达性的回报常常是相互增强的。身体健康才能承受沉重的工作负担，才能承担起经济、政治、社会地位赋予行动的责任。同样，经济、政治和社会地位提供了维持身体健康的资源。心理健康与生活满意度与经济、社会和政治回报同样是相互促进的关系。

所以，企业知道他们必须既靠本能又通人情，这样对人对己都有益。[31]这就是对企业为什么要实行工作—家庭平衡的家庭伦理管理制度的通俗回答。

第四节 共享信念的自我实施和再生机制

工作—家庭平衡作为共享信念的自我实施与再生机制由文化价值机制、效率机制和合法性机制构成。文化价值机制是“仁”文主义和利他主义价值机制。儒家文化价值观要求要发展企业必须先发展其周围的人，自己的员工，此为“仁”的忠纬度。自己不想自己家人不幸福，也不要让企业员工的家人不幸福，此为“仁”的恕纬度。要先“齐”自己和员工的家，才能治好自己的企业、为国家和社会创造财富，平天下。而利他主义的腐化原理告诫企业家，对员工家庭成员的利他主义关心会赢得员工家庭成员对其员工的关心和爱护，从而使员工全身心投入到工作中去，创造更好的企业绩效。

效率机制是家庭伦理管理制度带来的回报所构成的。从企业层面来说其回报包括经济、政治与社会的回报，如前文所说。对企业而言，能获得社会资本投资：声誉、组织承诺水平，因为制度的产生可以将社会交换域嵌入到其他私人域，或者将不同的私人域联结起来的方式实现，以获得社会地位、声望或自我满足为特征的社会资本差额分配，有助于释放潜在的由不平等分配造成的社会和心理压力。[32]工作—家庭平衡作为共享信念对个体来说，是表达性回报，能够带来的收益包括：身体健康、心理健康、工作满意度和家庭满意度。

合法性机制是指那些诱使或迫使组织采纳具有合法性的组织结构和行为的观念力量。[33]在中国社会存在着企业关心员工及其家人的主流价值观的观念要求。在中国实行工作—家庭平衡的企业管理制度面临着外部合法性机制压力。从主流意识形态来看，尽管中国法律体系没有相关的法律规定，只有国务院以及劳动部颁发过女员工产假、产假期间待遇相关规定。但是，中国政府号召企业树立科学发展观、构建和谐社会，其核心就是照顾到各方面的利益，平衡员工的工作与家庭关系，减少工作与家庭间的矛盾是主流价值观体系的一部分。从中国制度域外部来看，跨域制度环境中存在着企业关注员工家庭需要的正式的法律制度，如美国国会于 1993 年通过的《家庭与医疗休假法》。美国劳工部报告指出："家庭与医疗休假有益于工人及其家庭，是一项良好的公益和工作场所的政策，这已成为广泛的共识"。企业正在适应员工的家庭，美国企业已经实施一整套的家庭友好政策和方案。[34]另外，联合国国际劳工组织第 156 号公约《有家庭责任的男女工人机会和待遇平等公约》引入的相关策略集包括：各国政府要制定国家政策赋予员工照顾不能独立生活和其他家庭成员的权利、将员工的家庭需要纳入社区规划、为照顾儿童和家庭成员服务开发社区服务设施、家庭责任将不构成终止雇佣关系的有效理由、保证照顾家庭成员的员工获得公平对待。这些作为诱发制度变迁力量对现行的企业管理制度的变革起到促进作用，诱发自宏观到微观的博弈过程。合法性机制不仅约束组织的行为，而且可以帮助组织提高社会地位，得到社会承认，从而促进组织间的资源交往。因此，实行家庭伦理管理的企业将会得到社会的尊重与社会的承认，产生良好的声誉。反之，如果一个企业违反合法性的社会期待，就会被视为不人道，其他组织就会离弃而去，不愿与之合作。合法性机制使得组织不得不接受制度环境里构建起来的家庭伦理管理制度。最终，组织之间出现趋同现象，即为了与制度环境认同，各个组织都采用了类似的结构和做法，即家庭伦理管理制度。除此之外，组织之间的相互模仿学习，这些模仿行为减轻了组织的动荡，不容易受到环境的冲击。合法性提高了组织的生存能力。[35]

第五节　结论

研究认为工作—家庭平衡的共享信念就是在处理工作与家庭关系中员工与企业的博弈的认知均衡状态下的制度，其结构包含文化资本与社会资本。文化资本包括中国社会的“仁”文主义和西方社会的利他主义。以忠恕为核心的“仁”文主义精神价值是将员工的家庭伦理关系结构化于企业管理制度社会价值观基础。“仁”文主义和利他主义存在着效率悖论。利他主义在腐化原理的作用下，存在着利他主义悖论。企业在实施家庭伦理管理制度会带来两类报酬，经济地位和社会地位(社会资本的提升)。实施家庭伦理管理的企业能够获取三种回报:身体健康、心理健康和生活满意。工作—家庭平衡作为共享信念的自我实施与再生机制由文化价值机制、效率机制和合法性机制构成。文化价值机制是“仁”文主义和利他主义价值机制，效率机制是家庭伦理管理制度带来的回报所构成的。工作—家庭平衡共享信念具备合法性机制，是一种观念力量，能够在组织间重新分配经济资本与社会资本。合法性机制会导致组织趋同现象，促使企业共同实施家庭伦理管理制度。

改革开放以来，我们从西方引进了太多的商业主义和个人主义，却没有对员工的家庭伦理关系给予足够的重视。正如盛洪所说："这是现代中国社会非常危险的一件事情"。[36]本研究试图在工作与家庭无边界的工作方式下将家庭伦理关系嵌入企业的管理制度中，为避免这一危险，提供制度理论意义上的改进措施。

第九章

研究结论、政策建议与未来研究模型

本章首先概括出研究结论，并据此提出实行家庭伦理管理制度的国家政策建议、行业自律规范、企业管理变革建议与员工个人的策略建议。然后，提出企业市场品与家庭非市场品均衡生产未来研究的理论框架，即家庭伦理企业管理制度理论的概念模型。

第一节　研究结论

家庭伦理的企业管理理论体系包括企业应该处理的员工家庭伦理关系纬度和企业的保障纬度，以及作为工作—家庭平衡共享信念的制度内生、外生嵌入和自我实现机制。家庭伦理的企业管理理论将工作—家庭关系研究所涉及的各种视角，如心理学、组织行为学、人力资源管理、社会工作领域，统一到企业市场品生产和家庭非市场品生产均衡的一个统领性研究框架中（见图 9－1），明确界定了研究的理论边界，并回答了一系列基本理论问题，即企业为什么要解决家庭问题。为什么要关注员工、经理人和企业经营者的工作—家庭平衡问题，更进一步研究回答了工作—家庭平衡理论的终极价值观问题，即人们生活的终极意义是什么、工作和家庭到底何为重要等根本问题。同时，本研究还提出了指导制度设计、如何内生生成与外部嵌入制度基本的方法论。

图 9-1　家庭伦理的企业管理制度体系研究模型

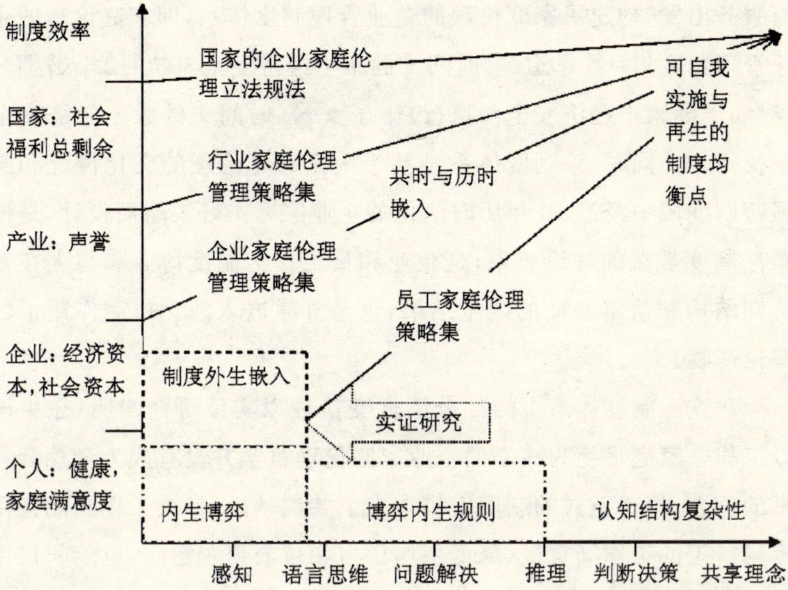

研究认为，工作—家庭之间存在冲动与对立、平衡与互益的关系。这些关系源于宏观社会文化作用下产生的个体角色冲突、工作与家庭边界控制之间的矛盾。在信息技术作用下，工作全面浸入家庭并主导着工作与家庭的边界控制。学者于是提出了工作—家庭平衡的各种人力资源管理策略。但是这些基于个体的人力资源管理策略不仅无法解决员工的工作与家庭冲突，更无法保障员工的健康、工作安全与家庭幸福，更不要说提高企业绩效。于是，企业与员工就现行的工作与家庭关系产生了认知危机、对企业管理工作与家庭关系的制度缺位产生了制度危机。然而，在中国企业中工作与家庭平衡的制度内生仅处于萌芽状态，同时企业面临着跨制度域存在的互补制度环境压力，并同时面对驱动因素与阻碍因素的共同作用。于是，家庭伦理的企业管理制度理论从制度安排的三个要素，即时间、资助与服务出发，构建了家庭伦理的企业管理制度体系，即家庭伦理的企业管理制度集＝f[孝道×（时间＋健康＋经济安全＋执行）＋婚姻×（时间＋健康＋经济安全＋执行）＋子女×（时间＋健康＋经济安全＋执行）]。同时，该制度体系是基于儒家家庭伦理的文化传统和美国跨制度域中经过10年历时演化的企业家庭友好策略而设计，是博弈论制度学派的理论成果，是企业和员工作为制度博弈参与人在其认知结构和策略互动的内生结果，也是外生嵌入演化机制作用下的理论产物。

对这一制度体系中的部分制度变量佐以实证研究表明：在中国以工作—家庭平衡为核心的企业家庭伦理哲学并没有成为全社会共享的信念，使得正式的制度安排失去了共识基础；弹性工作制能直接提高员工的工作满意度、降低工作压力和减弱离职意向，也能间接地通过家庭—工作冲突对它们产生影响，是全面有效的正式平衡制度；家庭照顾福利是不具备效率的正式企业制度安排；经理支持并不能显著减轻两类冲突，但与工作—家庭冲突显著相关，能提高工作满意度、减弱离职意向，是有效的非正式制度；职业生涯后果与两类冲突显著正相关，能直接增强工作压力，并通过两类冲突间接地作用于工作满意度、离职意向和工作压力，是有效的非正式制度。同时，这些制度变量在个体的性别与生命周期、不同所有制与行业上存在不同的作用效果与差异。

内生机制模型研究表明：员工中也存在着对企业现行家庭伦理管理制度的认知危机和制度危机，具备了家庭伦理的企业管理制度内生所需的初始主观认知结构基础。但是，中国企业实现制度内生的语言机制不完善，没有具备适当身份、地位和权力的人发出要人们平衡工作与家庭需要的施事话语，从而不能产生以言取效的家庭伦理管理制度。不存在一个有约定俗成效力且能被接受的惯例程序按平衡视觉来处理员工的工作与家庭关系，也不存在特定的人说出工作与家庭需要必须得到平衡的话语。因此，处理工作与家庭矛盾的个案程序并不能为所有参与者所正确、完全地执行。中国企业不存在具有工作—家庭平衡信念的人来设计家庭伦理管理制度。但是，主管基于自身家庭情感体验，对满足员工的家庭需要具有一定的内生的家庭伦理道德约束力。员工与企业双方都自发进行新制度的实验与选择过程。新制度内生处于员工自发个人实验阶段，企业仅仅处于被动应急，由主管按个案进行处理，在主观上被动接受，策略集严重缺乏。员工凭借自己的努力暂时解决了工作与家庭冲突。这些策略积累归纳出不利于新制度内生的规则，即平衡员工工作—家庭冲突是员工自己的事。由企业承担家庭照顾伦理责任的内生制度事实缺乏演绎推理的新前提逻辑，即家庭是重要的，工作与家庭需要平衡的大小前提。前提的变化才能产生新的推理规则，即企业对员工家庭伦理管理负有责任。凭此，才能引导企业实施单个的制度事实，从而引致新制度实践的积累。但是，缺乏应由企业来承担解决员工工作与家庭冲突问题的认知规则基础，没有形成工作—家庭平衡的行动规则。企业以个案为基础的行动策略无法重复实施，无法推动单个的制度实事演化、分离成标准的行动规则。工作—家庭平衡没有成为企业所接受的信念。因此，家庭伦理的企业管理制度成为整个社会的共享信念缺乏信念基础和由行动策略内生的制度事实积累。内生尚处于自发依靠员工个人的萌芽状态，其演变是缓慢的。中国企业实施家庭伦理管理的内规则缺位，需要由政府作为强有力的组织者强制实施或从国际制度环境中进行跨域制度移植。

研究从共时性嵌入和历时性演化来研究外生制度嵌入的效率机制。共时性嵌入研究表明，在中国企业引入弹性工作制、经理支持和职业生涯后果控制是有效的，但是家庭照顾福利是无效的。为此，研究了跨制度域存在的互补性制度在美国制度域的历时演化，得出美国制度域中存在已被达临界规模企业实施效果良好的家庭照顾福利策略集。由此，新制度体系是可执行的并可重新界定的制度集。

外生嵌入制度集的选择机制导致了企业与员工对工作与家庭关系判断的内规则发生变异，产生了由外生嵌入引致的内规则创新，从而实现了认知结构和制度策略的共同演化，产生了工作—家庭平衡的共享信念。工作—家庭平衡的共享信念就是在处理工作与家庭关系中员工与企业的博弈的认知均衡状态下的制度，其结构包含文化资本与社会资本。

企业市场品与家庭非市场品均衡生产理论未来研究要在以下几个领域取得突破：首先，企业的市场品生产与家庭非市场品生产均衡的经济学分析，均衡的过程与机制与合理的制度设计及其效率与效果，包括其市场品生产与经济绩效、非市场品生产与社会资本之间的关系。其次，家庭伦理管理制度对员工的工作—家庭平衡收益的影响，包括健康、家庭与生活满意度、工作满意度与企业市场品收益。最后还需研究这些制度对产业组织与社会福利总剩余的影响。

研究所构建的模型完善了制度嵌入理论，并用于将家庭伦理管理制度嵌入到现代企业管理制度的研究。从管理学视角来看，研究将相互孤立的以个体为视角的工作—家庭关系研究统一于博弈制度理论框架中，统一了该领域研究的基础理论，提出了新的研究方向，是工作—家庭关系研究的重要理论成果。研究采用跨学科研究方法，整合经济学、管理学、人力资源管理的研究成果，为即将到来的、在工作—家庭无边界新型生产方式下同时生产市场品与非市场品的企业管理提供前瞻性的制度设计。未来企业不仅是生产市场商品而且也生产健康、声誉和满意度的非市场商品的主体，对它们的深入研究必将带来管理制度和经济学理论的深刻变革与创新，也是未来研究方向。但是，研究没有详细研究制度嵌入的主体选择，以及企业与政府在制度嵌入演化过程中相互作用的机制。

第二节　国家政策、行业制度与企业管理变革建议

本节讨论设计相互协同的个体、企业、产业和国家层面的家庭伦理制度。任何设计良好的社会制度必须是所有制度博弈参与人共同博弈的结果。同时，制度作为博弈规则必须有其内生演化的基础。因此，工作—家庭平衡制度设计必须从宏观社会文化价值观的塑造、个人的组织行为与平衡策略、企业的家庭伦理制度的正式与非正式的安排，到企业家庭伦理制度的正式化与法律化，上升到国家意识形态等所有视角进行综合研究。

一、国家政策建议

政府作为制度博弈的第三方需要以集体方式在企业管理制度中强制嵌入上述制度体系，要在全社会加大对家庭与工作关系的认知危机与制度危机的公共宣传，引发企业与员工对家庭伦理管理制度的认知结构重构，同时选择本研究提出的共时与历时嵌入制度集进行本土化改造，从而进行立法实践，来构建整个社会的正式家庭伦理

企业管理制度。

(一)培育工作—家庭平衡的宏观社会文化

政府必须在全社会倡导企业的家庭伦理哲学、培养与宣传工作—家庭平衡理念。第一,要加强工作—家庭平衡的国际比较研究,解决企业家庭伦理理论的基本问题。要进一步加强工作—家庭关系研究的跨文化比较,就家庭友好政策的出现和应用进行国别间或跨文化比较研究,来推动以应得权利感为核心的宏观社会文化塑造。把人力资本与社会资本结合起来提出心理社会资本的概念框架来研究工作－生活之间的关系问题,从社会身份角度来研究经理支持与工作－生活一体化的关系,或从企业的社会责任来研究工作—家庭之间的关系问题。[1]只有员工认识到平衡工作—家庭责任是他们应得的合法权利,当遭受工作—家庭冲突时,才能理直气壮地要求组织实施这样的制度,推动工作—家庭平衡策略逐步形成内规则,并进而结构化。只有稳定的结构化的内规则,才能扩散到本产业中的其他组织,最终实现工作—家庭平衡制度在整个产业、不同产业间的制度趋同化。

一方面在比较研究的过程中,理论界对企业家庭伦理的基本理论问题进行理论探讨,廓清该理论的边界,将它发展成为一个可以指导企业管理实践的成熟理论。另一方面比较研究能推动社会行动变革,因为把一个国家中已经实施良好的社会政策如照顾子女的法规与家长请假制度与没有这些政策的国家进行沟通能够增强员工的应得权利感。由于违背这些应得权利感就会诱发行为的改变,对欧美国家的公共政策的认识会导致没有这些政策国家的人要求政府为工作—家庭关系的平衡提供国家支持的运动。如美国的《家庭与医疗休假法》将企业帮助员工照顾家庭法律化;欧洲国家实施的不同家庭照顾模式以及日本企业经营与家庭生活的伦理关系研究。

第二，必须培养更广泛的重视家庭责任的社会价值观，才能使这项社会政策变革有效。员工个人并没有把家庭责任放在首位，而是把家庭责任当成工作的负担，影响自己的工作满意度，所以宏观的社会文化价值观必须倡导家庭责任高于工作责任，至少是同等重要。政府支持员工重视家庭责任既能导致又能影响宏观文化结构。但是，社会规则和价值观的演进是缓慢的，根植于宗教信仰和人们的基本价值观和偏好，即生活的意义是什么。这就要组织新闻媒体，讨论、申述有关企业的家庭责任问题，树立工作是为了更好地生活，而不是生活是为了工作的价值观。

（二）政府设计出正式家庭伦理的企业管理制度

政府作为制度博弈第三方应设计出正式家庭伦理的企业管理制度。因为家庭照顾福利让企业来承担是无效的制度安排，所以理应由政府来承担福利供给。尽管对企业来说，该安排是无效的，但是定量研究表明，家庭责任的复杂程度能够预测工作—家庭冲突，能直接地导致较低的工作满意度，并通过工作—家庭冲突间接地导致较低的工作满意度和较强的工作压力。减轻员工的家庭负担，能提高工作满意度，从而提高组织绩效；也能减轻工作压力，从而提高员工的生活满意度。因此，家庭照顾福利是一项有效的社会政策。在社会重视企业家庭责任的价值观缺位的情况下，政府应该担当起为员工的家庭福利承担公共制度的供给者角色，明确规定员工为照顾家庭成员的休假制度、岗位安排以及休假期间的健康津贴与薪酬制度、子女入托与入学的补贴以及法律救济路经。

政府要明确界定家庭伦理管理制度的政策目标。政府必须明确界定实施家庭伦理管理的政策目标，这样才能将政府承担的责任和企业应尽的义务进行划分，将政府实施的家庭福利政策与企业的家庭伦理管理制度进行分离，进而对个体应该承担的责任与义务进行规范。

就工作—家庭平衡的公共政策有两种流派。第一是西欧模式，是由国家承担这项公共政策供给与实施责任。20 世纪 90 年代，欧盟及其成员国实施工作—家庭平衡政策的目标是提高女性就业水平、男女就业平等、保护儿童福利以及提高生育率。[2]第二是美国模式，由企业承担实施家庭友好策略的主要政策，但由政府制定核心的法律制度。

中国的家庭伦理照顾福利的公共政策目标应该有别于西欧，也应该有别于美国政府。中国的收入两极分化极大，基尼系数已经非常高，很危险，所以这项公共政策应该以提高企业员工的生活质量和家庭幸福为目标，亦即提高所有人的工作满意度和生活满意度。是否以国民幸福指数作为此项公共政策的目标是值得讨论和研究的话题。

（三）加强工作—家庭平衡的立法宣传

促进立法的合理而有效的途径在于唤醒员工的应得权利感，在进行工作—家庭平衡策略的跨国别比较研究的同时，加大宣传力度，改变经理的态度和组织的管理哲学，促使组织从战略人力资源角度来系统改造组织文化、组织结构与制度。在进行充分的合法性宣传之后，员工已经认识到平衡其工作—家庭的责任不仅是自己的责任也是企业和组织的责任，在全社会就此取得一致的共识之后，由政府的立法机关进行正式立法。这一建议是与本研究的实证研究结论是一致的，即组织的非正式管理策略与正式的平衡策略要相互协同，彼此协调，才能产生预期的效果，真正改善员工的工作—家庭关系，塑造和谐的劳资关系，和谐的组织与家庭关系。这样和谐社会的构建才会具有真正的微观基础。

(四)规范工作时间、制定财政与税务优惠政策

中国家庭伦理的福利制度的设计必须包括三套工作—家庭平衡的公共政策，即老人和儿童服务、照顾老人和儿童的劳动力市场请假制度和促进弹性工作模式的政府干预政策。工作—家庭平衡政策必须包括三个基本制度要素：第一，时间，即调整工作时间的规范。第二，资金，即为照顾儿童服务提供直接的财务支出。第三，服务，即有政府独立的产业部门和企业直接提供的照顾老人和儿童的服务。[3]据此，首先要彻底落实弹性工作制，其次要为企业实施家庭伦理管理制度提供财政与税务优惠政策。

二、产业制度设计

(一)培育新制度的合法性机制

产业组织的行业协会与自制组织应该在行业组织间培育工作—家庭平衡制度的合法性机制，以实现其在组织间的趋同与扩散。制度学派指出制度必须具备合法性机制和效率机制才能使一项制度得到组织的广泛认同，使得该制度成为广为接受的制度事实时，具有强大的约束力量，规范着人们的行为。行业协会要宣传、提倡行业中的组织实施工作—家庭平衡制度，通过培育合法性机制才能诱使或迫使其他组织采纳该制度并成为规范企业行为的观念力量、帮助组织提高社会地位、得到承认、促进组织间的资源交往。反之，行业协会就通报企业为“不理性的”、“不道德的”，号召其他企业不与之合作，出现“合法性”的危机，引起社会公愤，对这些企业今后的发展造成极大困难。这样利用组织间的相互依赖性使得企业在实施工作—家庭平衡制度问题上实现趋同。

(二)产业自律制度

除了宣传合法性,行业组织还应该自行制定出一些行业自律性规范,要求行业中的企业不折不扣地完全执行。根据内生机制模型研究,行业自律规范就是要培养企业实现制度内生的语言机制。行业协会应该成为具备适当身份、地位和权力的发言人发出要人们平衡工作与家庭需要的施事话语,从而产生以言取效的家庭伦理管理制度,使得工作—家庭平衡具备约定俗成效力且能被接受的惯例程序来处理员工的工作与家庭关系。行业协会要基于主管自身家庭情感体验,让他们满足员工的家庭需要具有一定的内生的家庭伦理道德约束力。员工与企业双方都自发进行新制度实验与选择过程。重要的是必须培育出这样的推理规则,即平衡员工工作—家庭需要是员工和企业双方的事,为企业承担家庭照顾伦理责任的内生制度事实提供演绎推理的新前提逻辑,即家庭是重要的,工作与家庭需要平衡的大小前提。

三、企业管理变革建议

(一)塑造工作—家庭平衡的管理哲学

首先,要将企业家庭伦理理论当成一种新的管理哲学来指导企业的工作—家庭平衡的管理实践。由于其假设前提有别于其他管理理论与管理哲学。因此,实行工作—家庭平衡制度需要对组织的管理哲学作系统改造,重新界定企业的愿景,把企业的家庭伦理责任纳入企业发展战略框架中。与此相应,企业必须培养新的企业文化,为员工照顾家庭需要提供支持性组织环境。管理者要从员工的家庭人伦关系入手,来优化组织内部员工间的社会关系,最终培养组织的和谐人际关系和员工的幸福家庭人伦关系。只有这样企业才会收获到员工优异的组织绩效。

其次，企业要改变对时间的假设和预期，规范管理层行为，实行弹性工作制与工作分享。高层领导不以工作时间长短来评价员工的组织承诺水平和组织忠诚度，灵活安排员工的上下班时间，为他们照顾家庭需要提供时间保障。企业要真正实施弹性工作制度，但不能利用网络等电传工作手段无限制地占用员工陪同家人的时间。管理层必须持之以恒地支持员工平衡工作—家庭需要，灵活安排工作任务，对员工家庭需要作出积极的反应，并形成制度，不因人、因时而异。同时，用工作分享理念重新设计工作，为员工照顾家庭提供便利，促进员工的全面发展、降低工作压力、缓减工作—家庭冲突、促进工作与生活的平衡。

(二)战略调整与管理制度的系统改造

具体实践企业家庭伦理哲学，为特殊困难的员工提供适当的家庭照顾福利。尽管实证研究表明企业提供家庭照顾福利是无效的企业制度安排，在国家制度缺位、员工又遭受到严重的家庭困难时，企业经营管理者应该从家庭伦理责任出发适时、充分地帮助困难员工。因为人伦之道潜藏着经营者的组织领导能力和企业发展力量。

首先，要进行战略调整，根据企业的成长周期的不同阶段制订不同内容的工作—家庭平衡计划。在生存阶段，生存战略的制定要将工作时间的控制放在首位。在实施成长战略时要提供以家庭照顾福利的资金资助和服务为主要内容的全面家庭伦理管理制度。同时，在实施成长战略过程中为员工购买失业保险。在企业衰退期，首先保证员工与其家庭成员的基本生活与经济安全，然后才能实施裁员计划，并在这一阶段进行落实前一阶段的失业保险计划。

其次，调整组织结构、改革绩效考评制度。企业要在人力资源部设立工作—家庭关系管理员岗位，具体安排、审视企业工作—家庭平衡制度的执行情况，并在绩效考核的过程中要严格控制把享用正式平衡制度福利当成拒绝加薪和晋升的借口。

四、员工援用家庭伦理企业制度建议

员工应培养应得权利感、选择工作—家庭平衡作为处理工作、家庭关系的指导思想。当国家外生给定的对企业行为制度限制缺位时，就需要一种是在重复博弈均衡中内生的、自我执行的规则，因而个人选择是组织制度产生的基础。所以作为制度博弈参与人的员工，选择重视家庭责任，也是有效的平衡制度安排的基础。如果工作与家庭的需要产生冲突，员工认为照顾家庭是自己应享用的权益，以塑造平衡的工作—家庭伦理关系为指导思想，理直气壮地与企业谈判、进行有效的安排，从而经过长期重复博弈才可能产生正式的工作—家庭平衡制度安排，因为经济行为人可以通过进行有效的谈判创造出有效的制度。谈判的前提是员工认识到这样做是他们应得的权利。所以要增强他们的家庭照顾权利的应得权利感。如果员工对能满足其家庭需要的工作方式主观上感受到是他们有限的应得权利，那么他们对企业和国家政策的预期就很低，对任何可获得的支持就心怀过分的感激，因此也就不情愿要求作进一步的变革。如果他们强烈认为获得支持是他们应得的权利，那么就会产生要求变革的行为。应得权利感是由社会比较过程决定的，并升华到理论高度。它构建于社会的、规范性的与可行的比较基础之上。由此，员工也要关注其他国家的民族社会政策，并进行比较作为增强应得权利感的有效方法和路径。[4]

第三节 未来实证研究的概念模型

前文的制度体系模型涉及许多变量及变量之间的关系。这些制度变量能否在中国文化背景下产生如期的效率与效果，需要开发出定量研究的概念模型，来指导未来的研究。

一、制度变量的选择

根据第三章提出的家庭伦理的企业管理制度体系，即家庭伦理的企业管理制度集＝f[孝道×(时间＋健康＋经济安全＋执行)＋婚姻×(时间＋健康＋经济安全＋执行)＋子女×(时间＋健康＋经济安全＋执行)]，来选择自变量，以测定这些制度体系在实现员工个人工作—家庭平衡与企业的市场品生产与非市场品生产均衡两个方面的效果。[5]

(一)自变量的选择

1. 家庭伦理构念

家庭伦理构念有三个纬度，即孝道、配偶关心和子女养育纬度。健康纬度首先是工作安排要保证员工的身体健康，员工有时间和经济资源去关心长辈、子女晚辈和配偶的健康。有工作—家庭冲突影响员工的身体健康的研究。但是，企业对员工的配偶、子女和长辈的健康安排研究不太多见，需要对量表进行科学设计。

2. 企业制度体系

企业制度体系包括时间保障纬度、健康保障纬度、经济安全保障纬度和执行纬度。所有这些制度体系已经在第三章进行了界定，此处就不进行详细解释。

(二)因变量的选择

1. 工作—家庭平衡的结果变量

(1)员工与家庭成员的健康

根据第二章与第三章研究，工作—家庭冲突与平衡会影响员工的健康并进而影响其家庭成员的健康。工作—家庭冲突水平高的员工其良性的健康水平较低。[6]爱德华兹和罗斯伯德(Edwards & Rothbard)研究了家庭和工作中的压力与健康问题，提出了在工作和家庭领域内和工作、家庭两个领域之间个人与环境匹配的整体模型，并用该模型来解释对工作、家庭关系的影响效果，如冲突、溢出、补偿以及其他关系。[7]另外，其他因素，如控制中心，作为干预变量对工作—家庭冲突与妇女健康(用工作满意度和痛苦来测量)之间的关系进行缓和与调节的效果。工作—个人生活平衡的组织价值观能使男性经理人员有较高的生活满意度、更为积极的情绪状态和较高的身体健康水平。

员工个体的健康可能影响家庭成员的生活。本研究不关注家庭成员健康问题产生的原因，而是要研究企业对员工家庭成员健康问题作出的反应，是否能减轻员工的工作—家庭冲突，提升家庭生活满意度。这些反应措施包括报销医疗费用、保健活动的安排。在设计变量时要注意和家庭照顾福利区分开来。

在解决工作—家庭冲突的人力资源管理策略研究中，用来度量员工的组织绩效指标包括：组织绩效、离职率或离职意向、旷工率、组织承诺和工作参与。[8]

(2)绩效评估

有关工作—家庭冲突对组织绩效之间关系研究得出了相互矛盾的结论，既有正相关关系又有负相关关系。只有设计良好的有限弹性工作制才与个人组织绩效正相关。使用孩子照顾的托儿中心也导致员工较高的绩效水平。[9]

(3)组织承诺

组织承诺被定义为员工投身于企业活动,并真诚地将自己的想法和知识提供给企业自愿性。奥斯特曼[10]发现日本和美国员工享受的工作—家庭福利和服务水平与员工对企业的承诺呈正相关关系。较高的工作—家庭冲突水平导致较低的组织承诺水平,并且较高的家庭—工作冲突水平也能导致较低的组织承诺水平。家庭照顾的人力资源策略能导致较高程度的组织承诺水平。[11]

(4)离职率

离职率导致较高的离职意向。工作—家庭冲突与离职意向呈正相关关系。[12]也就是员工遭受到的工作干扰家庭的冲突程度越高,员工离开现职的意向越强。他们的直接反应是离开组织,去另找一份工作。外派人员工作—家庭冲突越大,外派人员留任海外工作的意愿越低,愈有离开组织转换工作以及提前回任的倾向。[13]

(5)旷工率

工作—家庭冲突导致较高的旷工率,同时实行弹性工作制而不需要主管批准的企业比必须要批准的企业的旷工率较低。[14]家庭—工作冲突与工作压力和旷工率有关。[15]

2.市场品与非市场品生产均衡的结果变量

家庭伦理制度的效率表现在它能有效地在组织内部对组织有限资源进行再分配,在产业组织间能给企业带来很好的信号作用,在战略人力资源招聘与人才的配备的过程中,能从动态和静态的劳动力市场上,吸引优秀的人才,为企业获得难以模仿的竞争优势。指标:

(1)声誉——有效的战略招聘工具

雇佣关系制度也影响工作—家庭平衡策略的实施。奥斯特曼指出:要想雇佣到高素质的专业人士,企业必须为他们提供工作—家庭平衡计划,因为人们对员工愿意为工作而牺牲家庭的态度已经发生变化。因此,经理人把工作—家庭计划作为招聘工具。而工作—家庭平衡计划作为一种福利是一种有用的工具,并在内部劳动力市场的作用下,将工作—家庭平衡策略内化为正式的制度。这样内部劳动力市场就为工作—家庭冲突的平衡策略提供组织的合法性。如果企业在对外招聘中不提供工作—家庭冲突的平衡策略,那么其他已经提供这类策略的企业将认为该企业不具有共同的沟通基础,从而得不到产业内部同行的认可,也就没有和其他企业交往的合法性。同时,如果内部劳动力市场没有将工作—家庭平衡策略正式化与制度化,那么将会出现相互矛盾的平衡效果,产生工作—家庭平衡策略的效果悖论。最终影响工作—家庭平衡策略作为一项制度的效率,违反制度的效率原则。所以组织采用正式的工作—家庭平衡策略也是劳动力市场对组织制度的合法性和效率原则的内在要求。制度理论为内部劳动力市场与工作—家庭计划的设立之间的关系提供了解释。[16]

制度理论认为之所以采用内部劳动力市场是因为他能够提供组织的合法性。遵循这一逻辑,因制度压力而采用正式的人事制度的企业较为可能采用先进的福利计划,如工作—家庭平衡计划。减轻制度压力的一个重要的渠道是人力资源部或人事部。内部劳动力市场通常意味着雇佣实践(如年功序列、测试和工作岗位分析)的正规化水平,是需要通过人力资源部去管理。人力资源部和人事专家之所以能够传递制度压力是因为他们很可能处在一个沟通网络中,而这些管理实践是在这些网络中扩散的，并且这些专家关注的是现代的或能对外部压力作出反应的管理实践。

但是在中国，劳动力供过于求使企业失去了实施平衡策略的内在动力。供过于求使得组织能随时随地雇佣所需要的员工，就业的压力使得员工没有足够的动力去要求组织提供各种工作—家庭平衡措施。组织因为实施平衡策略会影响组织的运营成本和组织效率，同样不会考虑员工的工作—家庭平衡的需要，甚至于毫无底线地拖欠员工的工资、任意地延长工作时间，让员工无偿地为企业加班。那么，此时就需要政府提供制度来规范企业的行为。

(2)组织财务绩效

企业的工作—家庭平衡策略具有进步性和创新性。因此，如果企业实施一揽子工作—家庭平衡策略，那么它向现有的或潜在的员工发出一种信号，即组织的价值观和管理哲学的信号。由于工作—家庭一揽子政策能够帮助员工减轻来自非工作领域的担心与压力，并且这些政策还没有形成适应于整个组织的制度，员工很可能认为他们受到了特别的照顾与对待。于是，这些政策象征着组织关心员工的健康，并且代表一种价值观体系。因此，在工作中员工会作出积极的反应，他们会通过作出额外的努力、关心组织的全面成功，并且接受组织的目标来回报组织的关心，从而全面提升组织绩效。[17]

研究表明，实施较多的工作—家庭平衡策略的企业比实施较少的企业有较高的绩效水平。女性员工的比例与工作—家庭一揽子政策之间存在相关关系。然而企业规模和企业存续期的长短与工作—家庭平衡策略之间不存在显著的相关关系。对存续期较长的企业和女性员工占较高比例的企业，实施较多的工作—家庭平衡策略与企业绩效之间存在较强的相关关系。总之，实施一揽子工作—家庭平衡策略的企业与可感知的组织绩效有正相关关系。具体来讲，实施较多的工作—家庭平衡策略的企业具有较高的组织绩效、市场绩效和利润—销售增长。这种关系也支持了工作—家庭平衡策略的象征行为观点和以资源为基础的企业组织理论观。

(3)企业规模与员工收入水平

衡量企业家的组织绩效的指标应当是其经营的企业规模。詹宁斯与麦克杜格尔德指出，企业家的工作—家庭冲突通过其平衡策略影响企业家所经营的企业规模。他们用员工人数、财务收入水平和员工的收入水平来衡量企业规模的大小。因此，本研究也沿用这三个指标来衡量企业家的绩效水平。主要获取公司的销售额、净利润等财务指标。就业人数，从行业统计年鉴中获取。工资水平，可以从调查中获取。[18]

(4)社会资本积累——获取可持续竞争优势

工作—家庭平衡政策除了可以创设组织的价值观，他们还能成为组织可持续竞争优势的来源。根据以资源为基础的组织理论，一种内部资源如果其创造的战略优势难以模仿，它就可以成为组织持续竞争优势的来源。组织的工作—家庭平衡的人力资源政策由于其作用于组织绩效的机制具有复杂性，造成了因果关系的模糊性，因而就减少了被模仿的可能性。另外，如果一种内部资源具有社交意义上的复杂性的时候，竞争对手也难以模仿。这些人力资源政策相互之间所创造的协同效应和其表明的宽泛的企业管理哲学，很难被竞争对手模仿。更进一步，这些政策能实施的难度和复杂程度也使得他们不容易被模仿。然而，工作—家庭平衡的人力资源政策的独特特征是它能把员工带出组织边界之外，或将家庭带入到组织内。这就要求管理层要信任员工，放弃对他们的控制。另外弱化家庭和组织的边界就需要对一般的组织范式进行根本的变革。工作—家庭一揽子政策能够使企业为员工承担更多的义务，并且能增进组织的利益，因为这些政策对员工来说具有积极的象征意义。另外，在有限地实施这些政策的商业环境下，工作—家庭一揽子政策还是企业竞争优势的一种来源。[19]

即使某一积极的政策会给整个组织的绩效带来好处，然而这些措施的实施仍然会遇到非经济因素障碍。从本质上来看，管理层在管理员工时所持有的信仰体系和态度会限制实施多种的工作—家庭策略。[20]

对家庭伦理制度效率的纬度和指标还需要进行改进，要对现有的文献作进一步的梳理，在大规模问卷测试前要进行预测试，确保指标的科学性、全面性，并且有很高的信度和效度。

(三)中介变量

上述制度自变量对因变量的作用并不是完全在直接作用路径下进行的，它们还通过减少员工的工作与家庭间的冲突、提高员工的工作满意度与家庭生活满意度的间接路径来对企业的市场品生产与家庭非市场品生产产生影响。因此，研究的概念模型中应该包括这两类中介变量。冲突纬度包括工作—家庭冲突和家庭—工作冲突。满意度纬度包括工作满意度和家庭满意度。

文献大多将冲突纬度作为中介变量进行研究。企业的家庭友好政策通过两类冲突对家庭满意度和工作满意度产生影响。但是文献并没有进一步把两者的满意度和企业家的组织绩效联系起来。同时现有文献也没有把企业家考虑进入工作—家庭冲突的研究框架中。[21]

(四)控制变量的选择

相同的制度变量对不同的企业家所经营的企业会产生不同的制度效果,对不同员工也会产生不同的市场品。因此要对企业家和员工这两个变量进行控制。控制变量还应包括企业的规模,以成熟的企业为研究对象。因为企业如果规模小,根本没有财力和精力来考虑到员工的家庭伦理责任的问题。被生存困扰的企业是无暇顾及员工的工作—家庭平衡问题的。因此,要控制企业的成长阶段。另一个控制变量是企业家的性别和个性特征,因为员工的家庭满意度和工作满意度还受到企业家的因素调节。

家庭伦理的企业管理制度体系如果对企业没有积极效率,企业会把它们表面化,把它们当成是应付外部制度压力的手段,而在企业内部并不实行这样的制度安排。[22]因此,研究必须包括制度安排对企业家的影响。有关研究仅见于詹宁斯与麦克杜格尔德提出针对女性企业家庭定性研究。[23]没有相同和类似的研究,不可避免的难题是量表的设计和开发。首先要界定企业家。将企业家界定为企业创办人,高管和董事会的成员,以他们为调查对象设计量表。这个模型的控制变量是企业家的某些特征,如男女性别、受教育程度等。尽管企业家是这些制度的设计者和实施者,实际生活中可能存在着与员工不一样的管理制度安排,但是为了简化研究过程,避免研究层次上的混乱,造成定量研究逻辑上的混乱,未来的实证研究需要选择和员工一样的制度变量进行研究。这样便于比较、便于统计。

二、家庭伦理的企业管理制度理论模型

家庭伦理制度的组织效率体现在两个方面,第一是员工的家庭和工作满意度的影响。主要看是否能够过上和谐幸福的家庭生活,

同时工作也很如意，做到工作和家庭的统一。也就是达到工作—家庭平衡和互益境界。第二是对组织的影响，对组织的影响有两个纬度。首先，这些制度安排是否带来积极的组织行为，如提升员工的组织承诺，降低离职率和旷工率。其次，这些制度安排有没有促进企业的发展，如能否实现财务绩效的提高、规模的扩大、员工的工资水平。现有文献对企业家的组织绩效的实证研究比较少见，如果能够研究出结果来也是对工作—家庭关系研究的一大贡献。结果变量是伦理制度实施后对企业组织绩效的影响。如果制度安排能对企业的组织绩效有正面的积极的影响，那么制度设计与安排对企业来说是有效的。将上述逻辑关系与变量考虑进来就构建出家庭伦理的企业管理制度理论模型见图 9-2 的整体研究模型。

图 9-2 家庭伦理的企业管理制度理论模型

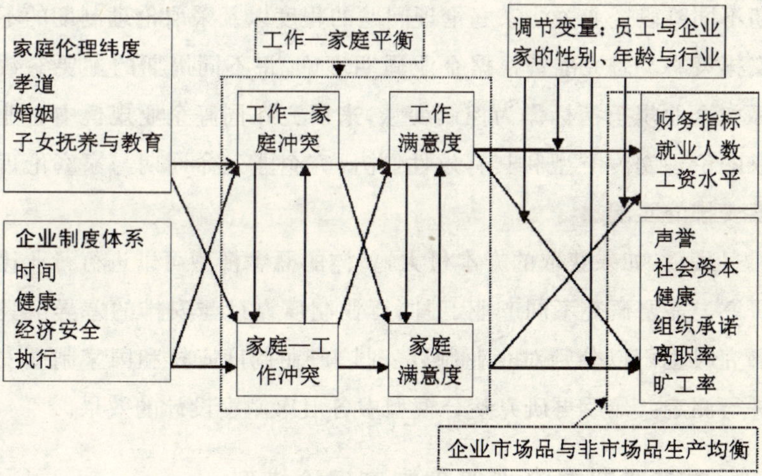

三、定量测度应考虑的其他因素

首先,实证研究要界定研究调查对象——企业员工。但同时,要对企业家特征进行调查,把他们作为调节变量,研究他们对工作满意度和家庭满意度导致的结果变量的调节作用。问题的关键是选择企业家的工作满意度和家庭满意度来作为调节变量的指标,还是用企业家的性别特征作为调节变量。选择样本对象是应该选择企业,对企业的员工和企业家同时作调查。企业家的数据用于调节变量的测定,员工的数据用于概念模型中变量关系的测量,使用相同的问卷。但在输入时对不同的企业样本进行区分。

其次,概念模型的控制变量:企业生命周期。企业是否采取家庭伦理制度安排应该和其生命周期有关。因此,需要研究企业生命周期不同阶段企业关注家庭伦理问题的程度以及采取伦理制度的不同安排策略。研究准备根据企业周期理论,将不同周期的主要参数指标如企业规模指标作为控制变量,来研究在同等企业规模中企业采取的伦理制度类型和其有效性,并研究企业生命周期与家庭伦理制度安排的匹配。

最后,如果获取的样本量大,整体的概念模型可以进行行业比较研究。需要研究不同产业、不同行业制度设计与安排的差异。具体研究时也可以分别对企业制度安排、产业制度安排和国家制度安排进行测定。最后再研究整合模型中各层次制度设计的效果。

四、未来研究方向

企业制度安排要经过政府、企业和员工等博弈参与人的长期努力才能见效,因为在制度变迁中的利益相关者难以组织起来协调共同行动，同时由于社会冲突和政府承诺缺失的联合效应，使得无效旧制度长时间存在，企业家庭伦理理论的研究与实践还有待时日，需要在以下几个方面推进。

研究虽然提出家庭伦理的企业管理理论，需要对企业实现市场品生产和家庭非市场品生产均衡机制，进行经济学分析。未来研究的家庭伦理的制度体系研究还应该包括行业规范和国家法规的制定。在上述实证研究的概念模型框架内进行大规模问卷调查与实证研究，当然需要投入大量的研究基金和人力，从而为政府提供有效的政策建议。

本研究要进一步完善理论模型，开发出恰当而科学的量表，对理论模型进行实证研究。

注　　释

第一章

1. Trend and Challenges for Work in the 21st Century, U. S. Department of Labor, September, 1999, Vol. 12 , Isue.

2. Macdermid, S. M. 2005. Reconsidering conflict between work and family. In E. E. Kossek & S. J. Lambert (Eds.) Work and Family Life Integration-Organizational, Cultural, and Individual Perspectives. Mahwah, New Jersey, London: Lawrence Erlbaum Associates, Publishers. pp. 21－37.

3. 张再生.工作—家庭关系理论与工作—家庭平衡计划[J].南开管理评论,2002年,第4期,第55－59页。

4. Goodstein, J. D. 1994. Institutional pressures and strategic responsiveness: Employer involvement in work-family issues. Academy of Management Journal, Vol. 37, No. 2, pp. 350－382.

5. Macdermid, S. M. 2005. Reconsidering conflict between work and family. In E. E. Kossek & S. J. Lambert (Eds.) Work and Family Life Integration-Organizational, Cultural, and Individual Perspectives. Mahwah, New Jersey, London: Lawrence Erlbaum Associates, Publishers. pp. 21－37.

6. Edwards, J. R. & Rothbard, N. P. 2000. Mechanisms linking work and family: Clarifying the relationship between work and family constructs. Academy of Management Review. Vol. 25. No. 1. pp. 178－199.

7. Lambert, S. J. 1990. Processes linking work and family: A critical review and research agenda. Human Relations, 43, pp. 239－257.

8. Barnett, R. C. , and Hyde, J. S. 2001. Women, men, work, and fami-

ly. American Psychologist，56:781－796.

9. 同 7。

10. Zedeck，S. 1992. Introduction:Emploring the domain of work and family concerns. In Zedeck，S.（Ed.）Work，families，and organizations. San Francisco：Jossey-Bass. pp. 1－32.

11. 同 7。

12. 见第二章。

13. Edwards，J. R. & Rothbard，N. P. 2000. Mechanisms linking work and family：Clarifying the relationship between work and family constructs. Academy of Management Review. Vol. 25. No. 1. pp. 178－199.

14. Greenhaus，J. H.，Callanan，G. A.，& Godshalk，V. M. 2003. Career Management. Beijing：Tsinghua University Press. p. 295.

15. Sullivan，C. & Levis，S. 2001. Home-based telework，gender，and the synchronization of work and family：Perspective of telewokers and their co-residents. Gender，Work and Organization. Vol. 8，No. 2，pp. 123－145.

16. Lapierre，L. M. & Allen，T. D. 2006. Work-supportive family，family-supportive supervision，use of organizational benefits，and problem-focused coping：implications for work - family conflict and employee well-being. Journal of Occupational Health Psychology. Vol. 11，No. 2，169－181.

17. Clark，S. C. 2000 Work/family border theory：A new theory of work/family balance，Human Relations，53(6)，pp. 747－770.

18. 资料来源：中新网 http://news.163.com/09/1224/15/5RAFA5V0000120GU.html. 受国务院委托，人力资源和社会保障部部长尹蔚民 2009 年 12 月 24 日向全国人大常委会报告促进就业和再就业工作情况。尹蔚民部长还指出：第一，一批企业经营困难，就业岗位不稳定。据对 15 个城市 513 家企业的持续监测，去年 10 月到今年 3 月，岗位流失情况严重，累计减幅达 8%以上。城镇登记失业率自去年第四季度后，上升了 0.3 个百分点，达到 4.3%。登记失业人数首次突破 900 万，达 915 万人。第二，经济增速减缓，对就业的拉动能力减弱。去年第四季度，城镇新增就业月均 59 万人，最低的 12 月为 38 万人，远低于前三季度月均 104 万的水平。据对 80 个城市职业供求情况监测，从去年第三季度起，岗位空缺小于求职人数，最大差距为83:100，今年 3 月为86:100。第三，大学生、农民工和困难群体就业矛盾更加突出。一是今年应届高校毕业生达 611

万，加上历年累积的未就业毕业生，需要就业的高校毕业生超过700万人。受金融危机影响，企业用人需求减少，到今年5月底，进校招聘岗位数低于去年同期二成。二是农民工首当其冲受到影响，春节前提前、集中返乡农民工总数达7000万，占全部进城务工农民工的50%左右，其中有1000多万失去工作而返乡。三是在整体就业趋紧的情况下，“4050”人员、零就业家庭、残疾人等群体实现就业难度更大。2008年第四季度，就业困难人员月均实现就业8万人，远低于前三季度月均13万人的水平。

19. 李超平，时堪，罗正学，杨悦，李莉. 医护人员工作—家庭冲突与工作倦怠的关系[J]中国心理卫生杂志. 2003年，第12期，第807—809页；陆佳芳，时堪，Lawler, J. J. 工作—家庭冲突的初步研究[J]. 应用心理学. 2002年，第2期，第45—50页。

20. 翟振武，明艳，侯佳伟，顾荣. 中国知识分子：短命还是长寿？——中国知识分子健康研究报告之一[J]. 人口研究2005年第5期. 第2—9页。

21. 中新网2004年5月3日电，据《大公报》报道。

22. Anderson, S. E., Coffey, B. S. & Byerly, R. T. 2002. Formal organizational initiatives and informal workplace practices: links to work-family conflict and job-related outcomes, Journal of Management, 28(6), pp. 787—810; Eby, L. T., Casper, W. J., Lockwood, A., Bordeaux, C., and Brinley, A.. Work and family research in IO/OB: Content analysis and review of the literature (1980—2002)[J]. Journal of Vocational Behavior, 2005, 66: 127—197.

23. Bennis, W. G., & Thomas, R., J. 2002. Geeks & Geezers-How Era, Values, and Defining Moments Shape Leaders. Harvard Business School Press. pp. 74—79.

24. Shelton, L. M. 2006. Female entrepreneurs, work-family conflict, and venture performance: New insights into the work-family interface. Journal of Small Business Management, 44(2), pp. 285—297.

25. Burchielli, R., Bartram, T., Thanacoody, R. 2008. Work-family balance or greedy organizations? Relations Industrielles/Industrial Relations, Vol. 63, N. 1.

26. 本段及本节中的下文改写自：前川，朋广. 企业经营与家庭生活——纯粹伦理看企业和家庭的关系。资料来源：http://www.rinri-chn.org.cn/view3.asp?id=65。

27. Poelmans, S., O'Driscoll, M. & Behan, B. 2005. An overview of international research on the work-family interface. In S. A. Y. Poelmans (Eds.) Work and Family-An International Research Perspective: 5. Mahwah, New Jersey, London: Lawrence Erlbaum Associates, Publishers. pp. 3－46.

28. 贝克尔. 人类行为的经济分析. 王业宇，陈琪译. 上海：上海人民出版社. 2002. p. 107。

29. 同28，第208页。

30. Galinsky, E., Bond, J. T., Sakai, K. Kim, S. S. & Giumtoli, N. National Study of Employers [R]. Families and Work Institute. 2008.

31. 盛洪. 论家庭主义. 资料出处：人大经济论坛(http://www.pinggu.org)和 http://www. pinggu. name/bbs/b56i418845p7. html. 2007年12月7日。

32. 同28。

33. Daft, R. Management(5th Ed.) 北京：北京：机械工业出版社. 2000等.

34. 卡罗尔，A. B.，巴克霍尔茨，A. K.，黄煜平等译. 企业与社会：伦理与利益利益相关者管理. 北京：机械工业出版社. 2004. p. 52。

35. 刘永强，赵曙明. 影响工作—家庭冲突的因素及其平衡策略. 中国人力资源开发. 2006. 9. pp. 11－16；刘永强. 工作—家庭冲突及其平衡策略研究综述. 外国经济与管理. 2006. 10. pp. 51－57。

36. Gwartney, J. Institutions, Economic Freedom, and Cross-Country Differences in Performance . Southern Economic Journal 2009, 75(4), 937－956.

37. 刘永强，赵曙明，王永贵. 工作—家庭平衡的企业制度安排. 中国工业经济. 2008. 2。

38. Carlson, D. S., Kacmar, K. M. & Williams, L. J. 2000 Construction and initial validation of a multidimensional measure of work-family conflict, Journal of Vocational Behavior, 56(2), pp. 249－276.

39. Eby, L. T., Casper, W. J., Lockwood, A., Bordeaux, C., and Brinley, A.. Work and family research in IO/OB: Content analysis and review of the literature (1980 － 2002) [J]. Journal of Vocational Behavior, 2005, 66: 127－197.

40. Noor, N. M. 2004. Work-family conflict, work-and family-role salience, and women's well-being. The Journal of Social Psychology, 144(4).

pp. 389—405.

41. Duxbury, L., Higgins, C., & Lee, C. 1994. Work-family conflict: A comparison by gender, family type, and perceived control. Journal of family Issues, 15, pp. 449—466; Frone, M. R., Russell, M., & Cooper, M. L. 1992. Antecedents and outcomes of work-family conflict: Testing a model of the work-family interface. Journal of Applied Psychology, 77, pp. 65—78.

42. Kinnunen, U., & Mauno, S. 1998. Antecedents and outcomes of work-family conflict among employed women and men in Finland. *Human Relations*, 51, pp. 157—177.

43. 同 42; Frone, M. R., Russell, M., & Cooper, M. L. 1992. Antecedents and outcomes of work-family conflict: Testing a model of the work-family interface. Journal of Applied Psychology, 77, pp. 65—78.; Hughes, D. L., & Galinsky, E. 1994. Gender, job and family conditions, and psychological symptoms. *Psychology of women Quarterly*, 18, pp. 251—270.; Kossek, E., & Ozeki, C. 1998. Work-family conflict, policies, and the job-life satisfaction relationship: A review and directions for organizational behavior-human resources research. *Journal of Applied Psychology*, 83, pp. 139—149.; Thomas, L. T., & Ganster, D. C. 1995. Impact of family-supportive work variables on Work-family conflict and strain: A control perspective. *Journal of Applied Psychology*, 80. pp. 6—15.

44. Bacharach, S. B., Bamberger, P., & Conley, S. 1991. Work-home conflict among nurses and engineers: Mediating the impact of role stress on burnout and satisfaction at work. *Journal of Organizational Behavior*, 12, pp. 39—53; Burke, R. J. 1988. Some antecedents and consequences of work-family conflict. *Journal of Social Behavior and Personality*, 3, pp. 287—302.

45. Frone, M. R., Russell, M., & Cooper, M. L. 1992. Antecedents and outcomes of work-family conflict: Testing a model of the work-family interface. Journal of Applied Psychology, 77, pp. 65—78.

46. Kossek, E., & Ozeki, C. 1998. Work-family conflict, policies, and the job-life satisfaction relationship: A review and directions for organizational behavior-human resources research. *Journal of Applied Psychology*, 83, pp. 139—149.

47. Jackson, S. E. , Zedeck, S. & Summers, E. 1985. Family life disruptions: Effects of job-induced structural and emotional interference . Academy of Management Journal, Vol. 28 ,No. 3,pp. 574—586.

48. Frye,N. K. ,Breaugh, J. A. 2004. Family-friendly policies, supervisor support, work-family conflict, family-work conflict, and satisfaction: a test of a conceptual model. Journal of Business and Psychology, Vol. 19, No. 2, Winter, 197—220.

49. Perlow,L. A. 1998. Boundary control: The social ordering of work and family time in a high-tech corporation. Administrative Science Quarterly, Vol. 43(2), pp. 328—357.

50. Edwards,J. R. & Rothbard, N. P. 2000. Mechanisms' linking work and family: Clarifying the relationship between work and family constructs. Academy of Management Review. Vol. 25. No. 1. pp. 178—199.

51. Solomon, C. 1994. Work/family's failing grade: Why today's initiatives aren't enough. Personnel Journal, 73,pp. 72—87.

52 Blum, T. C. , Fields,D. L. & Goodman,J. S. 1994. Organizational level determinants of women in management. Academy of Management Journal, 37, pp. 241—268.

53. Dunham, R. B. Pierce ,J. L. & Castenada, M. B. 1987. Alternative work schedules: Two field quasi-experiments. Personnel Psychology, 40, pp. 215—242.

54. Kossek,E. E. & Ozeki, C. 1999. Bridging the work-family policy and productivity gap: a literature review. Community, Work & Family, Vol. 2,No. 1. pp. 7—30.

55. Goodstein, J. D. 1994. Institutional pressures and strategic responsiveness: Employer involvement in work-family issues. Academy of Management Journal, Vol. 37,No. 2, pp. 350—382.

56. Poelmans,S. A. Y. Work and Family-An International Research Perspective: 5. Mahwah, New Jersey, London: Lawrence Erlbaum Associates, Publishers. 2005. pp. 71—84.

第二章

1. Madsen, S. R. & Hammond, S. C. 2005. The complexification of work-

family conflict theory: A critical analysis. Tamara Journal. Vol 4 Issue 4. 2.

2. Macdermid, S. M. 2005. Reconsidering conflict between work and family. In E. E. Kossek & S. J. Lambert (Eds.) Work and Family Life Integration-Organizational, Cultural, and Individual Perspectives. Mahwah, New Jersey, London: Lawrence Erlbaum Associates, Publishers. pp. 21—37.

3. Reitzes, D. C., & Mutran, E. J. 1994. Multiple roles and identities: Factors influencing self-esteem among middle-aged working men and women. Social Psychology Quarterly, 57, pp. 313—325.

4. Greenhaus, J. H. & Beutell, N. J. 1985. Sources of conflict between work and family roles, Academy of Management Review, 10(1), pp. 76—88.

5. Dierdorff, E. C. & Ellington, J. K. It's the Nature of the Work: Examining Behavior-Based Sources of Work - Family Conflict Across Occupations. Journal of Applied Psychology. 2008, Vol. 93, No. 4, 883—892.

6. 同2。

7. 同3。

8. Thoits, P. A. 1992. Identity structures and psychological well-being: Gender and marital status comparisons. Social Psychology Quarterly, 55, pp. 236—256.

9. Noor, N. M. 2004. Work-family conflict, work-and family-role salience, and women's well-being. The Journal of Social Psychology, 144(4), pp. 389—405.

10. 同2。

11. Greenhaus and Beutell. 1985. "Sources of Conflict Between Work and Family Roles", Academy of Management Review, 10(1), p. 78.

12. 同11。

13. Greenhaus, J. H. & Parasuraman, S. 1999. Research on work, family, and gender in Powell, G. N. (Ed.), Handbook of Gender & Work, California: Sage Publications.

14. Clark, S. C. 2000 Work/family border theory: A new theory of work/family balance, Human Relations, 53(6), pp. 747—770.

15. Perlow, L. A. 1998. Boundary control: The social ordering of work and family time in a high-tech corporation. Administrative Science Quarterly, Vol.

43(2),pp. 328－357.

16. Lambert ,C. H. , Kass, S. J. Piotrowski, C. Vodanovich, S. J. Impact Factors on Work-Family Balance: Initial Support for Border Theory. Organization Development Journal. Volume 24 Number 3 Fall. 2006. 64－75.

17. 张再生.工作—家庭关系理论与工作—家庭平衡计划[J].南开管理评论,2002 年,第 4 期,第 55－59 页。

18. 同 15。

19. 同 15。

20. 蔡芳洵,工作—家庭冲突,工作—家庭互动,与工作满足之关系探讨[D]:[硕士论文].国立中山大学人力资源管理研究所.2003。

21. Milliken,F. J. , & Dunn-Jensen,L. M. 2005. The changing time demands of managerial and professional work: implications of managing the work-life boundary. In E. E. Kossek & S. J. Lambert (Eds.) Work and Family Life Integration- Organizational, Cultural, and Individual Perspectives Mahwah, New Jersey, London: Lawrence Erlbaum Associates, Publishers. pp. 43－57.

22. 同 15。

23. Clark, S. C. 2001. Work cultures and work/family balance. Journal of Vocational Behavior, 58,pp. 348－365.

24. Staines, G. , & O'Connor, P. 1980. Conflicts among work, leisure, and family roles. Monthly Labor Review, 103,p. 35－39; Zedeck, S. 1992. Introduction:Emploring the domain of work and family concerns. In Zedeck, S. (Ed.) Work, families, and organizations. San Francisco: Jossey-Bass. pp. 1－32.

25 Edwards,J. R. & Rothbard, N. P. 2000. Mechanisms linking work and family: Clarifying the relationship between work and family constructs. Academy of Management Review. Vol. 25. No. 1. pp. 178－199.

26. 同 17。

27. Williams, K. J. , & Alliger, G. M. 1994. Role stressors, mood spillover, and perceptions of work-family conflict in employed parents. Academy of Management Journal, Vol. 37,No. 4,pp. 837－868.

28. 同 25。

29. 同 24。

30. 同 17。

31. Higgins，C.，Duxbury，L.，Lee，C. 1994. Impact of life-cycle stage and gender on the ability to balance work and family responsibilities. Family Relations，Vol. 43，Issue 2. 0197－6664.（available from Database：Professional Development Collection）.

32. Gutek B. A. Searle S. & Kelpa，L. 1991. Rational versus gender role explanations for work-family conflict，Journal of Applied Psychology，76（4），pp. 560－568.

33. 同 11 和 32。

34. 同 31。

35. 同 32。

36. Burley，K. A. 1995. Family variables as mediators of the relationship between work-family conflict and martial adjustment among dual-career men and women. Journal of Social Psychology，Vol. 135，Issue 4.

37. Karasek，P.，1979. Job demands，job decision latitude and mental strain：Implications for job redesign. Administrative Science Quarterly，24，pp. 285－307.

38. 同 31。

39. Cooke，R.，& Rousseau，D. 1984. Stress and strain from family roles and work-role expectations. Journal of Applied Psychology，69，pp. 252－260.

40. 同 24。

41. 同 37。

42. 董玉娟. 工作—家庭冲突. 组织社会化对离开现职倾向影响之研究：以台商派驻大陆已婚员工为例[D]. 国立中山大学人力资源管理研究所. 2000。

43. Lee，M. D.，Dohring，P. L.，MacDermid，S. M. & Kossek，E.，E. 2005. Professionals becoming parents ：Socialization，adaptation，and identity transformation. In E. E. Kossek & S. J. Lambert（Eds.）Work and Family Life Integration-Organizational，Cultural，and Individual Perspectives. Mahwah，New Jersey，London：Lawrence Erlbaum Associates，Publishers. pp. 193－206.

44. Friede，A. & Ryan，A. M. 2005. The importance of the individual：How self-evaluations influence the work-family interface. In E. E. Kossek & S. J. Lambert（Eds.）Work and Family Life Integration-Organizational，Cultural，

and Individual Perspectives. Mahwah, New Jersey, London: Lawrence Erlbaum Associates, Publishers. pp. 193－209.

45. Wayne, J. H., Musisca, N., and Fleeson, W. 2004. Considering the role of personality in the work-family experience: Relationships of the Big Five to work-family conflict and enrichment. Journal of Vocational Behavior, 64:108－130.

46. Voydanoff, P.. 工作与家庭(张惠芬,郭妙雪译),初版,台北:扬智文化. 1998。

47. White, M., Hill, S., McGovern, P., Mills, C., & Smeaton, D. 2003. "High-performance" management practices, working hours and work-life balance. British Journal of Industrial Relations. Vol. 41, No. 2, pp. 175－195.

48. 同 13;第一章 45; Anderson, S. E., Coffey, B. S. & Byerly, R. T. 2002. Formal organizational initiatives and informal workplace practices: links to work-family conflict and job-related outcomes, Journal of Management, 28 (6), pp. 787－810.

49. Burley, K. A. 1995. Family variables as mediators of the relationship between work-family conflict and martial adjustment among dual-career men and women. Journal of Social Psychology, Vol. 135, Issue 4.

50. Zimmerman, T. S., Haddock, S. A., Current, L. R., & Ziemba, S. 2003. Intimate Partnership: Foundation to the successful balance of family and work. The American Journal of Family Therapy, 31, pp. 107－124.

51. 同 42。

52. Kossek, E. E., Colquitt, J. A., & Noe, R. A. 2001. Caregiving decisions, well-being, and performance: The effects of place and provider as a function of dependent type and work-family climates. Academy of Management Journal, Vol. 44, No. 1, pp. 29－44.

53. White, M., Hill, S., McGovern, P., Mills, C., & Smeaton, D. 2003. High-performance management practices, working hours and work-life balance. British Journal of Industrial Relations. Vol. 41, No. 2, pp. 175－195.

54. Butler, A. B., & Skattebo, A. 2004. What is acceptable for women may not be for men: The effect of family conflicts with work on job-performance ratings. Journal of Occupational and Organizational Psychology, Dec. 77, pp. 553－564.

55. Lobel，S A. & Clair，L. S . 1992. Effects of family responsibilities，gender，and career identity salience on performance outcomes. Vol. 35，No. 5，pp. 1057－1069.

56. Sullivan，C. & Levis，S. 2001. Home-based telework，gender，and the synchronization of work and family：Perspective of telewokers and their co-residents. Gender，Work and Organization. Vol. 8，No. 2，pp. 123－145.

57. Valcour，P. M. & Hunter，L. W. 2005. Technology，organizations and work-life integration. In E. E. Kossek & S. J. Lambert（Eds.）Work and Family Life Integration-Organizational，Cultural，and Individual Perspectives. Mahwah，New Jersey，London：Lawrence Erlbaum Associates，Publishers. pp. 61－80.

58. Milliken，F. J.，Martins，L. L.，& Gorgan，H. 1998. Explaining organizational responsiveness to work-family issues：The role of human resource executives as issue interpreters. Academy of Management Journal. Vol. 41. No. 5，pp. 580－592.

59. 同 58。

60. Goodstein，J. D. 1994. Institutional pressures and strategic responsiveness：Employer involvement in work-family issues. Academy of Management Journal，Vol. 37，No. 2，pp. 350－382；Ingram. P，& Simons，T. 1995. Institutional and resource dependence determinants of responsiveness to work-family issues. Academy of Management Journal，Vol. 38，No. 5，pp. 1466－1482.

61. Perlow，L. A. 1998. Boundary control：The social ordering of work and family time in a high-tech corporation. Administrative Science Quarterly，Vol. 43（2），pp. 328－357.

62. Thompson，C. A.，Beauvais，L. L. & Lyness，K. S. 1999. When work-family benefits are not enough：The influence of work-family culture on benefit utilization，organizational attachment，and work-family conflict. Journal of Vocational Behavior，54，pp. 392－415. 工作—家庭文化研究，详见第三章。

63. Greenhaus，J. H. & Parasuraman，S. 1999. Research on work，family，and gender in Powell，G. N.（Ed.），Handbook of Gender & Work，California：Sage Publications.

64. Noor，N. M. 2004. Work-family conflict，work-and family-role sali-

ence, and women's well-being. The Journal of Social Psychology, 144(4). pp. 389—405.

65. Martire, L. M., Stephens, M. A. P., & Townsend, A. L. 2000. Centrality of women's multiple roles: Beneficial and detrimental consequences for psychological well-being. Psychology and Aging, 15, pp. 148—156.

66. Thoits, P. A. 1992. Identity structures and psychological well-being: Gender and marital status comparisons. Social Psychology Quarterly, 55, pp. 236—256.; Thoits, P. A. 1995. Identity-relevant events and psychological symptoms: A cautionary tale. Journal of Health and Social Behavior, 36, pp. 72—82.

67. Noor, N. M. 2004. Work-family conflict, work-and family-role salience, and women's well-being. The Journal of Social Psychology, 144(4), pp. 389—405.

68. Kinnunen, U., & Mauno, S. 1998. Antecedents and outcomes of work-family conflict among employed women and men in Finland. Human Relations, 51, pp. 157—177.

69. Noor, N. M. 2002. Work-family conflict, locus of control and women's well-being: test of alternative pathways. The Journal of Social Psychology, Vol. 142, Isse 5.

70. Burke, R. 2000. Do managerial men benefit from organizational values supporting work-personal life balance?. Women in Management Review. Bradford: Vol. 15, Iss. 2; p. 8.

71. Grant-Vallone, E. J. & Donaldson, S. I. 2001. Consequences of work-family conflict on employee well-being over time. Work & Stress, Vol. 15, No. 3, pp. 214—226.

72. Jackson, S. E., Zedeck, S. & Summers, E. 1985. Family life disruptions: Effects of job-induced structural and emotional interference. Academy of Management Journal, Vol. 28, No. 3, pp. 574—586.

73. 同49。

74. Lingard, H. & Sublet, A. 2002. The impact of job and organizational demands on marital or relationship satisfaction and conflict among Australian civil engineers. Construction Management and Economics, 20, pp. 507—521.

75. Judge, T. A. , Ilies, R. , Scott,B. A. 2006. Work-family conflict and emotions: Effects at work and at home. Personnel Psychology, 59, pp. 779—814.

76. Livingston, B. A. & Judge,T. 2008. A. emotional responses to work family conflict: An examination of gender role orientation among working men and women. Journal of Applied Psychology, Vol. 93, No. 1, pp. 207—216.

77. Mauno, S. , Kinnunen, U. & Pyykko, M. 2005. Does work-family conflict mediate the relationship between work-family culture and self-reported distress? Evidence from five Finnish organizations. Journal of Occupational and Organizational Psychology, 78, pp. 509—5.

78. Lenaghan,J. A. , Buda, R. , Eisner, A. B. 2007An Examination of the role of emotional intelligence in work and family conflict. Journal of Managerial. Issues Vol. XIX Number I Spring: 76—94.

79. Hughes, E. L. & Parkes, K. R. 2007. Work hours and well-being: The roles of work-time control and work family interference . Work & Stress, July-September 21(3): 264—278.

80. Bakker, A. B. , Demerouti, E. & Dollard, M. F. 2008. How job demands affect partners' experience of exhaustion: integrating work - family conflict and crossover theory. Journal of Applied Psychology. Vol. 93, No. 4, pp. 901—911.

81. Kossek,E. ,& Ozeki, C. 1998. Work-family conflict, policies, and the job-life satisfaction relationship: A review and directions for organizational behavior-human resources research. *Journal of Applied Psychology* ,83, pp. 139—149;Eby, L. T. , Casper,W. J. , Lockwood, A. , Bordeaux, C. , and Brinley, A. . Work and family research in IO/OB: Content analysis and review of the literature (1980 — 2002)[J]. Journal of Vocational Behavior, 2005, 66: 127—197.

82. Frone, M. R. , Russell, M. , & Cooper, M. L. 1992. Antecedents and outcomes of work-family conflict: Testing a model of the work-family interface. Journal of Applied Psychology, 77,pp. 65—78;Thomas, L. T. , & Ganster, D. C. 1995. Impact of family-supportive work variables on Work-family conflict and strain: A control perspective. *Journal of Applied Psychology*.

80, pp. 6—15. Anderson, S. E., Coffey, B. S. & Byerly, R. T. 2002. Formal organizational initiatives and informal workplace practices: links to work-family conflict and job-related outcomes, Journal of Management, 28 (6), pp. 787—810.

83. 同42。

84. Frone, M. R., Russell, M., & Cooper, M. L. 1992. Antecedents and outcomes of work-family conflict: Testing a model of the work-family interface. Journal of Applied Psychology, 77, pp. 65—78; Thomas, L. T., & Ganster, D. C. 1995. Impact of family-supportive work variables on Work-family conflict and strain: A control perspective. *Journal of Applied Psychology*, 80, pp. 6—15.

85. Frone, M. R., Russell, M., & Cooper, M. L. 1992. Antecedents and outcomes of work-family conflict: Testing a model of the work-family interface. Journal of Applied Psychology, 77, pp. 65—78.

86. Va¨a¨na¨nen, A., Kumpulainen, R., Kevin, M. V., Ala-Mursula, L., et al. 2008. Work-family characteristics as determinants of sickness absence: A large-scale cohort study of three occupational grades. Journal of Occupational Health Psychology. Vol. 13, No. 2, 181 196.

87. Anderson, S. E., Coffey, B. S. & Byerly, R. T. 2002. Formal organizational initiatives and informal workplace practices: links to work-family conflict and job-related outcomes, Journal of Management, 28(6), pp. 787—810.

88. Eby, L. T., Casper, W. J., Lockwood, A., Bordeaux, C., and Brinley, A. 2005, Work and family research in IO/OB: Content analysis and review of the literature (1980—2002)[J]. Journal of Vocational Behavior, 66:127—197.

89. 本节互益部分改写自周路路，赵曙明，战冬梅(2009)的研究，本节中的三个图也引自该文。

90. Clark, S. C., 2000, Work/family border theory: A new theory of work/family balance. Human Relations53(6): 747—770.

91. 刘永强，赵曙明. 影响工作—家庭冲突的因素及其平衡策略. 中国人力资源开发. 2006. 9, pp. 11—16。

92. Yang, Nini, Chen, Chao. C, Choi, J., Zou Yimin. 2000. Source of

work-family：a Sino-US. comparison of the effects of work and family demands. Academy of Management Journal. Vol. 43，No. 1，pp. 113－123.

93. Yang，N. 2005. Individualism-Collectivism and work-family interfaces：A sino-U. S. Comparison. In S. A. Y. Poelmans（Eds.）Work and Family-An International Research Perspective：5. Mahwah，New Jersey，London：Lawrence Erlbaum Associates，Publishers. pp. 287－318.

94. Spector，P. E.，Allen，T. D.，Miller，K. et. al. 2005. An international comparative study of work-family stress and occupational strain. In S. A. Y. Poelmans（Eds.）Work and Family-An International Research Perspective：5. Mahwah，New Jersey，London：Lawrence Erlbaum Associates，Publishers. pp. 71－84.

95. Lewis，S & Haas，L. 2005. Work-life integration and social policy：A social justice theory and gender equity approach to work and family. In E. E. Kossek & S. J. Lambert（Eds.）Work and Family Life Integration-Organizational，Cultural，and Individual Perspectives. Mahwah，New Jersey，London：Lawrence Erlbaum Associates，Publishers. pp. 349－374.

96. 见 International Journal of Cross Cultural Management 2003 年第三期和《工作和家庭：国际研究视角》(Poelemans，2005)，在此不作详细介绍。

97. Piotrowski，C. Vodanovich. S. J. 2006. The interface between workaholism and work- family conflict：A review and conceptual framework. Organization Development Journal. Volume 24 Number 4，Winter.

98. Dixon，M. A. & Bruening. J. E. 2005. Perspectives on work-family conflict in Sport：An integrated approach. Sport Management Review，8，pp. 227－253.

99. 同 95。

100. Thompson，C. A.，Beauvais，L. L. & Lyness，K. S. 1999. When work-family benefits are not enough：The influence of work-family culture on benefit utilization，organizational attachment，and work-family conflict. Journal of Vocational Behavior，54，pp. 392－415.

101. Kinnunen，U.，Mauno，S.，Geurts，S. & Dikkers，J. 2005. Work-family culture in organizations：Theoretical and Empirical Approaches. In S. A. Y. Poelmans（Eds.）Work and Family-An International Research Perspective：5.

Mahwah, New Jersey, London: Lawrence Erlbaum Associates, Publishers. pp. 87－120.

102. 同 100。

103. 陈兴华,凌文辁,方俐洛. 工作—家庭冲突及其平衡策略[J]. 外国经济与管理. 2004 年,第 4 期,第 16－19 页。

104. 张再生 a. 工作—家庭关系理论与工作—家庭平衡计划[J]. 南开管理评论,2002 年,第 4 期,第 55－59 页;张再生 b. 职业生涯发展与工作—家庭平衡计划[J]. 中国人才. 2002 年,第 7 期,第 35－36 页。

105. Wu Liangliang, Feng Ying, Fan Wei. 2003. The Stressors in Professional Women's Work-Family Conflict. Chinese Journal of Applied Psychology, 1, pp. 43－46.

106. 李超平,时堪,罗正学,杨悦,李莉. 医护人员工作—家庭冲突与工作倦怠的关系[J]. 中国心理卫生杂志. 2003 年,第 12 期,第 807－809 页。

107. 李晔. 工作—家庭冲突的影响因素研究[J]. 人类工效学. 2003 年,第 4 期,第 14－17 页。

108. 陆佳芳,时堪,Lawler, J. J. 工作—家庭冲突的初步研究[J]. 应用心理学. 2002 年,第 2 期,第 45－50 页。

109. 李淼,陆佳芳,时堪. 工作—家庭冲突中介变量与干预策略的研究[J]. 中国科技产业. 2003 年,第 7 期,第 53－55 页。

第三章

1. Jex, S. M., & Elacqua, T. C. 1999. Time management as a moderator of relations between stressor s and employee strain. Work & Stress, Vol. 13, No. 2. pp. 182－191.

2. Anderson, S. E., Coffey, B. S. & Byerly, R. T. 2002. Formal organizational initiatives and informal workplace practices: links to work-family conflict and job-related outcomes, Journal of Management, 28(6), pp. 787－810.

3. Greenhaus, J. H. & Parasuraman, S. 1999. Research on work, family, and gender in Powell, G. N. (Ed.), Handbook of Gender & Work, California: Sage Publications.

4. 以上六点来自 Kossek, E. E. & Ozeki, C. 1999. Bridging the work-family policy and productivity gap: a literature review. Community, Work & Family,

Vol. 2, No. 1. pp. 7—30.

5. 同第一章 54，同本章 4。

6. 同 2。

7. 1.3.4.5. 来自 Kossek. & Ozeki(1999)的研究。

8. Kinnunen, U., Mauno, S., Geurts, S. & Dikkers, J. 2005. Work-family culture in organizations: Theoretical and Empirical Approaches. In S. A. Y. Poelmans (Eds.) Work and Family-An International Research Perspective: 5. Mahwah, New Jersey, London: Lawrence Erlbaum Associates, Publishers. pp. 87—120.

9. 同第二章 23。

10. Clark, S. C. 2001. Work cultures and work/family balance. Journal of Vocational Behavior, 58, pp. 348—365; Allen, T. D. 2001. Family-supportive work environments: The role of organizational perceptions. Journal of Vocational Behavior. 58, pp. 414—435.

11. Allen, T. D. 2001. Family-supportive work environments: The role of organizational perceptions. Journal of Vocational Behavior. 58, pp. 414—435.

12. 滕慧敏. 师徒功能对工作—家庭冲突影响之研究[D]:[硕士学位论文]. 中原大学企业管理系. 2003。

13. Seer, A., Mcgee, G. W., Serey, T. T & Graen, G. B. 1983. The interaction of job stress and social support: A strong inference investigation. Academy of Management Journal, Vol. 26, No. 2, pp. 273—284.

14. 斯图尔特. D. 弗里德曼，佩里. 克里斯坦森. 杰四卡. 德格鲁特. 工作与生活的平衡:零和游戏的结束[C]. 郑梭南等译. 工作与生活的平衡(《哈佛商业评论》精粹译丛). 北京:中国人民大学出版社，2004 年 8 月，第 3—4 页。

15. 费尔南多·巴图洛美，保罗·埃文斯. 成功一定要付出如此高的代价吗? [C]. 郑梭南等译. 工作与生活的平衡(《哈佛商业评论》精粹译丛). 北京:中国人民大学出版社，2004 年 8 月，第 30—31 页。

16. 哈里·莱文森. 当经理人心力交瘁时[C]. 郑梭南等译. 工作与生活的平衡(《哈佛商业评论》精粹译丛). 北京:中国人民大学出版社，2004 年 8 月，第 59—60 页。

17. 费利斯·N. 施瓦茨. 女性经理人和生活中的新事实[C]. 郑梭南等译. 工作与生活的平衡(《哈佛商业评论》精粹译丛). 北京:中国人民大学出版社，

2004 年 8 月,第 99－100 页。

18. 迈克尔·S. 金梅尔. 男性需要什么?[A]. 郑梭南等译. 工作与生活的平衡. 北京:中国人民大学出版社,2004 年 8 月,第 122－123 页。

19. 同 2。

20. Perry-Smith, J. E., Blum, T. 2000. Work-family human resource bundles and perceived organizational performance. Academy of Management Journal, Vol. 43, No. 6, pp. 1107－111.

21. Kossek, E. E., Dass, P., & Demarr, B. 1994. The dominant logic of employer-sponsored work and family initiatives: Human resource managers' institutional role. Human Relations, 47, pp. 1121－1149.

22. 同 20。

23. Polach, J. 2003. HRD's role in work-life integration issues: moving the workforce to a change in mindset. Human Resource Development International, 6: 1, pp. 57－68.

24. Osterman, P. 1995. Work/family programs and the employment relationship. Administrative Science Quarterly, Vol. 40, Iss. 4, pp. 681－701.

25. Premeaux, S. F., Adkins, C. L.. Mossholder, K. W. 2007. Balancing work and family: A field study of multi-dimensional, multi-role work-family conflict. Journal of Organizational Behavior.. v. Published online 21 February 2007 in Wiley InterScience. (www. interscience. wiley. com)

26. Mesmer-Magnus, J. R., Viswesvaran, C. 2006. How family-friendly work environments affect work/family conflict: A meta-analytic examination. Journal of Labor Research. Volume XXVII, Number 4 Fall.

27. 刘永强,赵曙明,王永贵. 工作—家庭平衡的企业制度安排. 中国工业经济. 2008. 2。

28. Goodstein, J. D. 1994. Institutional pressures and strategic responsiveness: Employer involvement in work-family issues. Academy of Management Journal, Vol. 37, No. 2, pp. 350－382.

29. Ingram. P, & Simons, T. 1995. Institutional and resource dependence determinants of responsiveness to work-family issues. Academy of Management Journal, Vol. 38, No. 5, pp. 1466－1482.

30. 卡罗尔, A. B., 巴克霍尔茨, A. K., 黄煜平等译. 企业与社会:伦理与利益利益相关者管理.北京:机械工业出版社.2004.p.52。

31. Hotakainen, R. 2007. Congress may expand Family and Medical Leave Act. McClatchy Newspapers Posted on Monday, August 13. Available: http://www.mcclatchydc.com/staff/rob_hotakainen/story/18842.html.

32. Kaminer, D. 2007. The child care crisis and the work-family conflict: A policy rationale for federal legislation. Berkeley Journal of Employment & Labor La w. Vol. 28: 496-540.

33. 中新网2004年5月3日电。

34.《扬子晚报》2005年2月22日,第A16版。

35. 同第一章39。

36. 中山大学广东发展研究院在2000年和2004年进行的两期"广东社会变迁基本调查"。

37. 同24。

38. 参见第二节。

39. Lewis, S & Haas, L. 2005. Work-life integration and social policy: A social justice theory and gender equity approach to work and family. In E. E. Kossek & S. J. Lambert (Eds.) Work and Family Life Integration-Organizational, Cultural, and Individual Perspectives. Mahwah, New Jersey, London: Lawrence Erlbaum Associates, Publishers. pp. 349-374.

40. 同39。

41. 本节和第四节内容改写自刘永强,赵曙明.影响工作—家庭冲突的因素及其平衡策略.中国人力资源开发.2006年第9期。

42. 同39。

43. Fletcher, JK., & Bailyn, L. 2005. The equity imperative: Redesigning work for work-family integration. In E. E. Kossek & S. J. Lambert (Eds.) Work and Family Life Integration-Organizational, Cultural, and Individual Perspectives. Mahwah, New Jersey, London: Lawrence Erlbaum Associates, Publishers. pp. 171-189.

44. 同21。

45. 同20。

46. 同12、13。

47. Goodstein, J. D. 1994. Institutional pressures and strategic responsive-

ness: Employer involvement in work-family issues. Academy of Management Journal, Vol. 37, No. 2, pp. 350—382.

48. 同第二章 54。

49. Lambert, S. J. & Waxman, E. 2005. Organizational stratification: Distributing opportunities for balancing work and personal life. In E. E. Kossek & S. J. Lambert (Eds.) Work and Family Life Integration-Organizational, Cultural, and Individual Perspectives. Mahwah, New Jersey, London: Lawrence Erlbaum Associates, Publishers. pp. 103—126.

50. 周雪光. 组织社会学十讲. 北京:社会科学文献出版社,2003 年 12 月。

51. Zu, Lingrong. Corporate Social Responsibility, Corporate Restructuring and Firm's Performance: Empirical Evidence from Chinese Enterprises. Springer-Verlag Berlin Heidelberg. 2009. P. 185.

52. 贝克尔. 人类行为的经济分析. 王业宇,陈琪译. 上海:上海人民出版社. 2002. p. 3—11(出版前言)。

53. 刘永强,赵曙明 a. 工作—家庭冲突的影响因素及其组织行为后果的实证研究. 南京社会科学. 2006. 5. pp. 1—9; 刘永强,赵曙明 b. 影响工作—家庭冲突的因素及其平衡策略. 中国人力资源开发. 2006. 9. pp. 11—16。

54. 同 27。

55. 青木昌彦. 比较制度分析(中译本). 上海:上海远东出版社, 2001 年第 248 页。

56. 黄凯南. 演化博弈与演化经济学. 经济研究. 2009,2. pp. 132—145。

57. Galinsky, E., Bond, J. T., Sakai, K. Kim, S. S. & Giumtoli, N. National Study of Employers [R]. Families and Work Institute. 2008.

58. 杜维明.《中庸》洞见(中英文对照本)[M]. 北京:人民出版社. 2008。

59. 引自曾参著《大学》,《大学·中庸》. 梁海明译注. 太原:山西古籍出版社. 1999. 第十章,第 46 页。

60. 引自子思著《中庸》,《大学·中庸》. 梁海明译注. 太原:山西古籍出版社. 1999. 第十五章,第 110 页。

61. 杜维明.《中庸》洞见(中英文对照本)[M]. 北京:人民出版社. 2008:149。

62. 同第二章 4。

63. 同第一章 40。

64. 同 2。

65. 同第一章 39。

66. 本节中引用美国企业所设施的工作—家庭友好策略，即工作—家庭平衡制度来自于(Galinsky, Bond, Sakai,Kim & Giumtoli ,2008)的报告，因篇幅有限，下文不再标注。

67. 同 57。

68. 同第二章 74。

69. Bond, J. T., Galinsky, E., Kim, S. S. & Brownfield, E. National Study of Employers [R]. Families and Work Institute. 2005. P. 15. 同 57。

70. 同 69。

71. Bond, J. T., Galinsky, E., Kim, S. S. & Brownfield, E. National Study of Employers [R]. Families and Work Institute. 2005.

第四章

1. 青木昌彦，比较制度分析. 中译本。上海：上海远东出版社，2001 年。

2. 同 1。

3. Eby, L. T., Casper, W. J., Lockwood, A., Bordeaux, C., and Brinley, A.. Work and family research in IO/OB: Content analysis and review of the literature (1980－2002) [J]. Journal of Vocational Behavior, 2005, 66: 127－197.

4. 柯武刚，史漫飞，制度经济学：社会秩序与公共政策。北京：商务印书馆，2002 年。

5. 同 3。

6. 刘永强，赵曙明 b. 影响工作—家庭冲突的因素及其平衡策略. 中国人力资源开发. 2006. 9. pp. 11－16。

7. Thompson, C. A., Beauvais, L. L. & Lyness, K. S. 1999. When work-family benefits are not enough: The influence of work-family culture on benefit utilization, organizational attachment, and work-family conflict. Journal of Vocational Behavior, 54, pp. 392－415.

8. Thomas, L. T., & Ganster, D. C. 1995. Impact of family-supportive work variables on Work-family conflict and strain: A control perspective. *Journal of Applied Psychology*, 80. pp. 6－15.

9. 同 3。

10. 同第二章 62。

11. 同 3。

12. 同 3。

13. Goff, S. J., Mount, M. K., &Jamison, R. L. 1990. Employer supported child care, work-family, and absenteeism: A field study. Personnel Psychology, 43, pp. 793—808.

14. 同第一章 54。

15. Thompson, C. A., Beauvais, L. L. & Lyness, K. S. 1999. When work-family benefits are not enough: The influence of work-family culture on benefit utilization, organizational attachment, and work-family conflict. Journal of Vocational Behavior, 54, pp. 392—415.

16. Thomas, L. T. & Ganster, D. C. 1995. Impact of family-supportive work variables on work-family conflict and strain: A control perspective. Journal of Applied Psychology, 80, pp. 6—15.

17. Tepper, B. J. 2000. Consequences of abusive supervision. Academy of Management Journal, 43, pp. 178—190.

18. Allen, T. D. 2001. Family-supportive work environments: The role of organizational perceptions. Journal of Vocational Behavior, 58, pp. 414—435.

19. Anderson, S. E., Coffey, B. S. & Byerly, R. T. 2002. Formal organizational initiatives and informal workplace practices: links to work-family conflict and job-related outcomes, Journal of Management, 28(6), pp. 787—810.

20. 同第一章 49。

21. 同 15。

22. 同第二章 4。

23. 同第二章 13。

24. 同 19。

25. 同第一章 39。

26. 同 19，同第一章 46。

27. 同 19。

28. 同第一章 39。

29. 同第二章 106、107、108。

30. Haar, J. M. 2004. Work-family conflict and turnover intention: Exploring the moderation effects of perceived work-family support. New Zealand Journal of Psychology Vol. 33, No. 1, pp. 35—39.

31. 同 26。

32. 同第一章 39。

33. Lee, M. D. MacDermid, S. M., William, M. L., Buck, M. L., & Leiba-O'Sullivan, S.. 2002. Contextual factors in the success of reduced-load work arrangements among managers and professionals. Human Resource Management, 41, pp. 209—223.

34. 同第一章 54。

35. 同 19。

36. 同 19。

37. 同第二章 23。

38. 同 18, 同第二章 23。

39. 同 30。

40. 同 19。

41. 同 19。

42. Hackett, R. D. Bycio, P., & Guion, R. M. 1989. Absenteeism among hospital nurses: An idiographic-longitudinal analysis. Academy of Management Journal, 3, pp. 424—453.

43. Erickson, R. J., Nichols, L., & Ritter, C. 2000. Family influences on absenteeism: Testing an expanded process model. Journal of Vocational Behavior, 57, pp. 246—272.

44. 同第二章 31。

45. 同第二章 32。

46. 同 19。

47. 吴明隆. SPSS 统计应用实务。北京:中国铁道出版社. 2000 年 9 月. 第 7 页。

48. 两段中引用的几位作者研究成果转引自吴明隆 2000,见 47。

49. 同 48。

第五章

1. 资料来源:刘永强,赵曙明,王永贵. 工作—家庭平衡的企业制度安排. 中国工业经济.2008年第2期。

2.同上。

第六章

1.青木昌彦.《沿着均衡点演进的制度变迁》载于梅纳尔主编,刘刚等译《制度、契约与组织》(论文集).北京:经济科学出版社. 2003年第25—39页;青木昌彦.比较制度分析[M].上海:上海远东出版社。

2.2001.董志强.制度及其演化的一般理论.管理世界.2008年第5期. p.151。

3.青木昌彦.比较制度分析[M].上海:上海远东出版社,2001.第107,193,206,235,240—241页。

4.同2。

5.North语,转引自:聂辉华.制度均衡:一个博弈论的视角.管理世界.2008年第8期.p.160。

6.Gerrig, R.J. & Zimbardo, P.G,2002. Psychology and Life. Ally and Bacon, A Pearson Education Company.格里格,津巴多:《心理学与生活》(王磊等译),北京:人民邮电出版社,2003年. p.258。

7.贝克尔.人类行为的经济分析.王业宇,陈琪译.上海:上海人民出版社.2002年,第107页。

8.青木昌彦.比较制度分析[M].上海:上海远东出版社,2001年.第243页。

9.这些研究包括:Macdermid, 2005;Reitzes & Mutran, 1994;Greenhaus & Beutell,1985;Dierdorff & Ellington,2008;Higgins, et. al., 1994;Cooke & Rousseau,1984;Staines &O'Connor,1980;Burley,1995;Anderson et al.,2002;Frone,et. al.,1992; Greenhaus & Parasuraman,1999;Kossek,Colquitt, & Noe,2001;White,et al.,2003;Butler & Skattebo,2004;Sullivan and Lewis,2001;Milliken, Martins, & Morgan 1998;Thompson, Beauvais, & Lyness,1999;Clark,S.C.,2000;Perlow,1998;Lambert,et al.,2006;Higgins, et. al.,1994;Gutek et al.,1991;Greenhaus & Beutell, 1985;Karasek,1979;Bruck, et al.,2003:457—472;Wayne et al,2004;Carlson, 1999:236—253;Grzywacz & Butter,2005;Aynee,et al.,2005:132—146;Boyar et al.,2007:265—281;Grzywacz & Marks,2000.

10. Va¨a¨na¨nen, A., Kumpulainen, R., Kevin, M. V., Ala-Mursula, L., et al. 2008. Work-family characteristics as determinants of sickness absence: A large-scale cohort study of three occupational grades. Journal of Occupational Health Psychology. Vol. 13, No. 2, 181—196.

11. 这些研究结果参见：Greenhaus, Parasuraman, 1997; Noor, 2004; Jackson, Zedeck & Summers, 1985; Burley, 1995; Lingard & Sublet, 2002; Frye& Breaugh, 2004; Judge et al., 2006; Mauno,, Kinnunen, & Pyykko, 2005; Livingston & Judge, 2008; Lenaghan, Buda & Eisner, 2007; Hughes & Parkes, 2007; Eby, et. al., 2005.

12.《扬子晚报》2005 年 2 月 22 日，第 A16 版。

13. Bakker, A. B., Demerouti, E. Dollard, M. F. How Job Demands Affect Partners' Experience of Exhaustion: Integrating Work - Family Conflict and Crossover Theory. Journal of Applied Psychology. 2008, Vol. 93, No. 4, 901—911。

14. 翟振武，明艳，侯佳伟，顾荣. 中国知识分子：短命还是长寿？——中国知识分子健康研究报告之一[J]. 2005 年第 9 期. 第 2—9 页。

15. 同 13。

16. Edwards, J. R. & Rothbard, N. P. 2000. Mechanismes linking work and family: Clarifying the relationship between work and family constructs. Academy of Management Review. Vol. 25. No. 1. pp. 178—199; Zedeck, S. 1992. Introduction: Emploring the domain of work and family concerns. In Zedeck, S. (Ed.) Work, families, and organizations. San Francisco: Jossey-Bass. pp. 1—32.

17. 参见第一章工作与家庭关系的研究。

18. 参见第二章第三节工作与家庭增益研究。

19. Coffey, B. S., Anderson, S. E., Zhao, S., Liu, Y. & Zhang, J. (2009) 'Perspectives on work-family issues in China: the voices of young urban professionals', Community, Work & Family, 12:2, 197—212。

20. 青木昌彦.《沿着均衡点演进的制度变迁》载于梅纳尔主编，刘刚等译《制度、契约与组织》(论文集). 北京：经济科学出版社. 2003 年第 39 页。

21. Galinsky, E., Bond, J. T., Sakai, K. Kim, S. S. & Giumtoli, N. National Study of Employers [R]. Families and Work Institute. 2008.

22. 青木昌彦.《沿着均衡点演进的制度变迁》载于梅纳尔主编，刘刚等译《制度、契约与组织》(论文集). 北京：经济科学出版社. 2003 年第 37 页。青木昌彦. 比较制度分析[M]. 上海：上海远东出版社，2001 年，第 246 页。

23. 韦森. 言语行为与制度的生成. 北京大学学报(哲学社会科学版). 2005，Vol. 42，No. 6. pp. 121—130.

24. 张卫国：作为人力资本、公共产品和制度的语言：语言经济学的一个基本分析框架. 经济研究. 2008 年. 第 2 期。

25. 26，27. 同 23。

28. Kramsch，C. 2000. Language and Culture. 上海：上海外语教育出版社. 同本章 27。

29. 同 3。

30 和 31 参见：Green，J. S. E. ，Li，Y. ，& Nohria，N. Suspended in self-spun webs of significance：a rhetorical model of institutionalization and institutionally embedded agency. *Academy of Management Journal* . 2009，Vol. 52，No. 1，11—36.

32. 青木昌彦. 比较制度分析[M]. 上海：上海远东出版社，2001 年，第 136—137 页。

33. Coffey，B. S. ，Anderson，S. E. ，Zhao，S. ，Liu，Y. & Zhang，J. (2009) Perspectives on work-family issues in China：the voices of young urban professionals，Community，Work & Family，12：2，197—212.

34. 同 33。

35. 黄凯南. 演化博弈与演化经济学. 经济研究. 2009，2. pp. 132—145。

36. 同 6。

37. 青木昌彦(2001：238—239)，同 3。

38. 同 33、34。

39. 青木昌彦(2001：238—239)，同 3。

第七章

1. Coffey，B. S. ，Anderson，S. E. ，Zhao，S. ，Liu，Y. & Zhang，J. (2009) Perspectives on work-family issues in China：the voices of young urban professionals，Community，Work & Family，12：2，197—212.

2. 同 1。

3. 青木昌彦. 比较制度分析[M]. 上海:上海远东出版社, 2001 年。

4. 董志强. 制度及其演化的一般理论. 管理世界. 2008 年第 5 期. p.151。

5. 同 3。

6. 同 4。

7. 同 3。

8. 聂辉华,2008:《制度均衡:一个博弈论的视角》,《管理世界》第 8 期。

9. 同 3。

10. Greenwood, R. & Suddaby, R. ,2006, "Institutional Entrepreneurship in Mature Fields: The Big Five Accounting Firms", *Academy of Management Journal*. Vol. 49, No. 1, 27—48.

11. 汪丁丁,2005:《制度分析基础讲义 II:社会思想与制度》,上海人民出版社。

12. 同 10。

13. 同 10。

14. 同 3。

15. 同 10。

16. 同 3。

17. 同第六章。

18. 19. 同 3。

20. 周雪光,2003:《组织社会学十讲》,社会科学文献出版社。

21. 斯密德,2004:《制度与行为经济学》,中译本,中国人民大学出版社。

22. 黄凯南,2009:《演化博弈与演化经济学》,《经济研究》第 2 期。

23. 青木昌彦. 比较制度分析[M]. 上海:上海远东出版社, 2001 年。

24. 同 10。

25. Premeaux, S. F. , Adkins, C. L. & Mossholder, K. W. ,2007. "Balancing Work and Family: A Field Study of Multi-Dimensional, Multi-Role Work-Family Conflict", Journal of Organizational Behavior. 28, pp. 705—727.

26. Mesmer-Magnus, J. R. & Viswesvaran, K. , 2006, "How Family-Friendly Work Environments Affect Work/Family Conflict: A Meta-Analytic Examination", *Journal of Labor Research*, 10/6/, pp. 555—574.

27. Galinsky, E. , Bond, J. T. , Sakai, K. Kim, S. S. & Giumtoli, N. , 2008, National Study of Employers, Families and Work Institute. ; Bond, J.

T. , Galinsky, E. , Kim, S. S. & Brownfield, E. ,2005, National Study of Employers. Families and Work Institute.

28. 同1。

29. 此定义根据以下研究归纳出:青木昌彦. 比较制度分析[M]. 上海:上海远东出版社, 2001年;Greenwood, R. & Suddaby, R. ,2006,"Institutional Entrepreneurship in Mature Fields: The Big Five Accounting Firms", *Academy of Management Journal*. Vol. 49, No. 1, 27—48.

30. Ling, Y. & Powell, G. N. Work-Family Conflict in Contemporary China Beyond an American-based Model. InternationalJournal of Cross Cultural Management. 2001. Vol (3):357—373.

31. Yang, Nini, Chen, Chao. C, Choi, J. ,Zou Yimin. Source of work-family : a Sino-US. comparison of the effects of work and family demands. Academy of Management Journal. 2000. Vol. 43. No. 1:113—123.

32. 同30。

33. Yang, N. . Individualism-Collectivism and work-family interfaces: A Sino-U. S. Comparison. In S. A. Y. Poelmans (Eds.) Work and Family-An International Research Perspective: 5. Mahwah, New Jersey, London: Lawrence Erlbaum Associates, Publishers. 2005:287—318.

34. 卡罗尔, A. B. ,巴克霍尔茨, A. K. ,黄煜平等译. 企业与社会:伦理与利益利益相关者管理. 北京:机械工业出版社. 2004. p. 52。

35. Hotakainen, R. 2007. Congress may expand Family and Medical Leave Act. McClatchy Newspapers Posted on Monday, August 13. Available:http://www. mcclatchydc. com/staff/rob_hotakainen/story/18842. html.

36. 同33。

37. 青木昌彦. 比较制度分析[M]. 上海:上海远东出版社, 2001年。

38. 周雪光, 2003:《组织社会学十讲》,社会科学文献出版社。

39. Lewis, S & Haas, L. 2005. Work-life integration and social policy: A social justice theory and gender equity approach to work and family. In E. E. Kossek & S. J. Lambert (Eds.) Work and Family Life Integration-Organizational, Cultural, and Individual Perspectives. Mahwah, New Jersey, London: Lawrence Erlbaum Associates, Publishers. pp. 349—374.

40. Eby, L. T. , Casper, W. J. , Lockwood, A. , Bordeaux, C. , and

Brinley, A.. Work and family research in IO/OB: Content analysis and review of the literature (1980 - 2002)[J]. Journal of Vocational Behavior, 2005, 66: 127—197.

41. Anderson, S. E., Coffey, B. S. & Byerly, R. T. 2002. Formal organizational initiatives and informal workplace practices: links to work-family conflict and job-related outcomes, Journal of Management, 28(6), pp. 787—810;

42. 同 33。

43. 同 31。

44. 同 37。

45. 同 37。

46. 本节中的数据，除特别说明，都引用自：Galinsky, E., Bond, J. T., Sakai, K. Kim, S. S. & Giumtoli, N. ,2008, National Study of Employers, Families and Work Institute.；下文不再标注。

47. 这里的百分数是指提供少于12周假期，其他等于或少于12周的没有计。

48. 这里统计的是付全额工资，即：Full pay。

49. Sample sizes: total = 1,100; small employers = 583; large employers = 96. Read percentages left to right. Statistical significance: *** = $p<0.001$; ** = $p<0.01$; ns = not significant. Small employers are those employing 50 to 99 employees, while the large are employers with 1,000 or more employees. The first is the percentage of employers in 1998, while the second is that of in 2008 in the brackets, 1998年度有来自60%的小企业样本认为此观点很正确，而2008年有64%的小企业样本认为很正确。而2008年只有47%的大企业样本认为此观点很正确。这一变化在$p<0.01$水平上显著。

50. (Sample = 1, 100.) Respondents could mention as many obstacles as they want. Obstacles mentioned by less than 1% are not tabled. (Galinsky, et al., 2008)

51. 董志强. 制度及其演化的一般理论. 管理世界. 2008年第5期. p. 151。

第八章

1. 卢周来. 新制度经济学，新政治经济学，还是社会经济学？——兼谈中国新制度经济学未来的发展[J]. 管理世界，2009,(3)：159—165。

2. 同 1。

3. 董志强. 制度及其演化的一般理论[J]. 管理世界, 2008, (5): 151.

4. North 语，转引自：聂辉华. 制度均衡：一个博弈论的视角[J]. 管理世界，2008, (8): 160.

5. 青木昌彦. 比较制度分析[M]. 上海：上海远东出版社，2001 年。

6. 林南. 社会资本：关于社会结构与行动的理论[M]. 上海：上海人民出版社. 2004。

7. Coffey, B. S., Anderson, S. E., Zhao, S., Liu, Y. & Zhang, J. (2009) Perspectives on work-family issues in China: the voices of young urban professionals, Community, Work & Family, 12:2, 197—212.

8. 引自子思著《中庸》，《大学·中庸》. 梁海明译注. 太原：山西古籍出版社. 1999. 第十五章，第 110 页。

9. 铃木博. 现代日本企业的企业伦理. 1993. http://www.rinri-chn.org.cn; 前川朋广. 企业经营与家庭生活——从纯粹伦理看企业和家庭的关系. 日本伦理研所. http://www.rinri-chn.org.cn。

10. 杜维明.《中庸》洞见(中英文对照本)[M]. 北京：人民出版社 . 2008。

11. 引自子思著《中庸》，《大学·中庸》. 梁海明译注. 太原：山西古籍出版社. 1999. 第十五章，第 126 页。

12. 同 10。

13. 曾仕强. 中道管理：M 理论及其应用[M]. 北京大学出版社. 2006: 102—103。

14. Tu Wei-ming. Confucian Thought: Selfhood as Creative Transformation. State University of New York Press. 1985: 84—85.

15. 同 14。

16. 贝克尔. 人类行为的经济分析[M]. 上海：上海人民出版社. 2002 年。

17. 同 16。

18. Bowles, S., (2004), Microeconomics: Behaivior, Institutions, and Evolution, Princeton University Press; 鲍尔斯：《微观经济学：行为、制度与演化》，(周亚安译)，中国人民大学出版社，2006 年。

19. 引自曾参《大学》自《大学·中庸》，梁海明译注. 太原：山西古籍出版社. 1999. 第十一章，第 56 页。

20. 同 16。

21. 同 6。

22. 同 6。

23. 同 6。

24. 同 6。

25. 同 6。

26. 同 6。

27. 同 6。

28. 同 6。

29. 同 6。

30. 同 6。

31. 同 6。

32. 青木昌彦. 比较制度分析[M]. 上海：上海远东出版社，2001 年。

33. 周雪光. 组织社会学十讲[M]. 北京：社会科学文献出版社，2003：77。

34. Galinsky，E.，Bond，J. T.，Sakai，K. Kim，S. S. & Giumtoli，N.，2008，National Study of Employers，Families and Work Institute.

35. 同 33。

36. 盛洪. 论家庭主义. 资料出处：人大经济论坛（http://www.pinggu.org）和 http://www.pinggu.name/bbs/b56i418845p7.html. 2007 年 12 月 07 日. 下载时间：2009/9/17。

第九章

1. 这些文献包括：Giga，S. I. & Cooper，C. L. 2005. The development of psychosocial capital in organization：Implications for work and family life. In E. E. Kossek & S. J. Lambert（Eds.）Work and Family Life Integration-Organizational，Cultural，and Individual Perspectives. Mahwah，New Jersey，London：Lawrence Erlbaum Associates，Publishers. pp. 429－443；Hopkins，K. 2005. Supervisor support and work-life integration：A social identity perspective. In E. E. Kossek & S. J. Lambert（Eds.）Work and Family Life Integration-Organizational，Cultural，and Individual Perspectives. Mahwah，New Jersey，London：Lawrence Erlbaum Associates，Publishers. pp. 445－467；Pitt-Catsouphes，M. & Googins，B. 2005. Recasting the work-family agenda as a corporate social responsibility. In E. E. Kossek & S. J. Lambert（Eds.）Work and Family Life In-

tegration-Organizational, Cultural, and Individual Perspectives. Mahwah, New Jersey, London: Lawrence Erlbaum Associates, Publishers. pp. 469－490.

2. Lewis, J., 2009, Work-Family Balance, Gender and Policy. Edward Elgar Publishing Limited. P. 12.

3. 同2。

4. 本节的政策建议有部分摘自:刘永强,赵曙明,王永贵.工作—家庭平衡的企业制度安排.中国工业经济.2008.2,限于篇幅,不一一标明。

5. Burke, R. 2000. Do managerial men benefit from organizational values supporting work-personal life balance?. Women in Management Review. Bradford: Vol. 15, Iss. 2; p. 81.

6. Grant-Vallone, E. J. & Donaldson, S. I. 2001. Consequences of work-family conflict on employee well-being over time. Work&Stress, Vol. 15, No. 3, pp. 214－226.

7. Edwards, J. R. & Rothbard, N. P. 2005. Work and family stress and well-being: An integrative model of person-environment fit within and between the work and family domains. In E. E. Kossek & S. J. Lambert (Eds.) Work and Family Life Integration-Organizational, Cultural, and Individual Perspectives: Mahwah, New Jersey, London: Lawrence Erlbaum Associates, Publishers. pp. 211－242.

8. Kossek, E. E. & Ozeki, C. 1999. Bridging the work-family policy and productivity gap: a literature reiview. Community, Work & Family, Vol. 2, No. 1. pp. 7－30.

9. 同8。

10. Osterman, P. 1995. Work/family programs and the employment relationship. Administrative Science Quarterly, Vol. 40, Iss. 4, pp. 681－701.

11. 同8。

12. Frone, M. R., Russell, M., & Cooper, M. L. 1992. Antecedents and outcomes of work-family conflict: Testing a model of the work-family interface. Journal of Applied Psychology, 77, pp. 65－78; Thomas, L. T. & Ganster, D. C. 1995. Impact of family-supportive work variables on work-family conflict and strain: A control perspective. Journal of Applied Psychology, 80: pp. 6－15; Anderson, S. E., Coffey, B. S. & Byerly, R. T. 2002. Formal or-

ganizational initiatives and informal workplace practices: links to work-family conflict and job-related outcomes, Journal of Management, 28(6), pp. 787—810.

13. 董玉娟,工作—家庭冲突,组织社会化对离开现职倾向影响之研究:以台商派驻大陆已婚员工为例[D]:[博士论文]. 国立中山大学人力资源管理研究所. 2000。

14. 同 8。

15. Anderson, S. E., Coffey, B. S. & Byerly, R. T. 2002. Formal organizational initiatives and informal workplace practices: links to work-family conflict and job-related outcomes, Journal of Management, 28(6), pp. 787—810.

16. 同 10。

17. Perry-Smith, J. E., Blum, T. 2000. Work-family human resource bundles and perceived organizational performance. Academy of Management Journal, Vol. 43, No. 6. pp. 1107—1117.

18. Jennings, J. E. & McDougald, M. S. 2007. Work-Family Interface Experiences and Coping Strategies: Implications for Entrepreneurship Research and Practice. Academy of Management Review. Vol. 32, No. 3, 747—760.

19. 同 17。

20. Kossek, E. E., Dass, P., &Demarr, B. 1994. The dominant logic of employer-sponsored work and family initiatives: Human resource managers' institutional role. Human Relations, 47, pp. 1121—1149.

21. Frye, N. K & Breaugh, J. A. 2004. Family-friendly policies, supervisor support, work-family conflict, family-work conflict, and satisfaction: a test of a conceptual model. Journal of Business and Psychology, Vol. 19, No. 2, Winter. pp. 197—220.

22. 周雪光. 组织社会学十讲[M]. 北京:社会科学文献出版社,2003:77。

23. Jennings, J. E. & McDougald, M. S. 2007. Work-Family Interface Experiences and Coping Strategies: Implications for Entrepreneurship Research and Practice. Academy of Management Review. Vol. 32, No. 3, 747—760.

附录 1

工作—家庭冲突平衡策略问卷(中文)

南京大学和阿巴拉契亚州立大学

中国公司工作和家庭平衡研究项目

本问卷是用来调查员工工作和家庭角色间的平衡状况。您所提供的信息将有助于我们更好地理解影响员工工作—生活平衡的个人、工作部门和组织因素。您的回答对我们的研究很重要。我们非常感谢您愿意参与本研究项目,并且您的参与是自愿的。通过本问卷收集的所有信息将会进行保密处理,因而任何人都无法辨认出回答问卷的具体人。在报告本研究结果时,您个人、工作部门和组织将会得到保护。

填答本问卷大约需要 20 分钟。我们真诚地感谢您的帮助和合作。如有疑问,您可以与下列研究人员联系:

南京大学商学院院长	Stella Anderson
赵曙明	Walker College of Business
南京,210093	Appalachian State University
86-25-83592077	Boone, North Carolina, USA 28608
zhaosm@nju.edu.cn	001-828-262-6229 andersnse@appstate.edu

针对下列每一个问题,请注明您在过去的三个月中该事件经常发生的频率

	从来不		有时		很经常
1. 因为工作,您自己没有足够的时间。	1	2	3	4	5
2. 因为工作,您没有足够的时间与家人或在您的生活中比较重要的其他人在一起。	1	2	3	4	5

3. 因为工作，您没有足够的精力和家人或在您的生活中比较重要的其他人一起做事。	1	2	3	4	5
4. 因为工作，您每天无法做完家中的一切事务。	1	2	3	4	5
5. 因为工作，您每天在家中都无法获得自己想要的好心情。	1	2	3	4	5

在过去的三个月中在您的生活中或您的家人中是否经常发生

	从来不		有时		很经常
6. 无法按时完成的工作？	1	2	3	4	5
7. 无法承担额外的工作？	1	2	3	4	5
8. 无法把工作做得好？	1	2	3	4	5
9. 耗尽干工作所需的精力？	1	2	3	4	5
10. 无法集中注意力工作？	1	2	3	4	5

在量表上回答下列问题：

过去的三个月里您是否经常：	从来不		有时		很经常
11. 工作中已经感到没有情绪？	1	2	3	4	5
12. 每天下班时已经感到精疲力竭？	1	2	3	4	5
13. 每天早晨起床时已经感觉到累，但又要不得不面对一天的工作？	1	2	3	4	5
14. 感觉到工作带来的焦虑、紧张和压力？	1	2	3	4	5

在量表上回答下列问题：	从来不		有时		很经常
15. 您是否受到头痛、失眠和肚子疼等小毛病的困扰？	1	2	3	4	5
16. 您是否感到紧张和压力？	1	2	3	4	5
17. 您是否感到无法对付必须要做的事？	1	2	3	4	5

针对下列问题注明您赞同与不赞同的程度：	完全赞同			完全不赞同
18. 在我工作上遇到问题时，我的主管肯帮忙。	1	2	3	4

19.在回应和处理员工的个人和家庭需要时，
我的主管公平待人、不偏心。 1 2 3 4
20.在我需要处理个人和家庭事务时，我的主管能批准我
去做，比如应约看门诊、去见孩子的老师等事情。 1 2 3 4
21.在我因谈论个人和家庭问题而影响工作时，
我的主管理解我。 1 2 3 4
22.我能愿意与我的主管谈论我个人和家庭的问题。 1 2 3 4
23.对影响我个人和家庭生活的工作要求，
我的主管真的很关心。 1 2 3 4

针对下列问题注明您赞同与不赞同的程度： 完全赞同 完全不赞同

24.在您工作的场所，如果员工因为家庭原因而请假，
或试图想安排一个不同的作息表或工作时间来处理
和满足个人或家庭的需要，他们在工作中或在其职
业生涯中就不太可能得到提升。 1 2 3 4
25.在我工作的地方有一个不成文的规定，即你不能在上班
时间照顾到家庭的需要。 1 2 3 4

针对下列问题注明您赞同与不赞同的程度： 完全赞同 完全不赞同

26.在我工作的地方如果员工把个人和家庭需要
放在工作之上，人们对他们看法不会太好。 1 2 3 4
27.如果您在处理工作和家庭责任时遇到问题，
和您在一起工作的同事的态度是：
"自己叠铺盖，自己睡！" 1 2 3 4
28.在我工作的地方，员工必须在做好工作和关注
个人和家庭生活之间做出抉择。 1 2 3 4

针对下列问题注明您赞同与不赞同的程度： 完全赞同 完全不赞同

29.我做的工作对我来说很有意义。 1 2 3 4

30. 在我工作的公司或组织中,大家尊重我。 1 2 3 4

31. 我感到我属于和我一起工作的团体中的一员。 1 2 3 4

32. 我每天盼望着与和我一起工作的人待在一起。 1 2 3 4

33. 您在工作中能获得学习新技能的机会以便把工作做得更好或如果现在的工作不太适合您,您能找另一份同样好的工作。您的满意度如何? 根本不满意 非常满意 1 2 3 4

34. 考虑到各种因素,您是否在下一年度积极努力寻找另一位雇主? 根本不可能 1 有点可能 2 非常可能 3

35. 总体看来,您对安排工作时间的控制程度有多大? 没有控制 完全控制 1 2 3 4 5

36. 总体上看,在安排您的工作时间时,您有多大程度的灵活性? 没有灵活性 完全有灵活性 1 2 3 4 5

37. 在某一时间范围内您能被允许选择自己的上下班时间吗? ___不允许___允许

38. 您每天能否被允许选择自己的上下班时间? ___不允许___允许

39. 过去的三个月中,您有没有因为某种理由而不上班,不包括预先安排好的休假? ___没有___有

如果有,请回答以下三个问题:如果对上述问题的回答是肯定的,

过去三个月中,因为孩子病了,需要去照顾,您有多少天不去上班? ___天数

过去三个月中,因为您的孩子需要照顾,您有多少天不去上班? ___天数

过去三个月中,因为家庭的原因,您有多少天不去上班? ___天数

40. 您的雇主是否提供下列福利来帮助您?

___否___是 如果需要人照顾孩子,公司制订计划或提供服务来帮助员工。

___否___是 如果员工有需要,公司制订计划或提供服务来帮助员工获取照顾老人的信息或为员工年迈的亲属寻找服务人员。

___否___是 为居住在工作单位或附近的员工开办或赞助一个托儿中心。

___否___是 给予直接的财务帮助,为员工凭票报销托儿费用、发放现金或奖学金。

请您写出您的工作单位和公司要做哪些变革才能帮助员工更好地平衡工作和家庭的责任?如果纸张不够写,请用本页的反面。

____

请您回答下列提供基本情况的一般问题

性别 ___男 ___女

年龄：

___25岁以下 ___25—34岁 ___35—39岁 ___40—45岁 ___45岁以上

您是否已婚？ ___未婚 ___已婚

您是否有年龄在18岁以下的孩子？ ___无 ___有

您的配偶有带薪的工作吗？ ___否 ___是

您是否为55岁以上的老人提供帮助或特别关照？ ___否 ___是

您的孩子是否有残疾？ ___否 ___是

您是否为年纪不大的有残疾的人提供过帮助？ ___否 ___是

职业

___专业人士 ___销售员 ___高层经理/行政人员/经理 ___服务人员 ___技术人员

___生产/维修人员 ___其他专业人士：______________

如果您是经理，直接向您报告的员工人数__________

组织类型

___国有公司 ___私营企业 ___跨国公司 ___自营业主 ___其他

谢谢您参加本次调查！

附录 2

焦点小组深度访谈笔录

样本 1：工作与家庭间的冲突，我们都能感受到。一般来说，夫妇俩都有全职工作，那么选择能力强的一方来做职业发展，而较弱的一方多做些家务事。就我们夫妇而言，两人的工作都做得很好，任何一方都不愿放弃。因此，孩子没有人照顾，只好将孩子送到外地好的中学上学，与孩子待在一起的时间就少得多了。

这里面有文化原因，在我们社会，为团队的工作而牺牲家庭责任是被肯定的。例如，电视上经常播送一则胃药广告，代言人在繁忙的工作场所，累了，得了胃病，需要胃药，而因此损害了家庭，却是值得赞扬的……因此，一个人为工作、企业而牺牲家庭责任在企业、家庭乃至与大家庭是得到肯定的。全身心地照顾好工作，将来一定会有出息、有成就。所以解决工作与家庭冲突，更多是个人自己采取措施，组织出面解决的措施少，组织现在仅仅是不鼓励(伤害身体)，至于采取的措施，是缺乏的……

样本 2：很高兴有外国专家，包括我们国内专家来一起讨论这个社会问题。我是过来人，牵挂的还是孩子，孩子已经高考，成绩不太理想，回想起此事，心里觉得很苦。我们夫妇都很忙，那时我们企业正在搞 ISO 质量认证，我又是从事国际贸易的，工作特别忙，由于时差问题，常常是早出晚归，没有时间带孩子，等于是“放羊”。想起来，我和我爱人都很自私，我们找临时工、钟点工带过孩子，请老人带过孩子。因此，他中考不理想，希望他能上好大学，所以给他送到外地，现在只能上二本，我很担心孩子，孩子的将来可能很困难。如果让我重新选择，我一定不这样生活，一定要工作快乐、家庭快乐、孩子好，才能是真正的人生快乐。而现在，孩子平平，快乐不起来。所以，解决工作—家庭冲突问题首先是要改变思路(不能一味地工作)。这里还有一个文化差异，西方文化强调孩子潜力与个性的发展，在强的方面发展长处，而中国文化是教育孩子改正错误，平衡发展，孩子发展平平，最后失败得多。孩子小的时候习惯很重要，老外在同样是教育孩子问题上花好多时间，而我们却不能做到。

样本3：工作家庭间的矛盾我们碰到过，也感到遭受到压力，但是很少去系统地思考如何处理。因此感谢你们的研究。如何解决，我是70后一代，我认为家庭需要应该放在第一位。同意刚才同事的观点，国内大多数处理方式是两口子协商，达成默契，分配其中一人为工作，男的工作多干一些，家务事少做一些，孩子请朋友帮忙，或其父母带；组织上很少出面，也很难处理好。

样本4：我认为家庭应该成为人们生活的中心。

样本5：这个观点很好。就我而言，我们做外贸的，和国外的进出口商之间存在时差问题，白天我们的对方在公司工作，而我们下班后在家通过因特网进行工作，几乎是不分昼夜。公司的政策是工作越努力，收入越多，就会有更多的钱。组织应该更加有弹性地安排工作，而员工也要和家庭成员进行沟通。我的爱人是教师，在中国教师一般不会下岗的。因此，她承担了很多的家务。

样本6：个人觉得工作家庭矛盾与冲突的原因来自于以下几个方面：第一，信息化社会带来信息化压力，如手机和网络产生的电传工作。第二，全球化。公司和世界每个角落都做生意，有时差，因此工作不分昼夜。第三，抚养家庭的责任。我孩子在中考，为了家庭活得好，只好奋发工作了。第四，为谋取好岗位。中国文化教育子女要获得更多的财富，就要天天干好工作，将来晋升到一个好岗位。

如何解决，要确定不同的角色定位。首先，就政府而言，八小时工作制的执行没有到位，同样加班要付给法定的加班费也没有执行到位。八小时之外不工作没有受到保护。其次，完善社会保障体系，西方社会有健康的保障体系，保障工作安全，否则穷人要是没有工作，就会更穷，谈不上工作—家庭平衡问题。第三，要营造好的社会氛围。最近报道某学院的教授，有四个得了肺癌，坚持工作得到嘉奖，实际上是树立了反面典型，修身养性要成为常规。第四，企业老总不能让员工在八小时之外工作。最后，个人要主动调节好关系，搞坏身体应是反面的。

样本7：我刚毕业，需要攒钱。同时，如果要孩子，就不能工作。最后我为了生孩子，丢了工作。

样本8：我的工作—家庭还平衡，小日子过得不错，没有冲突。有问题和父母直接沟通，家务事由父母承担，基本没有冲突。我们不打算要孩子，但是父母给压力要孩子。

样本9:我们经常加班,没有加班费,工作时间长。夫人自主就业。我们平衡的方式,是父母白天帮带孩子,自己晚上带。

样本10:我在人力资源部工作,管职业安全。孩子有老人带,老人已经退休,身体好,他们自己不需要照顾。最困难时已过,女儿已经两周岁。家庭负担不重。如果因家庭因素需要请假,我们公司没有正式的制度,但可以找一线主管请假或找人事部请假。个人工作家庭压力小,主要负担孩子学习、投资,目前工作家庭两者可以兼顾。

样本11:工作—家庭有冲突,有压力,加班常有,所以和先生在一起的时间就少,但还要开心地去做好工作,刚结婚一年,没有孩子,父母也很快乐。

样本12:孩子三周岁,孩子照顾得少,白天父母带,晚上接回,与孩子沟通少,父母识字不多,用老一套办法教孩子,孩子养成了坏脾气,是我担心的。

样本13:我最痛苦,孩子才五个月,婆婆身体不好,所以自己带。每天都要提早回家一个小时左右,产假只有四个月左右。同事也能理解,毕竟工作上做得少,有失落感。请假时不是理直气壮的。工资不曾扣,固定工资,部门经理说了算,但是,绩效低,没有绩效工资,也就不计较了。

样本14:孩子13个月,工作与家庭的矛盾,自己尽量与主管协调。也与同事协调,相互帮忙,同事也很支持,总是让路远的人先走,有事电话沟通、处理。我偏重于工作,但是人应偏重于家庭。没有照顾好孩子心里很内疚。

样本15:"几乎所有的经理都加班,通常晚上八九点领导还要到车间转一圈。另外,去回报工人只有用工资,这很重要的。一切在目前必须以解决经济问题为前提,没有工作时(失业),只能干。"

访谈过程与方法见:Coffey, B. S., Anderson, S. E., Zhao, S., Liu, Y. & Zhang, J. Perspectives on work-family issues in China: the voices of young urban professionals [J]. Community, Work & Family, 2009,(5).

·········

后记

——以出世之舍，求入世之真学

光阴荏苒，往事如梭，弹指间，慢慢求学生涯，却在不惑之年，走入风光旖旎的驿站，止于南大。行文至此，掩卷而思，不禁潸然泪下。研究先后历时七年，在博士论文基础上又经历了四年的研究，历经种种磨砺。先是为考博，而未能与家父见上最后一面。后又为读博，遭原单位相逼，尽管我为之勤勤恳恳奉献了十多年，它却苦苦相逼我于三天之内交出业已购买的房改房，不得已借同事房子暂住。可是当夏，先是洪水没膝，后是高温酷暑。看年迈、恩重如山的慈母，年幼的女儿，穿行于臭水之中，居于霉气熏人、闷热的房屋中，不禁悲愤万千。在接下来的两个月中，我和通达的妻子陈桂云风里来雨里去，找房、看房、贷款、装房，同甘苦，共患难。今日书成之时，回首这段往事，为求真学的代价，用当时价值三四十万的房产之舍来求学，实为出世之人才能为之。而博士之所学，无非是想更好地教书育人，为入世之用。此为原人事所失察。期间，却疏忽了对女儿刘钰的教育与指导，内心的后悔与歉疚，难以言喻。

抚弄着手中的这本书稿，我怎能不百感交集，想到家父哭断寸肠，唯于家祭，尚可告慰。想到年迈在家、带着孙儿独自生活的老母，想想跟着我受累的妻子和女儿，常常自问，这样工作，我幸福吗？凭此，我们的工作单位没有理由不去考虑工作对员工三个纬度上的家庭伦理关系所造成的影响。推而广之，任何企业，无论是从企业经济绩效的提高，还是从道德良心上看，都应该将员工的家庭伦理关系纳入到其制度设计范围，提升家庭的非市场品生产，从而让每个员工及其家庭成员健康、幸福地生活，快乐地工作。

本研究的成果取得首先感谢我的导师赵曙明，感谢他送弟子去美国，圆了多年夙愿，亲定课题，提供机会与海外学者合作。赵老师的教导常萦绕于心间，一刻不敢忘怀："未做学问，要先做人；他日如有收获，要问自己有没有为此付出过；要尊重别人，尤其要尊重他人的劳动。"感谢师兄、师姐：博士后张弘、杨惠芳、顾建平；程德俊博士、戴万稳博士、蒋春燕博士；师弟、师妹硕士生：岳孟喜、徐佳、宋妍；商学院彭纪生教授、董伊人教授、王永贵教授。感谢我作为兼职教授在南京理工大学04MBA全日制班同学，以及南京大学商学院MBA同学的支持。感谢美国阿巴拉契亚州立大学商学院管理系系主任斯特拉·安德森(Stella E. Anderson)教授和贝蒂·史密斯·科菲(Betty Smith Coffey)教授的指导，并为我去该校进行学术交流提供部分资助。感谢本书的责任编辑金晔的辛苦工作和她同事的支持，铸成了成果的出版。

老子说："知者不言，言者不知。"书中所言，定有不知之处，来日当继续追寻修养胜境，以有涯之生，求无涯之学，苟日新、日日新、又日新。

刘 永 强

2010年1月9日零点